吉 林 大 学
日 本 研 究 所
日本研究论丛

第二辑

国家战略转型
与日本未来

主编 庞德良

副主编 崔 健 张玉国

Strategy
Transformation
and the Future of Japan

社会科学文献出版社
SOCIAL SCIENCES ACADEMIC PRESS (CHINA)

序　言

　　21 世纪以来日本的国家战略转型已成为探索日本变化的决定性因素。大国化的日本如何获取和使用权力、增强其在地区和全球的权力投射（power projection），已成为一个不容忽视的现实问题。在某种程度上，这一问题是左右日本未来政策与战略的根本与核心，如何做出理性的回答和正确的抉择，不论对日本还是对世界来说都具有非同寻常的战略意义。面对日本的国家战略转型，中国学者也必须有自己独到的思考、研究和见解，研究日本的中国学者更应如此。用中国国家主席习近平的话来说，就是要"把握大势、着眼大事……做到因势而谋、应势而动、顺势而为"。面对纷繁复杂的变局，学者对日本的研究要有战略视野、战略高度、战略定力，切实地强化对日本政策的基础性、战略性、全局性、创新性研究。

　　2015 年岁末之际，吉林大学日本研究所的同事要我为《国家战略转型与日本未来》一书作序，看到书稿我为之一振。书中十几篇有关日本国家战略和政策的论文，是这些学者对上述问题的深入研究、分析和思考，是对日本国家战略历史、现在和未来的跨越历史时空的纵向思索，是对日本国家战略转型中政治、经济、历史和文化的超越领域藩篱的横向探究，是一部值得细细品读且能激发人们思考的专业力作。这不由得令我想起 2014 年我为《安倍政权与日本的未来》一书作序时的情景。那时，该书即将付梓，究竟这种团队型的集体攻关成果能否略见成效尚属未知，我就在序言中这样写道："这些深入的研究、细致的分析和清晰的解答，证明了他们正行驶在寻求答案的正确道路上，也体现着这些学者对解决中日难题的时代责任意识。"等到该书出版后，我将该书送给有关部门和来访的许多学者，反响可以说完全超出了预期。由此，今天为《国家战略转型与日本未来》一书作序我更为欣慰，因为如果说《安倍政权与日本的未来》一书是开篇之作的话，《国家战略转型与日本未来》一书既是"吉林大学日本研究所日本研究论丛"的系列之作、姊妹之作，也是较前者视野更广阔、分析更透彻、见解更独到的日本研究力作。

明者因时而变，知者随事而制。中国的日本研究需要紧跟时代变化顺势而为，更需要超越传统思维进行战略研究与思考。进入 21 世纪以来，日本政治、经济和社会都在进行变革，有些变革（比如政治与安全领域的突破）已经超出了二战后既定的战略惯性，这些都呼唤我们的日本研究要进行理论创新、观念创新、模式创新。21 世纪日本的变革仍处于进行时，日本的诸多政策和行为已对地区和地区内各国的发展构成了挑战，如何从历史高度、战略高度来看待这些变革，已是一个考验我们能力和智力的时代前沿课题。《国家战略转型与日本未来》一书正如书名所体现的，是对日本国家战略历史和现实的思考，由此来探寻其历史变迁的延续轨迹与断痕；是对日本国家战略的战略解构和战略理论解析，由此来探寻其战略发展的阶段性与周期性推进进程。本书通过这样的努力，来呈现日本国家战略发展的总体脉络和未来方向。应该说，这种研究既是基础性的，也是前沿性的，更富有现实性和战略性。面对日本的战略转型，我们需要理性观察、合理应对、有所作为，需要不间断地强化对日本的全面性、战略性研究，以研究的深度和认识的高度增强在批判日本行为中的话语权。原因很简单，日本有句名言"不要选择房屋，而要选择邻居"，但是对于国家而言则无法选择"邻居"。无论友邻还是恶邻，国家都需要用战略理性去有效地应对、处理。

作为一位从事几十年日本研究的学者，当我看到《国家战略转型与日本未来》一书即将面世，对我的这些年轻同事们的敬业精神我由衷地感到欣慰。我一直坚信的格言是"人比山高，脚比路长"，只有踏踏实实地去做、扎扎实实地去研究，才可以无限地接近日本各项研究真理的彼岸，才能在日本研究各领域真正寻找到所研究问题的真谛。唯有如此，这种理论研究、政策研究、战略研究才能转化为切实可行的政策成果，我们对日本带来的各种挑战才可以真正地做到"知己知彼，百战不殆"式地应对。已故的周恩来总理曾言："只有忠实于事实，才能忠实于真理。"在日本研究中，唯有用事实说话，才可以切实增强应对日本的话语权；唯有站在战略性的高度予以深入地研究，才可以有效地扩展我们对日本政策选择的战略空间。

"永远走在其他领域的前头"，这是大哲学家费希特在《论学者的使

命　人的使命》中对"学者使命"的经典阐释。我想将此话献给这些从事
日本前沿问题研究的学者们，希望他们仍保持"图难于其易，为大于其细"
的治学传统，使吉林大学的日本研究在综合性、系统性、专业性、创新性的
既定发展道路上稳步前进，不断推出更好、更多的新成果，更希望"吉林
大学日本研究所日本研究论丛"这一系列丛书能为有关日本的理论和政策
研究开拓新的探索空间。

王胜今

2015 年岁末于吉林大学

目录
CONTENTS

政治与外交

经　　济

政治与外交

日本的战略转型与中日战略形势

张玉国[*]

【内容提要】 安倍内阁下的日本正在积极地进行国家战略转型，这是明治维新以来的"日本国家战略4.0版"。从历史长波周期看，21世纪第二个10年的日本正处于国力"强—弱"周期性位移的变动期，以及国家发展"上升—下降"的阶段性转换期。在这样的转折期，日本的战略转型将对未来产生决定性的影响。从安倍内阁的政策看，"二战前思维"和"二战后道路"是日本战略转型的基本理念，变位性权力行为和积极型变位战略是日本采取的基本战略。安倍经济学、安倍安全保障学、安倍外交学，是日本国家战略转型的三大政策支柱。安倍的积极型变位战略，带有明显的进攻现实主义和机会主义的色彩。日本的战略转型必将对中国和平崛起带来冲击，对中日战略结构的稳定和地区未来战略形势产生深远影响。

【关键词】 安倍内阁 战略转型 历史周期 积极型变位战略 中日关系

21世纪的日本正步入新的战略转型期。冷战结束后的日本每10年都有一个大的变化：20世纪的最后一个10年，日本基本结束了是坚持"一国和平主义"还是向"普通国家"转型的国内论争，"普通国家"成为日本政治

---

* 张玉国，法学博士，吉林大学东北亚研究院副教授、日本研究所副研究员，主要研究方向为日本政治与对外政策、东北亚地区安全、日美同盟关系问题。

发展的基本方向；21 世纪的第一个 10 年，日本政治改造论、经济结构改革论、东亚共同体论下的"普通国家"实践进入试错阶段，焦点问题变为应将目标指向"大国"还是"中等国家"，"普通国家论"事实上向"国家普通论"倾斜，日本自身的再崛起成为战略转型的核心理念；进入 21 世纪第二个 10 年，"普通国家论"逐渐演变成"平成开国论"和"强大日本论"，富国强兵、修宪强军的"大日本论"成为战略转型的基本方向。在 20 多年的战略摸索中，日本事实上沿着"开国—富国—强国"的轨迹进行战略争论和战略转型尝试。由此看来，安倍内阁下的"积极和平主义"是对"一国和平主义"第三波的"改造"。从历史长波周期来说，这是明治维新下的日本"图强"、战败（二战）后日本"示弱"、冷战结束后日本"思困"和 21 世纪初日本"重塑"以来的"日本国家战略 4.0 版"。此次战略转型能否成功，以及其将对日本和东亚带来何种影响，仍是值得关注的问题。

一　日本国家战略转型的历史与历史周期

从历史长波周期看，日本国家的战略转型呈现阶段性变迁的轨迹。在日本学界，存在 30 年周期、40 年周期、60 年周期、80 年周期的争论。基于资本主义国家"60~70 年周期"说，普遍观点认为"60 年周期"说和"80 年周期"说更能体现日本国家战略长期的演变。"60 年周期"说重点从经济与国家发展的角度审视国家战略变迁，认为日本每 60 年就有一个"上升—下降"的周期性演进。其中，每 30 年中都有 10 年的起步期、10 年的变革期和 10 年的转换期。也就是说，日本每 60 年会有一个大变化，每 30 年会有一个小变化，每 10 年会有一个变革。根据"60 年周期"说，在日本 150 多年的近代化历程中，"整个日本的战略是以赶超西欧现代化为主要特征的"。[①] 按照西欧国家近代化的轨迹（参照图 1），日本的国家发展一直以"追赶"和"超越"西方为基本取向，明治维新后的日本用近 60 年的时间完成了西欧近 200 年才完成的社会变迁过程。

按照"60 年周期"说，在明治维新以后，日本的发展经历了两个近

---

① 公文俊平「e-Japan 戦略の歴史的意義」『Hyper Flash』25 号、2002。

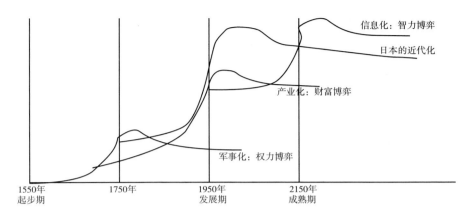

图 1　西欧国家近代化的轨迹

30 年的上升期：19 世纪 80 年代中期至 20 世纪初（约 1880～1910 年）的
"富国强兵"期和 20 世纪 40 年代中期至 70 年代中期（1945～1975 年）
的"二战后高速增长"期。同样，在这两个上升期后，紧接着是两个近
30 年的泡沫期、混乱低迷期，即下降期：1915～1945 年是作为世界强国
的日本向世界扩张进而走向战败的时期；20 世纪 70 年代以后是日本步入
低速增长进而泡沫经济崩溃、国家与社会动荡与混乱的时期。按照"60
年周期"说，日本国家发展的历史性下降的谷底将发生在 2005 年左右，
此后日本又将步入一个新的上升阶段。以此推论，2005～2015 年应该是
日本的新 30 年上升周期的起步期，也是一个战略布局期。2015 年以后的
10 年应是一个大的发展期，2025～2035 年日本将迎来真正的战略转型。
照此判断，安倍内阁正处于布局和发展期的关键性位置。从种种动向看，
日本的大转型周期和安倍内阁进行的"小转型"可以部分印证日本的
转变。

　　按照"80 年周期"说，明治维新以来的日本国家战略明显地呈现 40 年
一个变动、80 年一个周期的现象。迄今，日本国家的发展经历了 2 个周期
的 4 个发展阶段：第一个周期是 1865～1945 年二战结束前的周期，第二个
周期是 1945～2025 年二战结束后的周期（参照表 1）。每个周期大约 80 年，
都包含各 40 年的 2 个阶段。也就是说，日本国家发展总体体现为 80 年大变
化、40 年大变动、20 年大变革的基本态势。

表 1 日本国家发展的两个周期

	第一个周期(1865～1945 年)		第二个周期(1945～2025 年)	
轨迹	开国与富国强兵—军事对外扩张—战败		复兴与高速增长—经济大国—经济对外扩张—经济空心化与再生—？	
阶段	第一阶段 (1865～1905 年)	第二阶段 (1905～1945 年)	第一阶段 (1945～1985 年)	第二阶段 (1985～2025 年)
特征	上升期	下降期	上升期	下降期
事件	明治维新 日俄战争	大东亚共荣圈 (1923 年东京大地震) 太平洋战争	结束美国占领 "日本奇迹"	"广场协议"(1985) 55 年体制崩溃(1993) (2011 年东北大地震)
位置	摆脱不平等条约； 成为世界军事强国	对外侵略； 战败投降； 置于美国占领下；	60 年代成为世界第三经济大国； 80 年代成为世界第二经济大国	"失去的 10 年""失去的 20 年"；2010 年下降为第三经济大国；IMD 国际竞争力由 1992 年的第 1 位下降至 2012 年的第 27 位
走势	弱—强	强—弱	弱—强	强—弱

按照"80 年周期"说，1985～2025 年的日本处于下降期，2025 年才将是日本重新从谷底走向复兴的转折。以此推论，日本虽然已经走过了"失去的 10 年""失去的 20 年"，但是在"失去的 30 年"后才可以真正走出低谷。据此来说，安倍内阁的"日本复兴战略"、致力于在 2024 年完成修改宪法的努力等，都将是下降末期的日本谋求谷底强势反弹的政策。

综合两种战略周期学说判断，如果按照 10 年一个变化、20 年一个小调整、30 年一个大变革、40 年一个大转向的复合轨迹衡量，则可以做出以下几个判断：第一，20 世纪 90 年代以来，日本进入一个比较大的变革期，是日本强弱、盛衰转换的波动期；第二，安倍内阁下的日本战略转型，是在此前 20 年变革的基础上，对日本进行的更大范围、更大幅度的调整；第三，安倍内阁本身正处于日本国家兴衰周期性转换、发展阶段"上升—下降"周期性变动的微妙时期；第四，在这样的转换期内，从经济和社会发展视角看，不排除日本复活经济和提升综合国力的可能；第五，从历史和政治多视角看，这一阶段将是日本政治意识大变迁和战略意识大变化的时期，也将是左右后 10 年日本战略兴衰的关键时期。

二 日本战略转型的理念："二战前思维"和
"二战后道路"

安倍内阁目前推动的日本战略转型，是综合考量日本战略变迁的一个切入点。

从战略思维的角度来说，安倍秉持的不是"冷战思维"，也不是"二战后思维"，而是"二战前思维"。他的基本逻辑是：二战后的日本不正常，二战前的日本才正常；二战前日本在"改变束缚体制"下强大，二战后日本却在"适应体制束缚"下生存。因而要摆脱日本战略困境，其关键是要摆脱"改造日本"的"战后惯性"，使日本在类似于二战前那样的"改造世界"中获得动力。由此，集二战后"日本奇迹"之成就，融二战前"赶超战略"之"活力"，内改二战后体制，外脱二战后体系，抛弃《日本国宪法》这身"旧衣"，摘下战败国这顶"帽子"，打造一个"日本帝国"式的"强大日本"，是安倍的"大日本梦"。

从战略模式的角度来说，安倍骨子里也并不希望走"二战前道路"（武力扩张道路），仍主张坚持"二战后发展道路"（经济大国道路）。不过，他认为冷战式的"经济大国道路"已经时过境迁，日本需要汲取二战前"自主图强"与二战后"依强谋富"的经验，重新确立谋求财富和权力的"获胜战略"，寻回日本的国际威望。由此，安倍内阁下的新"富国强兵"政策，旨在摸索一种集二战前与二战后两种方式合理性的"强国之路"；安倍的"积极和平主义"，本质上是改变二战后体制下"重依赖、轻自主"的权力获取方式，在"依赖"与"自主"之间建立新平衡；安倍的"美丽日本"论，就是要打破二战前与二战后日本历史"两分论"的枷锁，在历史的"继承"和"断裂"之间构建新的、统一的历史论和战略论，为"日本道路"的战略设计开山铺路。

可以说，"二战前思维"、"二战后道路"及其结合，是日本战略转型的基本理念和基本路线。安倍战略思想是其家族政治基因、个人偶像崇拜和自身执政阴影三种因素直接催生的产物。安倍既想当现时代的吉田茂、池田勇人，再创"日本二战后奇迹"；也想当现时代的岸信介、中曾根康弘，做日本"自主道路"的"引路人"；更想当"日本的丘吉尔"，秉持不拘一格的"道理在我，勇往直前"的理念，做一个"影响历史的伟人"。因此，"二战前思维"和"二战后道路"是安倍积极推动日本战略转型的理念基础。在这种理念中，既有二战前的"大日本主义"思想，也有二战后的"小日本主义"印记；既有基于日本历史观的"做大图强"的日本梦，也有基于对世界历史认识的"救世主"式的偏执。

总体上看，安倍的日本战略转型理念体现其对历史、时代、日本道路及日本与世界关系的深层思考，反映其基本的认知和态度。这主要体现为以下几点。

第一，对历史的看法。在安倍看来，二战后的日本历史就是战败史、"受虐"的历史。思考日本的未来道路，要思考"千百年来的日本历史"，也就是思考日本的"大历史"和"大日本"的历史。由此，安倍内阁对历史问题予以重新定位。

第二，对时代的看法。安倍强调时代的领袖不能被"历史潮流"所束缚，对时代要有"独到"的认识。也就是说，丛林法则、弱肉强食仍是时代的本质。应该在质疑和超越时代意识的基础上，从国家本性评判时代。安倍强将中日关系同一战前的英德关系相类比，乃至暗示"中日必有一战"等，都明显刻有中日甲午战争前后日本对自身和时代认识的印迹。与此同时，"世界无秩序"或"无极时代"的时代认知，也使得安倍将仿效明治时的"富国强兵"作为日本生存的保险战略。

第三，对日本道路的看法。安倍认为，二战后的日本并没有实现完全独立，要实现富国强兵的"强大日本"目标，首先须实现日本的独立。其与二战前福泽谕吉"一身独立，一国独立"的独立思想一脉相承，也与二战前"脱亚入欧"式的日本独立思想极其相似。修改宪法和"富国强兵"等，都是这种"独立"思想的真实体现。不过，从安倍的"强大日本论"看，独立的目标还在于强大。二战前的"富国强兵"、二战后的"日本奇迹"，都是日本的"强盛之道"。日本需要在获取权力和财富的道路上，寻找到二者兼得且有益于提升日本国际威望的新方法。

第四，对日本与世界关系的看法。要将二战后秩序、日本侵略等问题置于世界历史中予以重新定位。安倍强调的"宪法并非日本制造""侵略没有国际定义""联合国徒有其表"等，更类似于二战前日本对国联、国家关系的基本认识，都暗含对二战后国际正义和国家道义的否定。与此同时，加入联合国常任理事国与重新塑造规则和秩序，也是安倍在国际上大谈"积极的和平主义"、指涉"中国威胁"背后的真正意图。

第五，对实现国家目标的目的和手段的看法。安倍的"富国强兵"实质上是"强兵富国"。强兵能富国、富国须强兵，这就是安倍经济学逻辑背后的政治逻辑。制定"防卫装备转移三原则"、解除行使集体自卫权的限制等，都是将军事和军工产业作为日本复兴的保障和支撑的具体体现。修改"和平宪法"，实质就是让日本在实现国家目标过程中于理论上能够运用军事手段；日本所谓"普通国家"，实质就是能用或可以用各种手段实现国家目标的国家。在安倍看来，只有如此，日本才是一个"正常国家"。

总之，现阶段的日本战略转型目标已经明确要建立"大而强的日本"而否定"小而弱的日本"；不屑于二战后"乘便车的日本""商业现实主义的日本"，谋求建立依赖而不依附、独立自主且随强而动的富有战略的日本。这种转型既是建立在安倍对日本历史"持续而审慎地认识与思考"[1] 基础上的，也是建立在日本对当今国际体系和秩序变革预期的战略认识基础上的，是"不折不扣的机会主义"的真实体现。

三 日本转型的现实战略：安倍的"积极型变位战略"

对于安倍内阁下的日本战略转型，有两个相互冲突的认识：一种认识是从日本政治的微观视角看，日本政治转型"在 20 年前就已经进入过渡期，但至今仍在过渡期徘徊"，[2] 日本仍处于一个战略转型的争论期，处于战略困局而无法自拔；另一种认识是从 21 世纪以来的日本行为看，日本已经从二战后的"和平国家"向"普通国家"大幅度转向，乃至有复活军国主义的危险，日本并非原地踏步，绝非 20 世纪 90 年代那个转变得"太小、太慢"（海湾战争时美国的评价）的日本，已是一个转变得"太大、太快"的日本。两种相互矛盾和冲突的认识，勾勒了一个现实的日本战略困境：在自身看来，其转变相对于期待而言始终远远不够；在他国人看来，其转变已经是有过之而无不及。也正因如此，日本的变动总会引发周边国家以及大国的敏感反应，日本的战略转型总给人以诸多的不确定性。

---

① 安倍晋三『美しい国へ』文藝春秋、2006、26 ~ 27 頁。
② 〔美〕卡迪斯：《日本政治走向何方》，《日本言论 NPO》2011 年 6 月 17 日。

安倍内阁的日本转型战略，可称之为"积极型变位战略"。① 安倍的战略行为可称为"变位权力行为"。② 其核心是改变二战前、二战后的历史"两分论"，重新定位日本的"历史遗产"，建立日本的统一历史观；变革二战后体制下的安全与经济发展的"分离论"，以"一身独立，一国独立"为核心，改变日本的国家发展战略；改变日本"经济一流，政治三流"的"两极状态"，寻求以"普通国家"为核心的政治与经济、军事与安全、依赖与自主的平衡发展战略；打破"大日本主义"与"小日本主义"之争的"非大即小"的战略魔咒，以"积极的和平主义"重塑日本的战略共识。这种"积极型变位战略"的两个基本方向是，在内重构日本政治框架，建立长期稳定的政权结构，打造"55 体制"那样的"2013 体制"；对外重新认识国际体系转变，重塑外在威胁，构建"二战后自由贸易体制"那样的有利于日本发展的秩序与规范。

该战略的战略重心主张重新获取日本在东亚的战略优势，恢复日本的世界影响力，仿照二战后"美国进来、德国趴下、俄罗斯（苏联）出去"的"欧洲安排"，重新进行新阶段的"亚洲安排"，即美国重返、日本再兴、中国低头。该战略的政策路径以"安倍经济学"为核心，对日本经济下一剂"猛药"，改变日本经济增长模式；以"安倍安全保障学"为核心，解禁和打破宪法制约，重构日本安全的法制和制度框架，获取和充实综合保障日本安全的工具和手段；以"安倍外交学"为核心，构建民主国家联合体和自由与繁荣之弧安全带两个战略支撑，以"中国威胁"为标的重构地缘政治格局。

安倍主导下的日本战略带有明显的进攻性现实主义色彩。进攻性现实主义理论认为，"所有国家都追求权力最大化，体系中不会有维持现状的国家"，③

---

① 张玉国：《积极型变位战略：安倍政治与日本的战略转型》，《东北亚论坛》2014 年第 3 期，第 54~56 页。

② "变位权力行为"（meta power behavior）是与"联系性权力行为"（relational power behavior）相对的政治行为概念，后者指在给定的机制结构内寻求价值最大化的努力，前者是改变机制本身的努力。"联系性权力行为"认可现存的目标和机制结构，只要求有效地追求这些目标；"变位权力行为"则拒绝现有目标和机制结构，利用各种正规、理性的计算追求新的目标和结构。参见〔美〕斯蒂芬·D. 克莱斯勒《结构冲突：第三世界对抗全球自由主义》，李小华译，浙江人民出版社，2001，第 10~13 页。

③ 〔美〕约翰·米尔斯海默：《大国政治的悲剧》，王义桅、唐小松译，上海人民出版社，2003，第 46~47 页。

由此，面对大国的崛起，"受威胁的国家常常会采用推卸责任而不是均势战略……推卸责任者可避免与侵略者打斗的代价"。① 安倍的积极型变位战略，建立在对自身实力相对下降、国际权力向新兴国家转移以及中国崛起的基本认识上，是一种日本积极应对而非被动反应的战略。对于中国崛起、日本衰落的现实，该战略明确将"捆绑美国"和"推卸责任"作为主要的应对方法。对美国"亚太再平衡战略"的支持，可以说是日本绑定美国并通过美国制衡中国的主要政策。安倍在钓鱼岛问题上的强硬立场、在历史问题上的修正主义态度，以及参拜靖国神社的举动等，也旨在促使美国对东亚的深度介入、对中国不断增长的权势予以制衡，同时带有向美国推卸责任的目的。美国对此表示"失望"，因为美国有充分发挥盟国作用以弥补美国实力衰退的想法，但美国并不希望日本"拖美国下水"。虽然如此，两国的战略也有明确的契合点，那就是大幅度提升日本的作用，强化日美同盟的功能，打破日本宪法的限制，扩展日本的军事贡献。

安倍战略也带有明显的机会主义色彩。与冷战时期的"商业机会主义"不同，安倍的战略更带有"国家机会主义"的特征。从日本国家战略周期看，日本处于"上升—下降"的关键期；从国际权力转移看，中国崛起和美国衰落使两个世界大国处于向共治或者是冲突过渡的微妙时期；从世界经济的长波周期看，整个世界国家权势也将在 2017～2025 年迎来一个大变动周期。② 在这样的大背景下，安倍内阁自身又恰好处于一个没有主要抗衡势力的"黄金期"。因此，安倍的积极型变位战略旨在利用这样的战略机遇使日本回归世界政治的中心。2013 年以来，在内政上，安倍以打造长期政权为核心，③ 从"规避风险"（risk off）转向"无畏风险"（risk on），不断对二战后政策进行修正；在外交上，开展首脑外交，兜售"中国威胁论"，为

① 王义桅、唐小松：《进攻性现实主义的代表作——评米尔夏默的〈大国政治的悲剧〉》，《美国研究》2002 年第 4 期，第 129 页。

② 按照国内外学者对世界经济长波周期的研究，有人认为 2017 年世界经济将迎来新周期，也有人认为 2025 年前后将迎来大的周期性变动，届时国家权势将发生大的位移。在此之前，各国都将面对一个战略调整或"战略机遇期"。目前，世界各国普遍认为，利用好这个战略机遇期对于国家发展至关重要。安倍的战略，说到底，也是日本利用战略机遇期的政策。

③ 「安倍長期政権 10 年計画 再々登板もあるリアルな工程表を入手」『週刊ポスト』2013 年 5 月 24 日、http://getnews.jp/archives/337304。

其历史认识和立场"正名",并旨在建立一个价值观联盟。这些政策既是安倍实用主义的体现,也是其机会主义的体现。

总之,安倍推动的日本国家战略转型,是对二战前日本的再思考、对二战后体制的再认识和对未来日本的再定位。与冷战后其他几届政府的政策相比,这是在对二战前、二战后的历史和战略再定位的基础上,摆脱"狭隘日本论"进行大战略设计的一个尝试。安倍本人是一个"强硬的国粹主义者"和"历史修正主义者",① 他的转型战略也必将给东亚和世界带来诸多的战略冲击。

四 中日未来的战略形势

日本的战略转型将对未来中日关系造成深远影响。中国的崛起现已成为日本战略构筑的一个主要前提。"对冲"中国、制衡中国,事实上已成为日本战略的一个基本方向。中日国力地位的变动、战略结构的转变、世界影响力的消长,给日本造成了极大的战略冲击。反之,日本的战略转型、历史问题的翻案和总体右倾化的态势,也对中国及中日关系构成巨大的冲击。"两强并立"时代的中日关系发展,既需要战略定力,也需要战略魄力。

面对这样的安倍、这样的日本来思考中日关系,实质要思考五个问题:如何看中国、如何看日本、如何看合作、如何看分歧、如何看"第三因素"。其中,关键是中国抛弃"消极反应型"应对方式,积极主动设计中日关系;首要是针对安倍的战略外交行为,看清安倍的战略设计;核心是短期针对安倍和安倍内阁,中期针对日本国家战略转型,长期针对日本国家发展道路和模式的变化。有鉴于此,针对当前形势,可以大致做以下判断。

第一,中日关系的关键在中国。日本今后仍会频繁挑起事端,中国的"刺激-反应"型应对不会收效,反受其累。应转变为"结构-行动"型应对,从总体标明对日政策和对策的结构位置。

第二,安倍和安倍内阁不是个案,日本的战略转型是大方向,日本型发展模式接近二战前的现实主义,但还未发展到军国主义的程度。安倍内阁式的日本行为方式今后还会有,抛弃理想的和平主义而转为积极的现实主义是

---

① 「首相歴史認識 米が懸念」『東京新聞』2013 年 5 月 9 日。

战略转型的根本，恢复二战后的"强日本"，让中、美等大国接受这样的"转型的日本"是日本的战略诉求。

第三，中日之间是合作还是冲突的问题受一种"结构性战略意识"左右。中国以"正向型"的战略结构意识为主导，认为合作将为双方带来更多收益，冲突必然损害彼此的利益，由此将中日关系看作影响中国崛起的非常重要的因素，认为中日关系恶化会对其他关系造成负面影响。日本则以"反向型"的战略结构意识为主导，认为合作不但会强化中国影响，而且会引发美国忧虑，日本则"两面受气"；冲突会提升日本需求的政治、安全上的影响力，借美国和中国之力，提升日本的影响力。由此，日本深知中国希求中日合作，所以一定程度的合作是日本的需求，一定程度的紧张也是日本的需求，日本以应对中国崛起为核心的"两面下注"策略来扩展战略空间。

第四，美国是中日关系中的"关键第三方"。对于当前的美国来说，中国"太大"且变得更"大"，日本"太小"且变得更"小"：中国国家大，且变得更强大；日本国家小，且日本的历史认识让它变得更矮小。但美国战略性的矛盾在于解决东亚大问题时更依仗"小日本"，而解决小问题时更希求于"大中国"。因此，美国迷茫之处在于日本解决大问题太小，中国解决小问题太大。总体上，美国希望的最好局面是中日亲而不合，都以不同角色融入美国体系。美国最不希望的局面是中日一体，联合对抗美国。在这两种局面之间，美国希望中日"斗而不僵、僵而不破、破而不战"。

The Strategic Transformation of Japan and the Prospective Strategic Situation between China and Japan

ZHANG Yuguo

Abstract Japan is actively carrying out the national strategic transformation under the Abe Regime, which is the "Japan's national strategy 4. 0 version" since the Meiji Restoration. From the perspective of the historical long-wave cycle, Japan is in the "strong-weak" periodic change of the national power in the second decade of the 21st century. In this transition period, the strategic transformation of Japan has the decisive influence on the future. In view of the policy of the Abe Regime, the "pre-war thinking" and the "post-war road" are the basic conceptions of the strategic transformation of Japan; the behavior of power displacement and the positive displacement strategy are the basic strategies which Japan assumed. The Abenomics, the Abe security doctrine, and the Abe diplomacy doctrine are the three pillars of the strategic transformation of Japan. The positive displacement strategy of Abe Regime demonstrates obviously the characteristics of aggressive realism and opportunism. The strategic transformation of Japan will inevitably have a profound impact on China's peaceful rise and the stability of the Sino-Japanese strategic structure and the strategic situation of the region in future.

Keywords   Abe Regime; Strategic Transformation; Historical Cycle; Positive Displacement Strategy; China-Japan Relations

试析日本政府解禁集体自卫权及其影响

巴殿君　刘佳*

【内容提要】2014 年 7 月 1 日，安倍政府通过宪法解释解禁集体自卫权，日本开始逐步偏离和平主义发展道路。日本在东北亚地区的军事活动的增强对中国的外部环境构成威胁，这必将激化中日之间的潜在冲突。集体自卫权的解禁和日本在日美同盟中的作用增强将促使日美同盟的功能，特别是日美同盟"矛"的作用增强。另外，日本集体自卫权的解禁，必然会导致日本军事实力上升并向本土以外地区延伸，这将使地区安全局势愈加紧张。

【关键词】安倍内阁　集体自卫权　日美同盟

　　集体自卫权本是国家主权的重要组成部分，国际法赋予主权国家拥有采取个体或者集体安全的方式来维护国家安全的权利。但是在二战后初期的国际环境下，日本在其"和平宪法"中规定日本禁止行使集体自卫权，走和平主义发展道路。随着二战后日本国力的发展和国际形势的不断变化，日本政府在不同时期就解禁集体自卫权做出种种努力，试图突破国内宪法对集体自卫权行使的限制，以此来提高日本硬权力在国际上的作用。特别是安倍政府开始主张大幅度修改"和平宪法"第九条关于集体自卫权问题的规定，

*　巴殿君，吉林大学东北亚研究院教授，博士生导师，研究方向为国际政治、朝鲜半岛问题；刘佳，吉林大学东北亚研究院硕士研究生。

并且明确指出解禁并行使集体自卫权的目标，引起日本周边国家以及国际社会的普遍关注。集体自卫权的解禁，不仅使日本"和平宪法"的和平主义精神内涵大打折扣，也对日本未来的国家发展战略产生了重大影响，同时还促使二战后形成的地区安全格局发生重大变化。所以，日本集体自卫权的解禁，不仅是法理问题，也是政治问题，更是地区安全问题。分析和研究当前安倍政府解禁集体自卫权的动机，不仅有利于把握当前日本的国家战略，也有助于正确认识解禁集体自卫权后的日本给国际安全局势带来的影响，因此具有重要的现实研究意义。

一　日本集体自卫权问题的历史演变

日本集体自卫权问题并非只产生于安倍政府时期，而是有着复杂的历史流变。从二战后初期明确规定禁止行使集体自卫权，到冷战时期实行最低必要限度的防卫，以及在冷战后加大应对"周边事态"，再到新时期明确要求解禁集体自卫权、转变"专守防卫"政策、推行积极和平主义，日本集体自卫权的行使实现了由禁止到放松再到放开的演变。

（一）冷战时期集体自卫权行使的被禁止

自卫权和集体自卫权是一个主权国家的固有的权利，可以看作与自然权利有着同等地位。① 在联合国成立以前没有对自卫权的明文规定，联合国成立后，为了维护世界的长期和平与稳定，《联合国宪章》第51条对自卫权做出了国际法上的规定，即"联合国任何成员国在受到武力攻击时，在联合国安理会采取必要措施来维护国际和平与安全之前，任何国家可以行使单独或者集体自卫的权利"。同时《联合国宪章》也对集体自卫权做出了明确规定："在与本国关系密切的国家受到武力攻击时，无论本国是否受到武力攻击，该国都有采取必要措施加以阻止来维护国际和平与安全的权利。"② 因此，从国际法上来看，主权国家都拥有集体自卫权这一自然权利，允许主权国家在遭受外来武力攻击时采取集体安全的方式维护国家安全。日本于

---

① 佐瀬昌盛『集団的自衛権』PHP新書、2001、22頁。
② 王铁崖等编《联合国基本文件集》，中国政法大学出版社，1991，第35页。

1956 年加入联合国，根据《联合国宪章》有关规定，作为成员国的日本拥有集体自卫权，并且在日美签订的《旧金山合约》和《日美安保条约》中都确认了日本在国际法上拥有集体自卫权。但是，二战后在美国的主导下，日本于 1946 年制定了新的国家宪法"和平宪法"，新宪法主张以和平主义实现日本社会的长期和平与稳定，并且在宪法第 9 条中对日本行使武力的权利和范围做出了规定："日本不保持战争力量，放弃主权国家对外发动战争的权利。"从中可以得出的法理结论是，日本不得超出本国自卫的范围行使武力。根据国际规则，国内法高于国际法，因此根据宪法第 9 条可以得出的法理逻辑是日本不能行使集体自卫权，不可对外行使武力。[①] 但是，在日本国内一直有一些政治人士认为，在宪法中并没有对集体自卫权的拥有或行使有明确的法律条文规定，这引起了对集体自卫权问题的争议。所以，集体自卫权问题的主要焦点在于日本国内法层面，特别是宪法第 9 条有关规定所带来的争议，不仅是日本解禁集体自卫权的关键点，同时其关于集体自卫权缺少明确描述也为后来历届政府关于集体自卫权问题的政府宪法解释提供了可发挥空间。

二战后初期，日本国内反战情绪和和平主义思潮高涨，同时国际社会对日本军国主义的复活问题密切关注。在此国内外形势下，时任内阁总理大臣吉田茂指出，日本当年的军事扩张就是在自卫权的名义下进行的，为了维护日本及国际的和平与安全，根据宪法第 9 条有关规定，日本应该放弃"自卫权"。放弃自卫权，意味着日本不保持武力，走和平主义道路，不存在对外行使武力的能力，因此日本是禁止行使集体自卫权的。随着朝鲜战争的爆发，美国开始转变对日政策，由全面占领和控制转向对日本进行扶植。吉田内阁就集体自卫权问题也改变态度，认为"宪法只是规定放弃对外发动战争，但是并没有否定自卫权的拥有和行使"。[②] 由此，吉田内阁根据国际局势的变化做出适时的调整，改变过去对自卫权的放弃，不否定自卫权本身，谋求日本拥有自卫权来更好地维护日本的和平与安全。虽然吉田内阁对自卫权问题采取不否认的态度，但是从"宪法规定放弃对外发动战争"可以看

---

① 吴怀中：《日本"集体自卫权"问题的演变和影响》，《日本学刊》2007 年第 5 期，第 44 页。

② 安田寬・西岡朗編著『自衛権再考』知識社、1987、20 頁。

出，集体自卫权的行使是被明确禁止的。所以，二战后初期，日本对集体自卫权持不否认但不行使的态度，主张走和平主义发展道路。

（二）冷战时期集体自卫权行使的松动

20世纪60年代日美修改安保条约，日美在同盟内部开始转向相互防卫，并且在修改后的新安保条约中加入"远东条项"。"远东条项"指出："美国为了维护远东地区的和平与安全将长期使用日本的军事基地，同时日本也有保障驻日美军基地不受外来侵略的义务。"① 日本部分政治人士担心日本保障驻日美军军事基地安全的行动是在行使集体自卫权，或在未来有可能使日本卷入美国方面的战争。对此，岸信介内阁解释道，武力攻击驻日美军基地必定是侵犯日本的领海领空，因此日本行使个别自卫权加以阻止是正当的。据此，日本通过"远东条项"和为驻日美军基地提供防卫义务，开始实际上拥有并行使个别自卫权。

20世纪80年代随着美苏争霸进一步加剧，日本对行使集体自卫权的解释有所松动。1981年的铃木善幸内阁同美国提出"千里海防"，之后中曾根内阁提出"日美命运共同体"和"不沉航母"等主张，目的在于加强日美同盟关系，增强日本对美国的协助作用，日本开始承担协助美国的远东安全义务。1983年2月针对公明党议员矢野浩珣也对"在远东有事之际日本自卫队对美国海军舰艇执行护航的行动是否为行使集体自卫权"的质询，中曾根指出："出于对日本进行救援或者支援目的的美国舰艇受到武力袭击时，可以认为（袭击）是对日本救援活动的阻碍，日本即使在领海以外的公海地区采取行动加以阻止，也是不违反宪法的行使个别自卫权的行为。"② 此外，在驶向日本的第三国物资运输船遭到武力攻击时，在防卫目的的最低必要范围内可以考虑行使个别自卫权加以阻止。所以20世纪80年代，日本不断扩大个别自卫权解释的范围，通过个别自卫权来增强日本自卫队的建设，促使日本军事力量增强。

总之，在整个冷战时期，日本开始谋求拥有以自卫为目的的最低必要限度的自卫权，而对集体自卫权的行使采取否认态度。随着国际局势的变化，

---

① 豊下楢彦『集団的自衛権とは何か』岩波書店、2007、64頁。
② 豊下楢彦『集団的自衛権とは何か』岩波書店、2007、88頁。

在日美同盟和"远东条项"的影响下，日本不断扩大个别自卫权的使用范围，通过加强对个别自卫权的使用，造成对行使集体自卫权的限制有所松动，并且为冷战后主张突破宪法对集体自卫权行使的限制提供了开端。

（三）冷战后集体自卫权行使的突破

20世纪90年代初海湾战争爆发，日本海部俊树内阁以"国际贡献"为名，向中东地区派遣自卫队。海部内阁指出，派遣日本自卫队在非战斗区域进行后方支援并不是行使武力，而是依照联合国《和平协作法》进行海外活动。因此，日本以"国际贡献"为名在联合国军的非战斗区进行后方支援的做法虽然没有在海外直接行使武力，但是其将自卫队派遣到海外的做法通过实际行动在宪法上实现了事实上的重大突破。随着第一次朝核危机的爆发，日本政府于1998年提出了《周边事态法》和《自卫队法》修正案。根据新的日美防卫合作指针的要求，日本自卫队在日本领海和领空以外的区域，对美国承担包括侦察、搜索、运输和救援等在内的后方支援任务。之后的小渊内阁指出，在发生"周边事态"之际，日本采取行动对美国进行协助，这本身就是在践行日美同盟的本质义务。日本通过"周边事态"的威胁认定，依据《周边事态法》维护自身的安全，并协助美国维持亚太的安全与稳定，这突破了日本宪法对海外军事行动的限制。

在"9·11"事件发生后，为了更好地应对恐怖主义对日本国内的安全威胁，小泉内阁出台了《应对武力攻击事态法案》。该法案在增强日本防卫能力的同时也增强了日本自卫队的进攻性，并且放宽了宪法关于武力行使的限制。同时，小泉内阁还出台了《反恐特别措施法》，规定自卫队所进行的防卫活动限制在本国领土区域和公海及其上空，如果需在外国进行行动则必须以当事国的同意为前提。特别措施法规定，在获得国外当事国的同意后，日本自卫队可以在国外进行行动，这间接地实现了日本自卫队在本土以外区域进行行动的合法化，再次对宪法禁止行使集体自卫权进行突破。

2006年安倍内阁上台，明确指出要修改"和平宪法"，特别是修改宪法第9条关于集体自卫权的规定，解禁集体自卫权，实现国家正常化。2012年安倍第二次组阁，加快修宪步伐；2013年年底出台新《防卫计划大纲》，计划对二战后日本的"专守防卫"政策进行彻底修改，建立自卫军，强化日美防卫合作，实施日美共同防御的方针，行使集体自卫权。为实现这一目标，

2014 年 3 月，安倍政府出台"防卫装备转移三原则"，突破"武器出口三原则"的限制，放宽日本对外进行武器出口的条件，促使日本的武器出口到海外，通过武器出口加强与其他国家间的军事联系。同时，安倍内阁开始修改以往政府关于集体自卫权问题的宪法解释，主张允许解禁集体自卫权。2014 年 7 月日本通过了解禁集体自卫权的内阁决议案，在决议案中提出如日本遭到武力攻击，或与日本关系密切的国家遭受到武力攻击并因此威胁到日本的存亡，日本可行使集体自卫权，采取相关措施予以应对。① 随后，日本修改了《周边事态法》和《自卫队法》。至此，日本修改了宪法解释，在一定程度上允许行使集体自卫权，解禁集体自卫权问题实现了质的突破。

二 安倍政府解禁集体自卫权的动机

整个冷战时期和冷战后的 20 世纪 90 年代，日本历届政府在解禁集体自卫权方面都努力通过改变政府宪法解释使集体自卫权问题政治化，采用权宜之计的办法来减小宪法对行使武力的限制。这种做法只存在于政府行为。而 21 世纪的小泉内阁和安倍内阁则明确提出修改宪法，通过实际的政治行动和直接的宣传，使社会舆论介入政府的修宪问题，加强政府修宪的决心和社会的支持力度，从而真正触及解禁集体自卫权问题的本身，在解禁集体自卫权上实现质的突破。安倍政府同以往日本政府相比，敢于直接触及日本集体自卫权问题本身，敢于明确要求实现集体自卫权的解禁。从国家政治需要以及地区和国际形势的变化中，我们可以认识到安倍政府解禁集体自卫权背后的种种动机。

（一）摆脱二战后体制

随着日本国内新保守主义思潮的兴起，新保守主义者主张日本不应只是片面发展经济，而要以日本强大的经济实力为后盾，改变日本"政治小国"的形象，使日本成为一个政治大国。② 要想成为一个政治大国，就必须增强日本的硬实力，改变日本的军事战略，积极发展日本的军事力量，并且采取

---

① 《日本正式通过解禁集体自卫权内阁决议案》，新华网，2014 年 7 月 1 日，http://news.xinhuanet.com/world/2014 - 07/01/c_ 1111409739. htm。
② 孙政：《战后日本新国家主义研究》，人民出版社，2005，第 218 页。

"积极和平主义"的方式为国际社会做贡献，使日本成为一个"国际国家"。谋求政治大国目标的主要障碍是"和平宪法"规定下的二战后体制。宪法第9条规定日本"不保持战争力量"，这意味着日本放弃发展军事力量的权利；并且第9条还规定"日本不以武力解决国际争端，放弃对外交战权"，这也就意味着日本放弃行使集体自卫权。在这种约束下，日本不能大力发展军事力量和将日本的军事力量延伸到日本本土以外的区域。集体自卫权的解禁，不仅能够促进日本军事力量的发展，还能以"积极和平主义"和加强协助同盟国美国的防卫事务为依据，使日本在海外行使武力合法化，进而从根本上摆脱二战后对日本军事发展和集体自卫权行使的限制。

自安倍组阁以来，就明确提出修改宪法、解禁集体自卫权、加强日本自卫队军事力量建设，以"积极的和平主义"为国际社会做贡献。安倍指出："把日本从战后历史中夺回来，重新交到日本国民手中。"[①]"从战后历史中夺回来"也就是指使日本从二战后的体制中挣脱出来，摆脱二战后的体制对日本政治和军事发展的束缚，确立新的政治秩序。2012年安倍第二次组阁时提出"强大的日本"，建设"强大的日本"的前提是首先成为"正常的日本"，[②]日本之所以"不正常"，主要是因为宪法第9条造成日本作为主权国家的"战争权"和"交战权"受到限制，日本的军事发展和海外军事行动受到制约。加快解禁集体自卫权的步伐，可以推动日本自卫队建设，增强自卫队在海外的军事作用，提高日本在国际上的军事影响力，实现军事大国的目标，从而弥补日本在成为普通国家的过程中军事发展不足的缺陷，这样也使日本在很大程度上摆脱自二战后形成的非正常国家体制。

（二）改变日美同盟的不对称关系

日美作为同盟国家，在安全防卫上本应该采取一致的行动来应对共同的威胁。但是在二战后体制的约束下，日本不能行使集体自卫权，不能向海外派出自己的军事力量，只能对美军的军事行动进行后方援助。同时由于二战后体制的限制，日本的国际军事战略、安全战略也受到限制，所以其在日美

---

① 安倍晋三：『新しい国へ』文藝春秋、2006、145頁。
② 朱海燕：《解析安倍"摆脱战后体制"战略——以日本国内为视角》，《东北亚论坛》2014年第1期，第49页。

同盟中采取的维护地区乃至全球安全与稳定的战略都体现了"美主日随"的不对称关系。存在这种不对称性，主要因为日本的集体自卫权问题造成日本所能发挥的作用受限，因此解禁集体自卫权、增强日本在同盟中的作用是改变日美同盟不对称性的关键。在此情况下，安倍政府提出"积极和平主义"的理念，主张日美的同盟关系不再是被保护者与保护者的关系，日本也不再只扮演对驻日美军基地提供安全保障和战争状态下对美提供后方支援的"配角"角色，而要转变低限度的消极和平观念，以积极的和平方式走向海外，对国际社会的和平与安全多做贡献，成为美国平等的伙伴。解禁集体自卫权后，日本对美军事协调能力将得到完善，防卫合作范围得到扩大，日本军事的防御性和进攻性都能得到增强，并且随着日美同盟的全球化，日本在在国际上所发挥的作用也不断增强。所以通过解禁集体自卫权，日本将在地区乃至国际上发挥更大的作用，同时日美同盟关系也将由"单向依附"向"联合军事行动转变，大大增强日本的作用。日本在同盟中的职能发生变化，由"防御型"同盟转变为"干预型"同盟，[①] 日本在日美同盟中承担的防卫义务增多，发挥的作用增强。

总体而言，集体自卫权的解禁，不仅增强了日本军事发展的自主性，促进不对称的同盟关系的转变，也能让日本的军事活动范围扩大，并且以日美同盟为基石，在国际舞台上发挥更大的作用。[②] 所以，解禁集体自卫权，有利于提升日本在美国对外战略中的地位以及在日美同盟中的作用，从而整体上提高日本在国际上的军事影响力。这既是日本一直奉行"结盟政策"的重要原因，也是安倍政府以解禁集体自卫权转变日本同盟角色的重要内在动机。

（三）提升日本的军事影响力

在二战后体制的影响下，日本采取"专守防卫"的安全战略方针，即日本只拥有出于自卫目的的最低必要限度的自卫权，不行使集体自卫权，日本自卫所需最小限度的自卫军事力量只立足于本土，不在海外行使武力，不持有洲际导弹等能给他国以毁灭性打击的进攻性武器。[③] 因此，在此方针的

---

① 孙晓东：《日美同盟的新定位与东北亚安全》，延边大学硕士学位论文，2007，第 5 页。
② 米庆余主编《国际关系与东亚安全》，天津人民出版社，2001，第 266 页。
③ 崔志楠：《日本谋求"集体自卫权"的动向、动因及影响》，《和平与发展》2009 年第 4 期，第 59 页。

约束下，日本的自卫队建设虽然不断得到加强，但是一直没有超出"专守防卫"的范围，并且日本也没有发展洲际导弹、远程弹道导弹以及导弹防御系统等具有先发制人和威慑能力的武器，日本军事力量的发展始终以自卫为目的。虽然二战后日本历届政府在加强日本军事建设上做出了努力，但是要实现日本军事实力的全面提升和质的飞跃，就必须解禁集体自卫权，扩大日本的自卫权行使范围，同时允许行使集体自卫权，将日本的军事力量延伸到海外，使日本在国内、国际上军事影响力大幅度增强。所以面对全球安全形势和地区安全环境的变化，安倍从其所谓的"现实主义"出发，明确提出解禁集体自卫权，扩大日本的国际权力，全面振兴日本，不做二流国家，尽快补上国家战略中的"军事短板"。[1] 通过对集体自卫权的解禁，日本国内军事发展的自主性得到增强，其国际层面的军事发展空间得到了扩大，防卫能力和军事实力因此获得全面提升。

随着集体自卫权的解禁，日本军事发展的"羁绊"有所减少或者消除，其军事发展实现正常化，发展的"深度"与"广度"将有所加强，军事力量也将随之提升，这将促使日本自二战结束以来受抑制的军事力量得到释放。日本军事力量得到释放后，日本将变为具有强大军事实力的国家，或者成为地区性军事强国乃至全球性军事强国，[2] 硬权力得到明显提升，在有限的地缘政治空间内对国家间力量对比产生重大影响。同时，通过提高自身军事力量，日本可实现地区、国家间的力量平衡，减少外来威胁，促使日本在地缘政治斗争中处于主导地位或者保证"日本一极"的地位，从而更好地增强日本在国际竞争中的优势。所以，解禁集体自卫权，促进日本军事的正常发展，使日本的军事力量在国内和国际层面得到很好释放，并通过平衡地区不断崛起的力量来保障日本的地缘政治利益，是安倍政府实现政治大国化目标和扩大地区影响力的重要举措。

（四）扩大国家战略的全球性维度

由于日美同盟全球化是日本和美国在新的国际形势下对日美同盟的新定义，日美同盟不再仅限于维护东亚的安全与稳定，而是将同盟的活动范围扩

---

① 李薇主编《日本研究报告（2014年）》，社会科学文献出版社，2014，第84页。
② 冯昭奎：《21世纪的日本战略的贫困》，中国社会科学出版社，2013，第282页。

大到全世界范围内，将维护世界的和平与稳定作为共同义务。日美同盟的全球化即日美同盟活动范围的全球化和日美防卫合作的全球化。一方面，美国使日本的力量介入全球范围，从而增强美国在全球事务上的主导权；另一方面，日本以日美同盟为框架，实现日本全球战略的实际实施。日本要想和美国一起维护世界的和平与安全，就必须解禁集体自卫权，向海外派兵，与美国并肩作战。这是安倍政府解禁集体自卫权、实现日本全球战略目标的一个重要考量。

为了扩大日本的全球战略维度，安倍政府提出"积极和平主义"，主张解禁集体自卫权，派遣自卫队参与国际合作，为全球安全保障事务做出更大贡献。积极参与国际安全合作，不但使日本自卫队在海外活动的广度和深度增强，同时也可以将日本的军事触角延伸到全球，促使日本军事全球性发展和国家战略在全球维度得到拓宽。解禁集体自卫权的另一个重要作用是赋予日本军事力量从地区走向全球的能力，在符合日本利益的判断下，日本也可以担当"世界警察"，向世界各地派兵。日本除履行日美同盟义务、行使集体自卫权外，还能够接受联合国授权，参与外交、维和、军事制裁等国际军事行动。[①] 所以，集体自卫权的解禁，不仅打破了"专守防卫"体制，更使日本的军事活动空间实现从本土到地区再到全球的全方位拓展；不仅使日本在日美同盟中发挥重要作用，而且在联合国维和行动和国际军事制裁等集体安全领域所能发挥的作用也不断提升，促使全球性经济战略和军事战略的共同发展，从而从整体上扩大日本全球战略的维度。

（五）配合美国的"亚太再平衡战略"

奥巴马政府执政后，美国将其战略重心从中东地区转移到亚太地区，推行"亚太再平衡战略"。由于二战后美国所建立的霸权体系是由美国主导、多个国家共同维持的一种复合型霸权体系，因此它既需要美国的主导作用，同时也需要多个同盟国家给予支持，以促使美国推行其全球战略。鉴于当前美国国内经济乏力，中美关系不断加强，美国开始将亚太战略义务转嫁一部分给同盟国日本，希望日本走向前台，在亚太地区发挥更为重大的作

---

① 李秀石：《"行使集体自卫权"与日本防卫转向》，《现代国际关系》2003 年第 6 期，第 18 页。

用，这样不仅能避免美国在"亚太再平衡战略"中过多投入，也能增强美国在亚太地区的主导作用。因此，美国推行"亚太再平衡战略"需要日本的协助，通过"离岸制衡"手段实现对亚太地区主导权的巩固和战略利益的最大化。

但是根据日本宪法的规定，日本不能行使集体自卫权，不能在日本本土以外的地区行使武力。长期以来，日本一直在日美同盟中扮演着"后勤保障"和"后方支援"的角色，这制约着日本在美国亚太战略中的协助作用。冷战后日美同盟实现再定义，美国将日本视为其在亚太地区最重要的同盟伙伴。同时在美国战略重心东移的新时期，奥巴马政府深化日美同盟内涵，要求日本在日美同盟中所发挥的作用增大。所以，当前在推行"亚太再平衡战略"时，为了使该战略在较小投入下顺利推行，美国希望其亚太地区最重要的同盟国家日本来分担美国的战略义务，开始支持日本解禁集体自卫权。

同时，美国出于自身战略利益考量允许日本解禁集体自卫权，这从另一个方面来说对日本也是一个重要的契机。由于二战后日本的政治体制和安全体制是在美国的帮助下建立的，美国对日本的政治有着重要的影响力，并且也是日本军事发展最为重要的外部约束力。奥巴马政府支持日本解禁集体自卫权，就意味着对日本的军事发展进行"松绑"。所以，以积极配合美国的"亚太再平衡战略"为依据，大力发展自身的军事力量，增强日美同盟协作，实现日本军事进一步发展，这成为当前安倍政府要求快速解禁并行使集体自卫权的重要外在契机。

三 安倍政府解禁集体自卫权的影响

安倍政府从战略动机和现实动机出发，加快修宪步伐，谋求解禁集体自卫权，实现日本军事正常化发展，提高日本军事实力，摆脱二战后体制，提升日本在日美同盟中的地位和作用。在增强日本在地区的影响力的同时，将日本的战略目标扩大到全球，从而在当前经济不能及时有效好转的情况下，通过释放日本的军事实力来继续维持日本在地区的主导权以及既得利益。但是，这也对日本的国家发展战略带来重大影响，日本开始逐步偏离和平主义发展道路。随着日本在东北亚地区的军事活动增强，日本对中国的外部环境构成威胁，这必将激化中日之间的潜在冲突。集体自卫权的解禁使日本在日美同盟中的作用增强，这将促使日美同盟的功能，特别是日美同盟"矛"的作用，即进攻性增强。另外，日本集体自卫权的解禁，必然会导致日本军事实力上升并向本土以外地区延伸，这将使地区安全局势愈加紧张。

（一）偏离和平主义轨道

解禁集体自卫权将破坏和平主义精神，造成日本民主体制异化。在解禁集体自卫权问题上，为了得到更多的政治支持，安倍政府加速日本政坛右倾化，宣扬保守思想，并且通过多次内阁改组，实现保守内阁的建立，企图通过打造一个保守化的内阁促使保守政策的实施，这对日本的自由民主造成了冲击。另外，在解禁集体自卫权问题上，安倍政府绕开复杂的司法程序，试图通过政治手段，在不修改宪法的前提下修改政府宪法解释，突破宪法的限制，使日本的海外军事活动合法化。这本身违背了宪法，其行为的违宪性已经对作为日本民主政治基础的宪政秩序造成了实质性破坏，也对作为日本民主政治根本体现的公民权利形成了伤害。[①] 这种偏离宪法精神的行为违背了以和平主义为原则的日本民主精神。为了使解禁集体自卫权行动得到实际具体落实，安倍政府在 2013 年 4 月成立了国家安全保障会议，通过体制建设来加强国家对安全保障的掌控；紧接着，安倍内阁出台了《特定秘密保护法》，日本社会民众普遍认为该法严重损害了公民的知情权。安倍政府通过体制建设和法律制定来增强政府的安全事务行动，以国家加强安全防务为借口来实现修宪和扩军的政治目标，这对二战后日本在"和平宪法"规定下所形成的民主法治精神来说是一种严重践踏，也导致日本背离了作为日本民主精神象征的和平主义。

通过解禁集体自卫权，日本的国家战略发生了转变，逐步脱离"专守防卫"方针，进而产生对和平主义发展道路的偏离。解禁集体自卫权后，日本的军事力量不再局限于"必要最小限度"，日本将拥有保持一定限度战争力量的权利，日本军事发展将实现正常化并不断外向化，自卫队的活动范围也必将会扩大。为了加快日本成为军事大国的进程，日本将会加强其地区和世界军事影响力，放弃一直奉行的"转守防卫"政策，根据"积极和平

---

① 李薇主编《日本研究报告（2014）》，社会科学文献出版社，2014，第 66 页。

主义"的理念,以为国际安全做贡献为借口,在日美同盟的框架内发挥更大的作用,同时积极参与联合国的集体安全行动,在增强自身防御力量的同时增加日本军事的攻击性。以上行为将使二战后奠定了日本半个多世纪发展的基石——宪法第 9 条——被一步步"架空"。

所以,解禁集体自卫权将加剧对和平主义理念的偏离,使日本国内政治生态变得更加保守。通过政治手段对宪法内容进行架空这种实质上的违宪行为是对民主法治精神的践踏,将造成日本民主法治体制的异化。另外,解禁集体自卫权后,日本将逐步放弃"专守防卫"理念,采用"积极和平主义"方针,将国家的战略轨迹转向"普通国家",造成国家战略的重大转变。

(二) 激化中日之间的潜在矛盾

安倍政府在解禁集体自卫权过程中,为了获取国内政治势力和民众的支持,大肆否认日本侵略历史,加快日本政治右倾化,建构"中国威胁论"。如果一个国家一方面否认自己过去的侵略行为,另一方面又积极解禁集体自卫权并谋求自身武力外扩,那么那些曾经被其侵略的邻国就会认为该国在政治和逻辑上缺乏判断力,就会把该国看作一个危险国家。[①] 所以,曾遭受到日本侵略却至今没有得到日本明确道歉的中国,面对安倍政府再次否认侵华历史并且解禁集体自卫权以成为军事大国的行为,表现出对日本的警觉。安倍政府这些举措不仅造成中日两国民族主义情绪出现对立,也会对两国的政治互信带来消极影响。另外,近二十年来中国经济快速发展,综合国力不断提高,将逐步成为经济大国,而与此同时日本经济持续陷入低迷。安倍政府企图解禁集体自卫权,提升日本的军事实力,由经济大国转向政治大国,加强对中国的防范,这就造成了两国在战略层面上的方向不一致。在国力逆向同步改变的过程中,中日双方的矛盾日益凸显。[②]

日本解禁集体自卫权后,军事实力必将得到提升,日本不再将军事发展保持在"必要最小"范围内,而是将采取积极防御的方式来维护日本的安全并彰显日本的军事影响力。当前关乎核心利益的钓鱼岛主权争端以及东海海洋权益争议加剧了中日两国的矛盾。中国为了维护自身的核心利益和主

---

① 赵传君:《东北亚三大关系研究》,社会科学文献出版社,2006,第 24 页。

② 张卫娣、肖传国:《21 世纪日本对外战略研究》,军事科学出版社,2012,第 224 页。

权，加强在钓鱼岛附近海域的巡视力度。在加强东海海上军事力量的同时，中国还通过在东海区域划设"东海防空识别区"来完善在该区域的利益维护措施。另一方面，日本将其军事重心部署在西南海域，加快尖端武器的生产和在西南海域的军力部署，企图对中国形成威慑。随着日本集体自卫的解禁，日本军事发展的自主性增强，对其武器生产和投入的限制也将减少，中日两国围绕核心利益的争端致使东海区域的军事对抗正在不断增强。

总之，日本在否认历史问题的同时，又在解禁集体自卫权，不仅加深了中国对日本的警惕，也对中日两国的政治互信以及两国人民的相互认同带来消极影响。集体自卫权的解禁使中日两国结构性矛盾增强，也使彼此间的战略猜疑加深。同时，解禁集体自卫权后，日本可以减少对武力发展和行使的限制，不仅造成东海海域军事紧张局势的加剧，也会使日本因自卫队活动范围和作用的扩大而对中国南海问题进行干涉，造成中日两国矛盾进一步激化。

（三）强化日美同盟的"矛"的作用

长期以来，在"专守防卫"方针的限制下，日美同盟的防卫关系主要是美国对日本提供安全保障，日本对美国提供军事基地。即使在战争时期，美国在前方作战，日本只能在后方非战斗区域进行后勤支援，所以日本一直在日美同盟中扮演着"盾"的角色。集体自卫权解禁后，安倍政府就会以真正履行日美同盟义务为借口，对外开始扩大自卫队的活动范围，日本能够以其"关系密切"的"友好"国家遭受攻击为名，主动参与一些超越本土防卫、非作战行动之外的军事行动，即日本不仅可以协助美国，同时还可以帮助美国"反击"第三方的"进攻"。① 这使日本军事的进攻性增强，日本在日美同盟中的作用由后方支援变为共同作战。随着具有攻击性的日本军事力量介入日美同盟，日美同盟"矛"的作用，即日美同盟的攻击性将增强。

二战后美国建立了由美国主导、多个同盟国家共同支持的复合型霸权体系。从美国霸权体系的结构上看，日美同盟"矛"的作用增强，不仅提高了日本的国际影响力，也能促使整个霸权体系更加稳定。在美国霸权体系中，日本的进攻性的增强，不仅有效地维护了美国在国际上的主导性，同时

---

① 李成日：《日本解禁集体自卫权的举措与影响》，《国际问题研究》2014 年第 4 期，第 70 页。

还增强了日美同盟维护亚太地区国际秩序的主导性作用，进而再次强化了美日在亚太地区的单边主义。

所以，日本集体自卫权的解禁，促使日本军事进攻性增强。日本在日美同盟中"矛"的作用的增强，也就在整体上增强了日美同盟的整体进攻性功能。从美国霸权体系的结构上看，日本自身作用和日美同盟功能的增强，将会进一步强化美国霸权体系的稳定，使美国在全球范围内的主导权得到巩固。

（四）加剧地区局势紧张

日本集体自卫权解禁后，其军事发展的自主能力将得到增强，军事能力也将得到提升并在地区得到彰显。由于历史上东亚各国曾遭受过日本的侵略，这就使得东亚各国面对日本的强大军事压力，必须考虑防止日本再次侵略的问题，由此不得不加强和发展军事力量以保卫自己的国家安全。① 这不仅对东亚地区的安全环境造成了消极影响，也可能使东亚国家在不明确日本解禁集体自卫权的真实目的之前采取军事措施加以防范，从而形成区域内新一轮的军备竞赛，进而影响到地区的和平与稳定。

另外，在当前的国际体系中，日本虽然通过解禁集体自卫权获得一定的军事发展自主性，但是其完全摆脱美国成为地区乃至世界独立一极的目标，短时间内是很难实现的。所以，安倍政府在解禁集体自卫权的同时，又强化日美同盟关系，使日本在解禁集体自卫权后在日美同盟的框架内发挥更大的作用。日本解禁集体自卫权不仅会强化日美同盟作为世界第一和第三经济强国的军事联合在亚太国际秩序中的主导性，也会使日本在亚太地区的影响力得到提升，使美国在亚太地区霸权得到巩固，从而使亚太地区的安全结构出现失衡甚至更加单极化。根据《周边事态法》，解禁集体自卫权后的日本将会政治手段和军事手段并举，对朝鲜进行防范和施压，协同美国的对朝战略，这将导致朝核问题更加复杂化。另外，安倍政府解禁集体自卫权后，日本的军事力量得以外向发展，这促使日本同菲律宾、泰国、澳大利亚和印度加强军事联系，试图强化第二岛链的作用来配合美国的亚太战略。日本通过解禁集体自卫权大范围地介入地区事务的行为，将会造成地区、国家间的关

---

① 陈景彦：《日本政治右倾化的原因及其影响》，《日本学论坛》2000 年第 4 期，第 26 页。

系复杂化。因此，如果解禁集体自卫权后的日本不惜动用武力保卫"有着密切关系的其他国家"，这势必直接影响地区局势的稳定，[①] 同时日本力量的大举介入也导致亚太地区特别是东北亚地区本已存在的安全问题更加复杂。

总之，日本集体自卫权的解禁使日本自身和日美同盟的影响力在地区得到增强，这为地区安全局势的稳定以及地区力量的均衡带来消极影响。同时，安倍政府通过解禁集体自卫权协助美国的亚太战略，以军事手段大规模介入亚太安全事务，对中国进行制衡，这些举动将使地区政治发展和安全局势更加复杂。

The Influence of Japan's Lifting of the Ban on Collective Self-Defence

BA Dianjun , LIU Jia

Abstract   In July, 2014, Abe Regime lifted the ban on collective self-defense right through its new interpretation of the Constitution. Japan began to gradually deviate from the road of peaceful development. With the augmentation of the military activities in Northeast Asia, Japan is forming a threat to China's external environment, which will intensify the potential conflict between the two countries. The lifting of the ban on collective self-defense right, and the increasing importance of Japan's role in Japan-U. S. alliance, will enhance the "spear" function of the alliance. In addition, Japan's military forces will be inevitably strengthened and thus extend to overseas territories. This will lead to an increasingly tense security situation of this region.

Keywords   Abe Regime; Collective Self-Defence; Japan-U. S. Alliance

---

① 李秀石：《日本新保守主义战略研究》，时事出版社，2010，第283页。

"安倍谈话"与中日关系的战略困境[*]

"安倍谈话"与中日关系的战略困境[*]

沈海涛[**]

【内容提要】 中日关系正处于历史转型的关键时期。各种结构性矛盾与政策性冲突逐渐公开和加深,体现在公众面前的主要是钓鱼岛领土主权争端问题、日本对侵略历史的认识问题,以及东海划界与资源开发利用问题等。而日本安倍政府的政治右倾化与僵硬的对华外交政策更使得中日关系雪上加霜,形势更为紧张严峻。

【关键词】 中日关系 安倍谈话 历史认识 主权争端 国际秩序

安倍第二次执政以来,安倍政府连续对华强硬发声,不断加剧中日双边关系的紧张程度,其表现超出以往历届政府,不仅激起中国政府和人民的愤怒,也引起国际社会的普遍担心。安倍政府恶化中日关系的言行主要集中在历史认识问题、钓鱼岛领土主权争端、针对中国的安全防务战略与策略的变化几个方面。2015 年 8 月 14 日,日本首相安倍晋三发表了关于二战结束 70 周年的"安倍谈话",引起了日本国内和国际社会的高度关注。"安倍谈话"在出笼之前即引起日本国内和国际社会的强烈关注,由于国际关系的利益纠葛与战略需要,对日本政府"似是而非"的二战结束 70 周年表态,国际社

---

* 本文是国家社会科学基金项目"'安倍主义'与日本外交战略位移研究"(项目批准号:14GJ005)的中期成果之一。

** 沈海涛,文学博士,吉林大学东北亚研究中心教授、日本研究所研究员,主要研究方向为日本政治与外交、东北亚国际关系。

会的反应与解读不尽相同，这在一定程度上表明如何适应时代变化与新的中日关系是我们需要面对的重大课题。

一 领土争端成为中日关系的"关键节点"

2015 年 10 月 27 日，以"沟通对话、合作共赢"为主题的中日韩研讨会在北京举行。时值李克强总理出访韩国和出席中日韩首脑会谈前夕，研讨会作为中国公共外交协会主办的半官方半民间论坛被外界看作时隔三年半重启的中日韩首脑峰会前的"预热"，外交部部长王毅出席了研讨会并发表致辞。王毅部长在致辞中提到，"中日韩三国理应排除干扰，携手共进，共同朝着睦邻互信、全面合作、互惠互利、共同发展的方向前进，努力实现2020 年建成东亚经济共同体的既定目标"，既表明了中日韩三国面向未来、相互合作、共同发展的殷切期盼，也指出了当下中日韩三国合作面临的困境与问题的实质所在。事实上中日韩三国的合作因近年来日本在历史认识问题上的倒行逆施而备受困扰。

2013 年以来，重新执政的自民党安倍政府在中日领土主权争端以及中日关系许多其他重大问题上的右倾化程度比民主党政府更加严重，没有表现出丝毫解决领土争端的诚意。安倍政府否认侵略历史，公开渲染"中国威胁论"，鼓吹使用武力应对主权争端。钓鱼岛领土主权争端持续"高位震荡"，中日关系依旧没有太多改善的迹象。

钓鱼岛列岛自古以来就是中国的固有领土。诸多历史原因造成了日本实际控制钓鱼岛拒不归还的局面。并且在中日间围绕钓鱼岛领土主权的争端中，日本屡屡挑战中国国家利益的底线，企图将对钓鱼岛列岛的"实际控制"变为"长期占领"，继而达到"实效取得"的目的，这成为中日关系发展面临的最大障碍。

众多历史文献证明钓鱼岛列岛自古以来就是中国的固有领土。在近代，日本利用甲午战争的混乱秘密窃取钓鱼岛。1945 年日本军国主义战败投降后，依照《开罗宣言》和《波茨坦公告》的规定，日本被迫交出其长期侵占的包括中国台湾及其附属岛屿在内的中国领土。1971 年美国与日本私相授受琉球群岛的行政管辖权，钓鱼岛被交给日本。中国政府一贯坚持对于钓鱼岛列岛的主权立场，坚决反对日本对钓鱼岛的窃夺。

钓鱼岛列岛主权争端尽管在 20 世纪 70 年代公开化，但问题早在 50 年代初就已经初现端倪。在钓鱼岛主权问题上，中国占有历史和道义的制高点。作为世界反法西斯战争的战胜国之一，中国有充分的理由和权利收回被日本殖民侵占的国土和正当权益。坚决主张并收回钓鱼岛列岛的主权，是中国维护国家主权与领土完整的必要和关键的一环，也涉及中华民族复兴伟业的实现。在涉及中国国家核心利益的根本性重大问题上，没有任何可以妥协的余地。

日本在二战后借助美国的扶持和默许，在归还中国领土钓鱼岛及其附属岛屿问题上一再玩弄花样，不仅否认中日之间曾达成的"搁置争议"的共识，甚至直接将中日之间存在的领土主权争端予以否认。其实质，就是要借助否认二战成果和战后国际社会的基本共识，为日本摆脱二战后国际秩序的束缚、抛开战败国的标识、重振日本的大国地位撕开缺口。

日本政府在走向政治大国化、军事大国化的道路上，通过不断促使钓鱼岛列岛主权争端的升级，掀动"中国威胁论"，调整和扩充日本的军事力量，并通过日美同盟把美国紧紧捆绑在日本的战略布局中，实现"一石三鸟"的战略效应。中日钓鱼岛主权争端，看似是一个局部问题，实则牵动整个日本对外战略的部署。

在领土主权问题上强硬发声，树立强势政府形象，稳固执政党的基础，是日本国内政治右倾、抛弃二战后和平立国理念、鼓动民族主义的一个极好的借口。宣扬所谓"中国威胁"，唤起日本民众的国家主义和民族主义思潮，是为日本政治摆脱"二战后和平体制"铺平道路。

实际上，在日本国内也存在不同的声音。除了主张"中日之间不存在领土争端问题"的日本现政府和一部分政客外，更多观点认为应避免表面上的领土主权争端，不对中国的立场和做法高调反应，防止对问题有过度反应，并在实际事务层面上强化"实效控制"，加强对钓鱼岛的实际控制和管理，以既成事实和国际法为依据，保持对日本有利的局面。还有一种论调则是承认中日之间存在领土主权争端问题，但不赞成将问题表面化，主张搁置争议，避免因领土主权问题的争端激化影响东海油气资源的共同开发利用的谈判进程。注重在东海地区油气资源开发利用上的实际利益分割与共享是他们的基本立场。

钓鱼岛主权归属问题的始作俑者美国态度暧昧反复，客观上支持了日本在钓鱼岛问题上的立场和做法，特别是日美利用钓鱼岛问题制约中国的意图越发明显，这也使得短时间内解决中日钓鱼岛列岛主权争端更为困难。中日钓鱼岛主权争端的现状表明：一方面，双方擦枪走火、出现突发事态的可能性正在增大；另一方面，这种对峙正出现长期化、复杂化的倾向，对中日两国关系的健康发展与东亚地区的和平与稳定都将产生重大影响。

同时我们也应注意到，在海洋权益争端中，日本并未获得美国对其主权要求的全面认同。美国对中日钓鱼岛争端的基本态度可以概括如下：认为钓鱼岛是处于日本行政管理范围内的，美国在主权问题上是中立的；① 1971 年美国向日本移交的是钓鱼岛的行政管理权，② 而非主权。这种立场与安倍或者其前任野田佳彦所主张的钓鱼岛是日本领土一部分的立场是有显著区别的。因此，未来美国在中日钓鱼岛争端中的立场仍是一个变数。

鉴于钓鱼岛列岛所处的战略地位和周边具有的大量资源，当事者以及相关各方既无法轻易做出妥协，也都有各自国际国内的战略需要。在今后的地区国际政治博弈中，钓鱼岛主权争端问题依然会作为中日关系大棋局上的一个重要的"劫"而发挥特殊的作用。

二 "安信谈话"暗藏祸心

在历史认识问题上，安倍政府不仅在参拜靖国神社的问题上顽固坚持错误立场（具体表现为大批阁僚集体参拜靖国神社），而且还公开表明"侵略尚无有明确的定义"，③ 这是安倍政府公开从法理层面否定其侵略历史的又一突出表现。

在对华关系上，安倍妄称中国对冲突的需求是根深蒂固的，④ 故意转移视线，企图将道义批判的目标转到中国，严重毒化了中日关系的正常发展。

---

① Patrick Ventrell, "Daily Press Briefing," 1 May 2013, http：//www. state. gov/r/pa/prs/dpb/2013/05/208720. htm.
② Mark E. Manyin, "Senkaku (Diaoyu/Diaoyutai) Islands Dispute：U. S. Treaty Obligations," *Congressional Research Service*, 25 September 2012.
③ "Shinzo Abe's Inability to Face History," *The Washington Post*, 27 April 2013.
④ Chico Harlan, "Japan's Prime Minister Shinzo Abe：Chinese Need for Conflict Is 'Deeply Ingrained'," *The Washington Post*, 20 Feburary 2013.

进入 2013 年以来，安倍提高"调门"，在不同场合对中国的和平发展提出质疑，大肆鼓吹发展军力应对所谓的"中国威胁"。日本驻美大使佐佐江贤一郎对中国所提出的"中华民族伟大复兴"的质疑与对"中国梦"的抹黑①言论和行动，充分表明日本缺少对中国和平发展的基本认知和理解，也缺少对日本自身走和平发展道路的信心。

日本认为重视和平发展的"战略机遇期"是中国外交的政治软肋，因此不断挑起事端，企图消耗中国的国力，通过主权之争阻滞中国发展战略的实施，在中国的反应中寻找突破口或制造借口，为其下一步行动提供"介入"的口实。而这也是西方近年来瓦解对象国（和平演变）惯用的手段。

日本安保战略和政策的调整明确而具体地反映了日本对中国和平崛起的恐惧和困惑。日本关于安保战略和防卫政策的调整早已开始，近年来日本对中国军事增长和军事动向的所谓不透明性的疑虑加重，这是日本要调整其安保战略的真实背景。日本在中日关系特别是钓鱼岛领土主权争端问题上采取的强硬做法，就是为了配合调整防卫政策而做的舆论造势。

日本的外交决策并未客观地对其国内外环境进行有效认知，相反，由于冷战思维的延续、自身政治文化的偏见、政治心理的扭曲等诸多因素的作用，日本在外交决策中对国内外环境的观念认知存在一定的错位和偏差：日本将美日同盟视为外交的基础，②而并未切实重视周边亚洲国家的重大利益关切。日本对历史的认知与周边国家存在相当显著的差异，这种差异影响了日本对他国国家利益的观念建构，而正是日本在历史上对周边国家的侵略才遗留了日本同周边国家的某些争端，也正是日本对侵略历史的刻意回避和有意美化才使日本涉及历史与现实问题的观念建构出现问题。

包括安倍在内的历届日本政府在历史问题上大多态度暧昧，这使得日本的亚洲邻国，尤其是曾经受到日本侵略的国家难以对日本建立长期的信任。比如安倍对阁僚参拜靖国神社进行辩解，将靖国神社与美国的阿灵顿国家公

① 参见《日本外交官质疑中华民族复兴 专家斥贼喊捉贼》，中国新闻网，http://www.chinanews.com/gn/2013/03-23/4670174.shtml。
② 『平成 25 年版外交青书要旨』日本外务省、2012。

墓进行类比,并声称"我从来没有说过日本不承认侵略","我从未说过我将来是否要去参拜"。① 而在面对国会质询时,安倍也声称"从未否认日本对中国的侵略",这种言论与先前安倍对侵略定义的否认,以及其"将对侵略的定义归结为历史学家的任务,而我们的任务是面向未来"的言论,形成相当鲜明的对比,这种态度不可能得到受到日本侵略的亚洲国家的认同。

《开罗宣言》是国际社会对日本侵略行径进行"制止及惩罚"的宣言,奠定了二战后东亚国际秩序的基本框架与原则。这个基本框架和原则后经《波茨坦公告》《日本投降书》确认,一同构成二战后处理日本问题和东亚国际事务的基本法律依据。二战后东亚国际秩序的形成和发展建立在这些国际法律文件的基础上。

继承法西斯军国主义衣钵的日本右翼势力则一直谋求摆脱国际社会与"和平宪法"对日本的束缚。二战后的冷战使国际社会对日本的和平改造遭受冲击,半途中止,同时也使日本得到利用国际社会的矛盾与对立获取自身利益的机会。所谓《旧金山对日和约》就变成了日本混迹国际社会的"至宝",连同其后的《日美安保条约》构成日本"脱亚入欧"、加入以美国为首的西方国际社会的"护身符"。

关于"安倍谈话",我们不能仅仅停留在批判其扭曲的历史观、战争观和发展观的层面,而需要冷静思考和分析"安倍谈话"出笼的前后过程以及它所折射出的深层次问题。精心炮制的"安倍谈话"的核心内容并非表面文章那么简单,内里包藏了以安倍晋三为代表的日本右倾保守政治势力的政治理念、执政方针与外交政策构想,是一篇变形的施政报告,展示了日本政府力图使自身成为领导国际社会的大国的一种"自负"。

安倍晋三本人的历史观及其所代表的政治势力一贯主张的历史修正主义史观贯穿整个"安倍谈话",这也是被日本国内和国际社会广为揭露与批判的问题。"安倍谈话"开篇即讲近代以来在西方殖民扩张的冲击下,日本实现了近代化并很快融入时代潮流,成为领导亚洲的先进国家。安倍声称"日俄战争给当时处在殖民支配下的众多亚洲和非洲的人们以勇气"。众所

---

① "Japan Is Back," 16 May 2013, http://www.foreignaffairs.com/discussions/interviews/japan - is - back.

周知，日俄战争是日本帝国主义与沙俄帝国主义在中国东北地区进行的一场争夺殖民权益、严重损害中国主权完整与国家利益的帝国主义战争。安倍完全不顾历史事实赞美日俄战争，实际上反映了安倍本人及其智囊团在历史认识上的错误观念，即日本在日俄战争中的胜利是日本领导亚洲抵抗欧洲殖民列强的胜利，日本始终是为把亚洲从西方殖民者统治下解放出来而战。这种贯穿于二战前的"解放亚洲"、建立"大东亚共荣圈"的思想，竟然依旧存在于现今日本政治家甚至政府主要领导人的头脑中，这可以解释为什么至今还有相当多的日本人对过去日本发动对外侵略战争无法形成正确认识。

作为对二战结束 70 周年的政治总结，"安倍谈话"竟然将当年日本发动侵华战争和太平洋战争的理由归结于"世界金融恐慌与经济的集团化"，日本感受到"孤立"，不得不行使武力以打开"外交上和经济上的困境"，成为"新国际秩序的挑战者"。许多日本人至今依然认为殖民扩张是那个时代的通行做法，日本理应顺应这个"时代的潮流"。"安倍谈话"认为，尽管日本在日俄战争中取胜，鼓舞了亚洲和非洲人民，但很不幸后来日本做出了错误的选择，错误地同美英对抗而招致失败，这个历史教训应当牢记。这使我们丝毫感受不到安倍对过去日本发动的侵略战争有深刻的认识与反省，反而倒令人觉得他像是在强调日本在不得已的情况下不得不进行一场"自卫战争""解放战争"。

虽然"安倍谈话"也提及日本给中国和东亚各国人民带来了无法估量的伤痛与损害，提到了众多日本人的牺牲，甚至也用间接的方式谈到了"慰安妇"问题，承认二战后日本的和平是建立在这些惨痛的牺牲上面的，并且安倍还表示当他回顾历史时，依然难忍"断肠之念"，"无话可说"；但是，"安倍谈话"并没有直接承认日本发动了侵略战争，而是将"事变""侵略""战争"泛化为无所指的抽象名词，强调"任何武力威胁与行使、作为解决国际纷争的手段"都不可被再次使用，应该建立与殖民地统治彻底决裂、尊重所有民族自决权利的世界。关于世人注目的对日本侵略的"反省与道歉"，安倍只是引述了历届政府的立场，不肯直接回应国际社会的强烈呼声。在这里，"安倍谈话"采取了移花接木的手法，将日本对亚洲的侵略转化为一般意义上的战争进行批判，回避了对自身侵略历史的反省。自二战结束已经有 70 年了，"安倍谈话"作为日本政府的正式立场和认识，较 10 年前和 20 年前日本政府的认识水平，不能不说是一个极大的倒退。

作为代表日本政府立场的正式谈话，"安倍谈话"对历史的回顾与反思无疑是不彻底的。有关"二战后出生的日本年轻一代今后不应再背负历史包袱、不必再反省与道歉"的说法，更是暴露了日本近年来日渐泛滥的"自虐史观"在安倍思想深处的深深烙印。这已经不仅仅是对历史、战争的错误认识，更是对人类良知与常识的践踏，也无视和违背了大多数善良的日本民众对过去侵略历史的反省与悔过自新的努力。

在这一点上，更多有良知的日本人士已经给出了正确的回答。"承认日本自 1931 年至 1945 年所实施的战争是违反国际法的侵略战争，是一件很痛苦的事情。在那个时代，先辈们经受了比包括现在在内的任何时代的日本国民都要严峻的考验，也为此付出了巨大的牺牲。也许，我们这些后辈没有资格去轻易断定先辈们的行为是错误的。但是，日本并不是被侵略的一方，而是日本去攻击中国、东南亚及珍珠港，造成了三百多万国民的牺牲、数倍以上的其他各国国民的牺牲，这些战争是极大的错误，很遗憾地说，这是无可否认的事实。而且，日本对中国台湾和朝鲜进行了殖民统治，这也是不争的事实。在历史上，任何国家都会犯错误，日本也应干脆果断地承认这一时期犯下的错误。这种干脆果断的态度，才能让日本在国际社会中得到道义上的正面评价，也是我们日本国民值得自豪的态度。"①

当大多数人关注浅层意义上的安倍历史观问题时，我们不能忽视"安倍谈话"在国家核心利益、领土主权和国际形象等方面暗度陈仓的卑劣做法。一方面，安倍晋三以插入"关键词"的方式发表了一份与"村山谈话"有本质区别的政府首脑谈话，至少在形式上回应了此前日本国内以及国际社会的呼吁，体现了日本政治与外交特有的圆滑之处。安倍"重新界定"近代国际社会和"二战"及战争责任等问题的危险企图已经是"司马昭之心路人皆知"。在关于二战结束 70 周年问题的表态上，"安倍谈话"无论如何掩饰，其中包含的右倾史观也难逃正义世人的法眼。而从"安倍谈话"出笼的前后过程来看，安倍本人似乎也并没有刻意回避这一点。尽管遭受了国内外对其回避问题本质、推卸应尽的历史责任

---

① 详见附录 74 位日本学者联名发表的《关于二战结束 70 周年首相谈话的声明》。

的广泛批评，但是，安倍晋三渡过了"二战结束 70 周年"这一难关，达到了他所预期的目标。"安倍谈话"在日本国内得到了超过 60% 的认可与支持。这个事实值得我们关注与深思。

另一方面，我们需要特别重视"安倍谈话"在涉台问题、对华政策问题上的精心谋划。"安倍谈话"看似轻描淡写，但直接制造了"一中一台"的问题陷阱。同时，安倍以反省战争、反对以武力方式改变世界秩序的旁观者姿态，篡改历史并混淆历史问题和现实国际问题。其表达方式的露骨，使人直接联想到近年来日本对中国和平发展的无端指责与攻击。"安倍谈话"出笼前后日本政府的一系列做法，包括日本针对"一带一路"倡议和亚洲基础设施投资银行的对抗措施，以及其对中国举行抗战胜利阅兵典礼的刻意诋毁等，都说明日本政府在中日关系的认识与定位上发生了很大的转变，已经将改善中日关系降为日本外交的次要问题。因此，我们不能将"安倍谈话"简单地定性为"立场含混""表达模糊""认罪态度不诚恳"而一笔带过。历史问题是中日关系主要障碍的时期即将过去，对中日关系应更多地从国际政治的现实来理解。

三 从战略高度处理中日关系

必须看到"安倍谈话"实际上是日本给中、美、韩、俄等国发出的明确政策信号。而各国的不同反应从一个侧面反映了国际社会正面临着政治与道义观念被重塑的危险，显示了国际社会在"二战"及战后问题上的立场分化和利益纠葛。这个问题值得我们从国际政治与国际关系的角度做深层次的认真解读。从日本国内及国际社会对"安倍谈话"的反应来看，批评"安倍谈话"在历史认识问题上说明和解释不充分、回避问题的实质、推卸应尽的责任，以及其日式的模糊行文方式可能会招致国际社会的误解等，为大多数人的态度，日本国内及国际社会有识之士的正义呼声依然值得我们重视。至少在现阶段，反对和制约日本重走军国主义老路的正义、和平力量还广泛存在，我们应该有信心，有必要认识到这一点并积极地加以利用。与此同时，我们也很少见到针对"安倍谈话"对日本发动侵略战争的责任缺少认识与反省、故意混淆是非与国际道义标准、对中国的发展含沙射影、故意制造"一中一台"问题陷阱等性质更为恶劣的问题进行追究的意见。这说明日本政府在处理对战争的认识与"二战后问题"时的某些主张和做法得到了西方主流社会的理解与认可。由此也可以认识到中国的周边外交工作，特别是政府外交与公共外交工作，仍面临长期而艰巨的任务。

随着日本右翼势力日益扩大，日本政府在内政外交各个领域的政策不断突破"和平宪法"制约，其损害国际社会共同利益的势态日益严峻，日本国家的未来发展方向令人担忧。虽然日本国内主持正义、爱好和平的声音受到打压，但依然是制约日本右翼势力的重要力量和社会基础。国际社会对日本否定二战后国际秩序的批判和制约也是制止日本重新走上军国主义道路的重要力量。日本的未来不取决于日本右翼势力的痴心妄想，只要制约日本右倾化与军国主义复活的因素和环境依然存在，日本国家的发展方向就不可能不受到民主与和平轨道的制约。

二战以来，日本经济的快速发展事实上得益于战后确立的国际秩序。维护二战后国际秩序恰恰有利于日本的和平发展，也有利于东亚国际社会的和平与发展。这是日本今后国家发展的必由之路，也是日本右翼势力无法阻挡的历史潮流。如果说70年前，《开罗宣言》在抗击法西斯肆虐世界的炮火声中敲响了日本侵略者覆灭的丧钟，那么70年后，《开罗宣言》则在呼唤和平的世界人民心中就日本未来应何去何从敲响了警钟。

当前中日关系的热点问题确实是钓鱼岛列岛领土主权争端的不断升级。但我们应该清醒地认识到领土主权争端并非中日关系的全部，要准确把握中日关系局部与整体的关系，保持对日战略总体方向的稳定。应该综合全面地看待中日关系的现状与发展趋势，避免一叶障目、以偏概全。坚定而明确的国家意志和强大的国家综合实力是保障国土安全与解决领土主权争端的最核心要素。

同时我们也应看到，"安倍谈话"的问题是主体不明、回避责任，安倍想要照顾到各方面的意见，但结果招致各方面的不满和批评。特别是右翼势力对安倍的"妥协"心存不满，对其政策实施将会提出更严厉的要求，安倍的抉择空间将受到更大的限制，对其改善中日关系以及调整外交政策都会带来更多的压力。这也将使我们的对日工作面临更大的困难。在某种程度上，我们应该给安倍政府一个适当的对华外交的空间，防止其"狗急跳墙"或者被更加右倾强硬的政治势力所取代，从而给中日关系带来更加不可预期的影响。

在目前的东亚地区国际政治格局中，处理中日关系中的矛盾与冲突至为重要，需要明确认识"去美国化"是一种不切实际的幻想，要妥善处理美国在中日海洋权益与领土主权争端中的地位与作用。"安倍谈话"出台前后日本政府的一系列做法，包括是否参加九三抗战胜利阅兵典礼等，都说明日本政府已经确定将改善中日关系降为日本外交上的次要问题。

同时，要客观地看待中国地区行为能力的增长，在扩大交流、增进理解与树立互信的过程中，尽量不让其他国家在东北亚地区岛屿主权争端的处理中以"中国威胁论"等论调为借口联合遏制中国。

鉴于中日关系中存在的相互不信任与相互恐惧，有必要加强针对日本公众以及社会媒体的外交工作，消除他们对中国的误解和疑虑。中国的对日外交在坚持原则的同时也要具有高度的灵活性。在对待一部分日本反华势力伙同美国等对中国施压和遏制的问题上，我们应该以"两手对两手"的策略灵活应对。在正面回应所谓"中国威胁论"的同时，也要采取必要的措施对日本的反华势力进行分化和弱化。鉴于日本国内在中国领土主权问题和海洋权益问题上存在不同声音的情况，我们可以有针对性地对包括各个政党和政治团体在内的相关政治利益集团采取必要的措施，或者压缩其政治活动的空间并分化、弱化其政治利益，或者针对较为活跃和有代表性的政治人物做思想政治工作，以争取其在中日关系中发挥积极而非消极、建设性而非破坏性的作用。

针对日本早已觊觎东海、南海的资源的现实，中国对日外交方针有必要做适当的调整，既要加强有针对性的对策调研，也要综合运用过去几十年积累的对日外交工作经验，从各个渠道以各种方式影响日本，以实际有效的"反制"措施，迫使日本放弃以追随美国为幌子实现自身海洋大国旧梦的幻想，使其外交方向回归理性，要使日本知晓中日关系的大局对于日本今后国家发展的重要性。同时，我们对日本挑衅的反制措施要有针对性、实效性、灵活性。要整合国家相关危机应对机制，适当开放和充分利用民间资源和能量，增强和展示中国保卫国土安全的能力与意志，在危机处理中并用原则论与实践论，切实实现中国维护国家主权和领土完整的战略目标。

我们还应该加强国际社会维护正义力量的联合，巩固二战胜利成果，积极应对日本企图否定历史的错误言行；正确认识日本的对华外交传统和两面派手法，以政策稳定应对日本的策略变化；重视在软实力外交上的较量，加大在国际社会的政府外交及公共外交上的努力；通过坚持维护二战后国际社会的秩序与正义，巩固世界反法西斯国际和平合作的成果，揭露和阻止日本通过非正义与非合法的方式挑战和否定二战后国际秩序、向海外扩张领土、攫取资源与市场的战略企图与做法；化解其通过军事安全、能源环境以及公共安全等领域的外交手段对中国构成战略合围的企图。

Mr. Abe's War Speech and the Stratigic Delimma in Sino-Japanese Relations

SHEN Haitao

Abstract Sino-Japanese relation is in a critical period of historical transformation. All kinds of structural contradictions and policy conflicts, mainly including the sovereignty dispute of the Diaoyu Islands, the interpretation of Japanese aggression history, the demarcation of the East China Sea, the utilization and development of its resources, etc., have become open to the public and been deepening gradually. Japan's political right-deviationism and the stiffness of the foreign policy of Abe's government toward China made the Sino-Japanese relations even worse and tenser.

Keywords Sino-Japanese Relations; Mr. Abe's War Speech; Historical Understanding; Sovereignty Dispute; International Order

日印准同盟发展的原因与影响分析

【内容提要】 本文梳理了日印两国准同盟关系的形成、特点、原因和影响。
日本、印度两国的接近，既因为双方在国家战略方向上的契合，又因为
美国的影响、中国的崛起等外部因素的作用。这首先会对亚太安全环境
造成影响，使本已复杂的亚太安全环境更加复杂。其次会使"印太"概
念得到发展，使之逐步从一个战略构想变为现实存在。最后还会在一定
程度上对中国造成压力。针对日印准同盟的发展，中国应该保持足够的
战略定力，不可自乱阵脚。

【关键词】 日本　印度　准同盟　安全合作

一　日印安全关系的回顾与现状

在冷战时期，日印两国安全交往不多。这首先是因为在地缘关系上，日
本位于亚欧大陆最东端，印度位于南亚次大陆，双方相隔甚远。其次是因为
在冷战期间，双方的战略目标并不相同。尼赫鲁就曾经说过，"与巴基斯坦

---

　* 高科，吉林大学东北亚研究院教授、日本研究所研究员，主要研究方向为俄罗斯政治与外交、
　　东北亚地区政治、东北亚国际关系；陈祖丰，吉林大学东北亚研究院法学硕士，主要研究方
　　向为东北亚国际关系。

的冲突加上要将印度各邦凝聚在一起占据了印度太多精力，印度几乎没有剩余能力去管次大陆以外的事情，除了道义上的劝诫"。① 巴里·布赞和奥利·维夫在《地区安全复合体与国际安全理论》中也指出，"南亚复合体是一个有两极内核结构的标准复合体，该结构植根于印度和巴基斯坦之间的相互安全化"。② 而日本方面，其更多承担的是美国"永不沉没的航空母舰"任务，其安全防范对象更多的是苏联社会主义阵营。由于印度和苏联虽然并非盟友关系但仍关系密切，日印安全关系在这一时期趋于冷淡实属情理之中。但是，双方在此期间保持了一定程度的经济交往。根据统计，"1951～1973 年，日本从印度的总进口和对印度的总出口分别从 5240 万美元和 5170万美元增加到 6.768 亿美元和 3.387 亿美元"。③

冷战结束后，国际环境发生了巨大变化，日本和印度开始重新审视双边关系。1991 年 9 月，印度提出东向战略，为印日两国的接近提供了一定的基础。"'东向政策'正式推出以后的前十年时间是整个'东向政策'的第一阶段。这一阶段的特征是面向'东方'的各亚洲国家，发展经贸与投资联系。"④ 在此阶段，双方关系仍然以发展经贸关系为主。"1993～1994 财年，印对日贸易首次突破 40 亿美元关口。其中印对日出口比 1989～1990 年度增长了 4倍多，达到 24 亿美元；而同期日本向印的出口增加了 2.5 倍，为 16.3 亿美元。"⑤ 在政府援助（ODA）方面，日本也向印度提供了 6 亿美元作为应急支持。

然而，为了取得大国地位，印度于 1998 年 5 月进行了公开的核试验，为此受到了美日等国家的经济制裁，"据报道，从账面上计算，美国公布的对印度制裁清单就涉及 207 亿美元；世界银行、国际货币基金组织和亚洲开发银行也宣布中止对印度的贷款，涉及的资金数目更大"。⑥ 而日本作为唯

---

① 〔美〕索尔·科恩：《地缘政治学：国际关系的地理学》，严春松译，上海社会科学院出版社，2011，第 347 页。
② 〔英〕巴里·布赞、〔丹〕奥利·维夫：《地区安全复合体与国际安全结构》，潘忠岐等译，上海世纪出版社，2010，第 101 页。
③ 赵鸣歧、袁传伟：《九十年代印日贸易的回顾与述评》，《南亚研究季刊》1995 年第 1 期，第 41 页。
④ 张力：《印度东向战略：进展影响及应对》，《南亚研究季刊》2012 年第 1 期，第 14 页。
⑤ 郭磊：《冷战后印日关系发展回顾》，《才智》2009 年第 33 期，第 137 页。
⑥ 谢超：《印度核试验动机探析》，《国际政治科学》，2014 年第 2 期，第 1 页。

一曾遭受核武器攻击的国家，对于印度的行为更是感到不满，几乎停止了对印的所有经济援助，两国关系发展也因此陷入低谷和停滞。

但两国关系的低谷并没有持续多长时间，2000 年 1 月，时任印度国防部部长费尔南德斯访问日本，随后日本首相森喜朗访印，双方关系翻开了新的一页。2000 年 6 月 8 日，在日本外相河野洋平和印度防长费尔南德斯的会晤中，双方声明"虽然在核问题上有着不同的见解，但是双方都认为继续发展两国的双边关系是非常重要的"。[①] 2001 年 3 月 29 日，日方决定继续向印度提供 ODA 贷款 180 亿日元。2001 年"9·11"事件的发生将反恐提升为一个全球性的重要问题，这在客观上为日印关系的进一步发展提供了有利环境。在这样的背景下，日印因为共同的战略需求走得更近。同年，印度总理瓦杰帕伊访问日本，双方发表联合宣言，"决定在政治、经济、军事、安全等领域展开全方位的交流"。[②] 这标志着日印关系开始恢复，并逐渐进入新阶段。

安倍晋三在"第一任期"时，对于日印关系也颇为重视。2006 年 12 月，在印度总理辛格访日期间，两国首脑发表联合声明，宣布双方关系为"全球战略伙伴"关系。2007 年 8 月 22 日，安倍访问印度。在此期间，安倍发表了著名的"两洋交汇"演讲，希望印度能够进入美日印澳的"四国同盟"，推动建立"自由与繁荣之弧"。随后，两国首脑发布《新时代日印全球战略伙伴关系路线图》，宣布双方在安全、经济、文化等方面加强合作与交往的具体措施。2008 年 10 月 22 日，日印双方首脑发表《安保联合声明》，正式提出要在亚太地区解决长期问题进行信息交换和政治合作，在亚洲多边框架下进行双边合作、海岸防卫合作、反恐合作等九方面合作项目，并宣布双方开展"2 + 2"对话机制，日印准同盟关系初见雏形。随后日印关系迎来了高速前进的发展阶段。2009 年，日印首脑进行了四次会晤。2010 年，两国"2 + 2"会议正式举行。同年，日印双方宣布进入"全面经济伙伴关系"。2013 年 5 月，印度总理辛格访问日本，称日本是"印度重要的地区和全球伙伴"，印日关系是亚洲持久稳定与繁荣的一个至关重要的组

---

① "Meeting between Minister for Foreign Affairs Yohei Kono and the Indian Minister of Defense (Summary and Evaluation)，" http：//www. mofa. go. jp/region/asia – paci/india/meet0006. html.
② 张淑兰、赵树行：《新世纪印日关系迅猛发展的原因剖析》，《东北亚论坛》2012 年第 5 期，第 40 页。

成部分。① 2014 年 1 月，安倍访印，印度以极高的礼遇迎接安倍到访，辛格对安倍所倡导实施的"积极和平主义"予以高度评价。同年 8 月，新任印度总理莫迪访日时也指出，日本是印度"最亲密""最重要"的伙伴之一。

二　准同盟概念

日印关系何以得到如此迅速的发展？学术界有着不同的解读方式。无论是基于现实主义的"权力平衡"观点，还是基于建构主义的"安全共同体"观点，都是合理、有益的视角。然而笔者认为，准同盟理论视角的引入，对于日印关系发展的理解，更具有一定的理论和实践意义。

所谓"准同盟"，从某种角度上可以说与"同盟"（或"联盟"）有着千丝万缕的联系。它形似同盟，但是和传统的军事同盟有所区分。传统学术界认为，同盟的定义可以有宽泛和严格两种分界方式。阿诺德·沃尔夫斯认为，"联盟是指两个或多个主权国家之间做出的关于相互进行军事援助的承诺。这种承诺与那些松散的合作协定不同，一旦签订包含着承诺的军事协定，国家便正式许诺与其他国家一起对抗共同的敌人"；② 格伦·施奈德认为，同盟是"为维护成员国的安全或扩大其权势而组成的关于使用（或不使用）武力的正式的国家的联合，这种联合针对其他国家，不论这些国家是否被予以明确确认"。③ 而相对宽泛的定义则包括斯蒂芬·沃尔特对于同盟的界定，他认为"同盟是两个或多个主权国家之间在安全合作方面所做出的正式或非正式的安排"；④ 小约瑟夫·奈认为，同盟是"主权国家之间

---

① 彭念、谢静：《21 世纪初印日战略伙伴关系的发展及其对中国的影响》，《印度洋经济体研究》2014 年第 3 期，第 143 页。

② Arnold Wolfers, "Alliances," in David L. Sills, ed., *International Encyclopedia of Social Sciences* (New York: Macmillan, 1968), pp. 268 – 269, 转引自于铁军《国际政治中的同盟理论：进展与争论》，《欧洲》1999 年第 5 期，第 14 页。

③ Glenn H. Snyder, "Alliance Theory: A Neorealist First Cut," *Journal of International Affairs*, Vol. 44, No. 1 (Spring 1990), p. 104, 转引自于铁军《国际政治中的同盟理论：进展与争论》，《欧洲》1999 年第 5 期，第 14 页。

④ Stephen M. Walt, *The Origins of Alliances* (Ithaca, NY: Cornell University Press, 1987), p. 12, 转引自张景全《同盟视野探析》，《东北亚论坛》2009 年第 1 期，第 28 页。

正式或非正式的安排，通常是为了保障自身的安全"。①

　　然而，我们能从宽泛和严格的同盟关系中梳理出足够多的共性：首先，实行同盟的主体是两个或多个主权国家；其次，同盟的核心内容是同盟的主体在提供安全或是使用武力方面的合作；再次，同盟往往有着一定的指向对象，这些对象有可能是明确的第三方或是不明确的地区安全威胁；最后，同盟的参与方自身对于同盟的实施和维护有着自身的意愿。笔者认为，在冷战后的大背景下，宽泛的同盟形式虽然有助于我们理解历史和现实中的一些问题，但其对于同盟行为的泛化可能会使同盟变成一个过于宽泛以至于很难进行系统研究的概念，因此，将同盟双方缔结的条约界定在"正式安全合作"是很有必要的。而准同盟概念的提出，则填补了严格与宽泛的同盟定义之间的空白，即双方缔结"非正式或次级安全合作"。准同盟对比同盟，有如下三个特点。

　　首先，同盟的基础是共同防御条约，其核心条款规定了缔约国将联同与敌人作战，一般需要经国内立法机关批准生效，具有强约束力和法律效力。同盟一旦形成，其内部瓦解、改变的可能性会比较小（而且一旦发生变化，对于国家整体战略的影响都会很大），因为参与方必须承担法律层面的义务，否则国家的声誉就会受到严重损害。格伦·施耐德甚至认为，同盟体系中对于"被抛弃"和"被牵连"的恐惧，构成了同盟体系的核心动力机制，盟友之间的互动都是围绕这两个机制展开的。而准同盟缔结的核心基础是次级安全协定，相对于正式的盟约，次级安全协定更具非正式性，这体现在：在签订之时能够避免国内的复杂审批程序；在约束力上，次级安全协定并没有规定共同作战义务，有的只是共同的防卫意向和道义上的责任。

　　其次，在实施方面，准同盟更具动态性。正式的盟约往往时间跨度大，反映了缔约双方对于同盟所面临的共同威胁的预期，但经常很难适应不断变化的安全形势，因此通常只能规定安全合作的基本原则，缺乏可操作性。而次级安全条约是根据需要解决的具体任务签订的，更像是一种针对具体问题的反应行为，而非一个法律体系，因此更加具有可实施性。正如亨廷顿指出的，"与冷战年代相比，各国现在面临的共同威胁小得多，像北约那样永久

---

① 〔美〕小约瑟夫·奈：《理解国际冲突：理论与历史》，张小明译，上海人民出版社，2005，第 320 页。

性的联盟将变得不太重要，而像海湾危机（时期建立的）那种临时性、针对某些特殊问题的同盟则会具有举足轻重的地位"。①

最后，准同盟具有相对的包容性和开放性。传统的同盟体系中，同盟的参与国是固定的，具有明确的权利、义务甚至是对手。摩根索就曾做过这样的论断："一个典型的联盟一定是针对某一特定国家或者特定国家集团的……假如敌人无法确定的话，任何同盟条约都是行不通的。"② 另外，任何国家与另一国结盟，都是为了获得自身的安全，但同盟本身的安全合作就是零和博弈。根据安全困境理论的说法，一国为了保障自身安全而采取的防御性措施反而会降低其他国家的安全感，从而导致各国都感觉不安全。历史证明，同盟体系的出现往往伴随着安全形势的紧张，进而导致相关各国都想通过同盟来获得期盼的安全，那么同盟也就成了不安全的来源。而准同盟之间虽然缔结了安全条约，但是在双方的条约和实践中，并没有一个共同的"特定国家或者特定的国家集团"可以当作敌人看待。因此，这种战略性模糊可以将潜在对抗方受到的刺激降低，使准同盟参与方能够在复杂的安全形势中自由发挥，获得更大的国家利益。

三　日印缔结准同盟的原因

那么，一国在什么情况下会选取准同盟，而非同盟或是中立？传统观点认为，一国受到安全威胁时，经常会在中立和结盟之间进行考虑。这在本质上其实是在安全与主权独立之间进行平衡。一般来说，如果决策者认为安全更重要，他们会倾向于结盟；反之，如果决策者认为主权独立更加重要，他们会倾向于中立。判断威胁则是以综合实力、地缘的毗邻性、进攻实力和进攻意图为根据，而采取的具体措施还受到决策者偏好和国家战略文化影响。选择结盟很多时候还意味着情况的复杂化。一旦国家将自身纳入同盟体系，就意味着将自身的命运与盟友的命运绑定，并有可能陷入"被抛弃"和

① Samuel P. Huntington，"The Changing American Strategic Interests," *Survival*，Jan/Feb 1991，No.1，p.16，转引自孙德刚《国际安全之联盟理论探析》，《欧洲研究》2004年第4期，第39页。
② 〔美〕汉斯·摩根索：《国家间政治权力斗争与和平（第七版）》，徐昕、郝望、李保平译，北京大学出版社，2006，第220页。

"被牵连"的同盟困境。所谓"被抛弃",指同盟成员国担心在需要盟友支持的情况下盟友可能脱离同盟或不完成同盟任务;"被牵连"指的是为非共享或部分共享的盟国利益而卷入冲突。两者实际上是动态的关系,一国如果不想面临"被抛弃"的境地,则需要更加积极参与合作,那么在避免被抛弃的同时,又增加了自己被牵连的危险。反之,该成员国如果不想被牵连,在同盟中采取了相对疏离的态度,那就增加了被抛弃的可能性。而中立政策则意味着用自身的力量来面对威胁,该国自己承担一切可能性,而后果如何,则取决于国家承担风险的能力与威胁力量的对比。在当今国际环境中,威胁的来源、类型都呈现多样化趋势。如果处理不好,会对国家的政治经济安全利益造成不良的后果,严重的话甚至会使国家崩溃。

因此,选择准同盟就成了一种折中的、合适的做法。事实上,对于同盟体系来说,所谓同盟困境仅仅是同盟管理不佳的结果之一,而成功的同盟管理则会尽可能地减少这两种影响。但同盟管理成功与否,还受制于很多复杂的原因,受到很多变量的影响,其中最主要的还是同盟成员国之间的利益契合程度。"联盟成员根本利益是一致或平行的",而基于上述特点,准同盟参与双方往往能在"根本利益存在重大矛盾"的情况下进行合作。[1]

日印两国选择缔结准同盟关系并予以深化是基于双方各自的考量。首先,从日本国家战略的角度来讲,日本是一个国土狭长的岛国,四面环海。2015 年发布的日本《国防白皮书》就指出,日本非常依赖海洋进行运输和能源资源进口,因此确保海洋的畅通对于日本的国家生存至关重要。而印度洋是连通东亚和中东、欧洲的航路,对于日本来说,这是一条保证原油和液化天然气进口的航路,重要性不言而喻。加强与印度在海洋方面的安全合作,不仅可以"确保日本从中东经由印度洋上的海运安全,有效地打击海盗等非传统安全,而且⋯⋯可以加强日本在印度洋地区的战略存在"。[2] 从政治角度来说,安倍内阁下的日本,其首要目的就是修改日本二战后"和平宪法",使日本成为"普通国家",甚至是政治大国。那么日本二战后的"和平宪法"便成了横在安倍面前的巨大阻碍。为此,安倍政府

---

① 孙德刚:《国际关系中"准联盟"现象初探——以约翰逊时期美以关系为例》,《西亚非洲》2005 年第 4 期,第 26 页。

② 张淑兰、赵树行:《新世纪印日关系迅猛发展的原因剖析》,《东北亚论坛》2012 年第 5 期,第 40 页。

于 2014 年 4 月修改 "武器出口三原则" 为 "防卫装备转移三原则",大幅度放宽了对外出口日本武器装备和军事技术的条件。而印度也对日本的军备表现出了浓厚的兴趣。根据日本共同社消息,2015 年 2 月 26 日,经过多轮的谈判,印度国防部内部已经对日本 US – 2 水上飞机做出购买决定。① 这将会是日本近 40 年以来首次对外输出武器装备,意味着日本很有可能继续对印度输出武器装备乃至军事技术。这一举动不仅能够直接促进日本的军事技术向外出口,攫取经济利益,还能进一步获取政治资本,实现日本国家普通化的诉求。

而从印度的角度出发,接近日本可能出于以下考量。在国家战略上,印度在建国后奉行尼赫鲁主义。尼赫鲁本人就曾经说过:"印度以它现在所处的地位,尚不可能在世界上扮演二等角色。要么做一个有声有色的大国,要么销声匿迹,中间地位不能引动我,我也不相信中间地位是可能的。"② 纵观历史,在当代,没有一个大国是能够离开海洋力量而成为一个 "大国" 的。随着 "巴基斯坦正在丧失其作为一极力量对抗印度的能力,因而南亚地区安全复合体正在缓慢地转向单极",③ 印度不可避免地会将眼光投向广袤的海洋。印度崛起的基础是印度洋,但仅仅立足于印度洋无法满足其实力日渐增长的需求,因此,印度政府于 20 世纪 90 年代实行了 "东向政策",将目光投向太平洋地区,取得了一定的积极成果。2012 年印度出台了《不结盟 2.0:印度 21 世纪外交和战略政策》,认为 "当前国际格局有三个重要特征:一是随着新兴大国的发展及其在国际组织中话语权的增长,多种力量的崛起和多极化的发展已经呈现不可逆转的趋势;二是以美国为首的盟友体系在全球政治格局中地位下降已是不争的事实;三是以双边、多边合作共同应对全球问题已成为不可逆转的大趋势"。④ 这份报告的出台为印度继续深化、拓展自己在太平洋地区的影响提供了可能性。由此,印度莫迪政府上任伊始就将 "东向政策" 发展为 "向东行动" 政策。

---

① 《日媒称印度国防部将决定购买日本 US2 水上飞机》,环球网,http://world.huanqiu.com/exclusive/2015 – 02/5764728.html。

② 时宏远:《印度的海洋强国梦》,《国际问题研究》2013 年第 3 期,第 104 页。

③ 〔英〕巴里·布赞、〔丹〕奥利·维夫:《地区安全复合体与国际安全结构》,第 114 页。

④ 葛红亮:《 "东向行动政策" 与南海问题中印度角色的战略导向性转变》,《太平洋学报》2015 年第 7 期,第 17 页。

因此，印度和日本关切的范围逐步实现对接，双方合作也就成了合理的选择。

除此之外，日印准同盟关系的深化，还受一些外部因素作用的影响。

首先是美国因素，美国虽然自己并不是一个亚洲国家，但是其在亚洲乃至全球的影响力，决定了美国政策的转变很可能带来整个国际大环境的变化。2011 年，美国时任国务卿希拉里发表题为《美国的太平洋世纪》的演讲，推行"重返亚洲"战略、"亚太再平衡战略"等一系列举措，将自身的力量更多地投向亚太地区。2011 年 7 月，希拉里访印，其间她认为印度"具有全球事务领导者的风范，应继续深化'东向政策'和参与地区事务，并对印度在东南亚乃至太平洋地区发挥更重要作用持支持态度"。[①] 在对日方面，美国的态度是"松绑日本、调整基地、扩边及扩容"，并且在重返亚太战略的背景下，美日同盟"由双重遏制中日向单一遏制中国转化"，这给予了日本更大的外交自主权。[②] 2014 年 7 月，美日印三国再次于日本四国南部至冲绳东部海域展开"马拉巴尔"演习，值得一提的是，这是美国推行"亚太再平衡战略"后，日本在时隔五年后再一次参与演习。从这个角度讲，美国为日印的接近提供了有力的平台。另一方面，印美、日美之间也并非全无矛盾，对于日本和印度来说，相互抱团也可以起到平衡美国在亚太地区影响力的作用。

其次是中国崛起带来的刺激，这在任何现实主义的研究中都是一个无法回避的问题。日印两国对于中国崛起的担忧由来已久。正如早在"2000 年的东京和德里'全球伙伴关系'对话会议上所揭示的，一个更独断专行的中国同样可以把印度拉入地区安全复合体，成为针对中国的反霸联盟的一员"。[③] 在历史上，印度与中国存在边界冲突，20 世纪 60 年代就曾爆发过边境战争。2014 年 9 月，双方军队还在边境地区展开对峙，虽然事件得以和平解决，但也不能忽视其可能带来的消极影响。另外，中国在建设海军的过程中，"参与建设或者升级的港口大多在印度洋周边，如缅甸的皎漂、孟加

① 葛红亮：《"东向行动政策"与南海问题中印度角色的战略导向性转变》，第 17 页。
② 张景全：《日美同盟与美国重返亚洲战略》，《国际问题研究》2012 年第 5 期，第 46 页。
③ 〔英〕巴里·布赞、〔丹〕奥利·维夫：《地区安全复合体与国际安全结构》，第 164 页。

拉的吉大港、斯里兰卡汉班托塔和巴基斯坦的瓜达尔港",① 印方认为中国是在"其周围构筑针对印度的'珠链战略',旨在把印度永久地围困在南亚次大陆",② 这对于在印度洋地区实行"门罗主义"的印度来说,并非能够轻易接受。因此,奉行制衡战略是印度一以贯之的对华政策。在日本方面,对于中国快速、全面地崛起,日本有一种强烈的失落感。安倍在执政后,着力推行"自由与繁荣之弧",并在第二次执政后将之进一步发展为"民主安全之钻",然而无论其语言如何表述,都可以看出安倍想要组建的是一个有着"自由民主"价值观背景的跨越印度洋和太平洋的多国同盟,这种极具冷战思维的策略背后,想要遏制的目标恐怕只有中国。而事实上,日本因为历史反思问题、领土主权问题等方面与中国又有着现实的利益冲突。因此,接近印度、组建准同盟,既能扩大海外影响力,又能遏制现实的敌人,可谓一举两得。

另外,日印双方还共享一系列其他层次的利益。例如,双方都有浓厚的大国情结,都希望成为政治大国,成为联合国安理会常任理事国;印度洋海域的海盗问题也一直让双方头疼;在经贸方面,近年来印度经济高速发展,产生了大量的中产阶级,其消费及广阔的市场发展空间和相对稳定的投资环境是日本所渴望的,而日本先进的技术和管理经验也是印度所缺乏的,双方互补性明显。

四　日印准同盟关系对亚太安全环境的影响

首先,日印两国的准同盟关系对于打击海盗、遏制恐怖主义、灾害救援等方面都有着积极的影响,这有利于亚太地区的安全稳定。但是不能否认的是,双方的关系中存在地缘政治因素,"印度战略决策层将亚太舞台视为多重战略竞争、大国权力博弈的角逐场和多样机制安排得以存续的温床",③ 印度通过和日本的准同盟关系,大力推行"东向政策",并参与了多个多边安全对话机制,比如美日印三边对话、印日澳美四方倡议等,以期作为博弈

---

① 〔美〕罗伯特·D.卡普兰:《即将到来的地缘战争》,涵朴译,广东人民出版社,2013,第247页。

② 时宏远:《印度的海洋强国梦》,第104页。

③ 葛红亮:《莫迪政府东向行动政策析论》,《南亚研究》2015年第1期,第62页。

的参与方加入亚太地区的安全博弈，这使本已复杂的亚太地区安全形势更加复杂。另外，虽然准同盟不同于同盟，但在投射力量方面，两者的功能是相似的，日印之间的准同盟关系，也会导致地区间力量形成极化，促使地区内部的安全结构更加板块化，甚至有引发军备竞赛的可能性。

其次，日印两国的接近，会推动"印太"概念的发展。作为一个海洋生物地理的概念，"印太"一词早已出现；但其作为一个地缘名词被使用，仅仅是 2010 年前后的事情。对于"印太"的概念，有学者认为其有三层内涵[①]：其一，印太是一个地理概念，包括狭义和广义两种，前者认为印太包括狭义的亚太地区和东印度洋地区，后者认为印太包括狭义的亚太地区和整个印度洋地区，甚至包括太平洋东岸地区，但具体"为印太勾画出清晰的地缘范围既非易事，也显得武断和没有必要"；[②] 其二，印太是一个战略体系，某种程度上意味着美国、澳大利亚和印度在战略上联合以塑造地区安全架构；其三，印太同时也是个时间概念，寓意"印太时代"的到来。印太概念是美国、印度、澳大利亚积极倡导的，与美国的"亚太再平衡战略"相契合，也与日本的"自由与繁荣之弧""民主安全之钻"有共同之处。在美国看来，印太概念的意义在于将亚太安全同盟体系扩展到印度洋地区，把印度拉入美国的同盟体系（或者至少是成为准盟友）；在印度看来，美国推动印太将会产生一定的经济政治红利；在日本看来，发展印太概念，可以发展、强化自身的海洋防卫能力，逐渐实现自己的政治大国计划……无论如何，印太构想的提出，标志着亚太和印度洋地区的地缘政治格局正在发生重大变化。虽然在目前阶段印太只能说是一种理念，并且概念本身还存在很多的争议，但从长远战略角度出发，中国必须要对这个概念进行关注、研究，做出正确的决策。

最后，日印准同盟关系的发展将对中国构成一定程度的安全压力。如前所述，日印两国都倾向于以中国的崛起建构"中国威胁论"，并对其予以进一步宣扬，这对于中国开展外交十分不利。并且，两国逐渐将关注开始介入南海问题，它们虽然未必会直接和中国展开对抗，但其行为一定会加大中国在处理南海问题上的压力。

---

① 吴兆礼：《"印太"的缘起与多国战略博弈》，《太平洋学报》2014 年第 1 期，第 29 页。
② 张力：《"印太"构想对亚太地区多边格局的影响》，《南亚研究季刊》2013 年第 4 期，第 1 页。

五 结论

日印准同盟，既是两国国内发展的共同选择，也是在外界环境刺激下因势利导的结果。客观来看，日印合作会长期存在，并有在准同盟框架下进一步发展的可能性。中国应理性看待日印关系的发展，因为在中日印关系三角中，中日和中印关系并不相同。印度在面对日本的时候，并非毫无保留；在面对中国的时候，印度也仍然把中国当作对话的对象，中印两国之间的竞争在某种程度上仍然属于良性竞争范畴。另外，我们应该看到，在多极化的亚太安全格局和中国崛起的大背景下，周边区域大国调整外交策略对中国进行平衡和遏制，是必然会发生的现象。长远来看，日印两国都无法忽视和中国进行合作的可能性和必要性。因此，中国应保持战略上的定力，不可因为周边国家的反应而自乱阵脚。

The Internal Impetus of the Development of Japan-India Quasi-alliance Relation

GAO Ke, *CHEN Zufeng*

Abstract The paper reviews the formation, characteristics, causes and effects of quasi-alliance between Japan and India. The Japan-Indian relationship, which is becoming increasingly close, results from the match of two countries' strategic directions, as well as external factors such as the rise of China and the influence of the U. S. The Japan-India quasi-alliance will firstly make the security situation of the Asia-Pacific region more complex. Then it will promote the development of the concept of "Indo-Pacific", and will transform it into a reality from a strategic vision. Finally, the Japan-India quasi-alliance will put pressure on China. Facing the developing Japan-India quasi-alliance, China should react with a calm strategic posture.

Keywords Japan; India; Quasi-Alliance; Security Cooperation

"乌克兰危机"下的日本对俄外交及其面临的战略难题

崔志宏[*]

【内容提要】2013 年年底爆发的"乌克兰危机"使刚刚同俄罗斯缓和关系的日本在对俄政策问题上陷入进退两难的境地。随着乌克兰局势的不断恶化，美国与其欧盟伙伴国家同俄罗斯的关系变得日益紧张乃至对立，这让远隔万里的日本始料未及，在对俄政策上陷入被动。梳理在此期间日本的对俄政策，主要可以分为以下三种：一是支持盟友，在行动上与美欧伙伴国保持一致；二是把握制裁力度，策略灵活机动，为改善日俄关系保留回旋余地；三是加强同俄在经贸和能源领域的合作，借以带动双方政治关系的发展。但总体而言，日本受制于美国是日俄关系的最大变数，同时，日本在争议领土问题上没有向俄罗斯施压的手段，俄罗斯在同日本的谈判和交往中占据主动权。这都使安倍政府希望同俄罗斯签署和平协议的努力面临重重困难，而日俄两国关系在短期内也难以取得根本性突破。

【关键词】 日本 安倍 乌克兰危机 对俄政策

长期以来，日本和俄罗斯之间的关系发展因"北方四岛"（俄罗斯称"南千岛群岛"）问题而停滞不前。日本一直以 1855 年日俄两国签订的双边

---

* 崔志宏，法学博士，吉林大学东北亚研究院副教授、日本研究所副研究员，主要研究方向为俄罗斯政治制度与外交、日俄关系。

贸易边界条约为依据，要求俄罗斯先归还"北方四岛"，而后签订日俄和平协议。这也是日本政府制定对俄政策的前提条件。2012 年 12 月，安倍晋三重新当选为日本首相，在安倍上台时日本正因为拒不承认侵略历史而被亚太国家严厉批评和指责。为改变日本在亚太地区的孤立处境，安倍上台后主张打破外交困境，其出路之一就是积极改善日俄关系，提出优先发展日俄两国的经贸和能源合作，同时力争解决"北方四岛"问题并签订日俄和平协议，实现日俄关系的正常化。安倍政府的提议得到了同为再次执政的俄罗斯总统普京的积极响应。2013 年 4 月 28～30 日，安倍晋三正式访问俄罗斯，并与俄总统普京在莫斯科举行了会晤。在会晤中，日俄两国首脑在涉及两国关系发展的众多领域达成一致，双方共同签署了 18 份文件。安倍是近十年来首次造访俄罗斯的日本首相，而"安倍访俄"则成为日俄两国关系交往史上的一个重要节点，对于推动日俄两国关系的发展具有积极意义。

但是 2013 年年底爆发的"乌克兰危机"却使刚刚同俄罗斯缓和关系的日本在对俄政策问题上陷入进退两难的境地。随着乌克兰局势的不断激化，美国与其欧盟伙伴国家同俄罗斯的关系变得日益紧张乃至对立。俄罗斯先是在美国的提议下被踢出"八国集团"，而后又受到美欧国家实施的多轮次制裁，经济发展遭受重创。在此背景下，一方面，作为美国"忠实盟友"的日本在"责任"和"义务"上是无法袖手旁观的，应采取追随美国的对俄制裁政策；但另一方面，如果日本政府追随美欧伙伴国家对俄采取制裁政策，就会使安倍二次执政后已实现"破冰"的日俄关系发展前景变得暗淡和无法预测。因此，"乌克兰危机"后，日本在对俄政策的制定上陷入一种尴尬的处境。

一 "乌克兰危机"爆发后日本对俄的外交政策与措施

"乌克兰危机"的爆发以及后续事态的发展让远隔万里的日本始料未及，在对俄政策的制定上陷入被动。在"乌克兰危机"出现前，刚刚实现二次执政的安倍力争改善日俄关系的努力取得了积极的成果。在上任不到一年的时间里，安倍与俄罗斯总统普京共进行了五次会晤。如此频繁的接触为日俄关系的进一步发展奠定了良好的基础，日俄两国不仅在经贸、能源合作领域取得了较大的进展，对于签订和平协议也达成了共识，同时在两国的交往史上从未涉及的安全合作领域也开始有接触。2013 年 11 月，日俄两国在东京联合举行了由两国外长和防长参加的"2＋2"会谈，并根据日俄两国首脑达成的协议形成机制。此后，在俄罗斯索契举行的冬奥会（2014 年 2 月）上，安倍并没有同欧美国家领导人一样采取抵制的态度，而是前往索契参加了冬奥会开幕式，这一举动进一步拉近了日俄关系。但随着"乌克兰危机"的爆发以及乌克兰局势的持续恶化，美欧国家开始对俄罗斯进行制裁，使日本政府在对俄政策上陷入尴尬且被动的处境。也就是说，在日俄关系已取得重大突破的关口，日本不忍舍弃已取得的成果而追随美欧国家制裁俄罗斯，而与此同时，作为美国的忠实盟友以及"七国集团"的成员，日本也不能背弃自己的伙伴国家而置身事外。因此，日本政府在对俄政策的制定上是非常慎重的。

"乌克兰危机"爆发后日本政府的对俄外交政策与措施，主要可以分为下列三类。

（一）支持盟友，在行动上与美欧伙伴国保持一致

"乌克兰危机"的爆发及局势的恶化引发了以美国为首的美欧国家对俄罗斯的制裁行动。迄今为止，对俄罗斯的制裁一共持续了四轮。作为盟友，日本与美国和欧洲伙伴国家在制裁俄罗斯的行动上基本保持了一致。

2014 年 3 月 18 日，日本政府宣布对俄罗斯实施首轮制裁，内容包括中断与俄罗斯的简化签证谈判，推迟在投资、航天和防务等领域的合作谈判。同年 7 月 17 日，一架马航客机（MH17）在乌克兰东部坠毁。坠机事件发生后，美国指责是俄罗斯提供给乌克兰东部民间武装的导弹将马航飞机击落的。因此在 7 月 29 日，美国和欧盟几乎同时决定对俄罗斯实施新的制裁，日本也随后宣布对俄罗斯进行追加制裁，冻结包括俄政府官员在内的 40 名个人和 2 个组织机构在日本的资产。2014 年 9 月，由于乌克兰局势持续恶化，日本政府决定追随美欧对俄罗斯实施新一轮制裁，其措施主要包括限制俄罗斯联邦储蓄银行等 5 家金融机构在日本发行证券，同时在对俄武器出口及相关技术转让等领域进行限制。

尽管日本追随美国对俄进行制裁并非出自本意，并且在前两轮制裁中日本注意了制裁时间的延后和制裁措施的"温和"，但在"马航坠机"事件后，日本对俄的制裁措施开始变得严厉，并具体指向与俄罗斯的经贸发展有关的要害部门，这让本已开始升温的日俄关系转而趋冷。

（二）把握制裁力度，策略灵活机动，为改善日俄关系留出回旋余地

在制裁俄罗斯的问题上，虽然日本政府与美欧国家保持了步调一致，但具体分析其各轮制裁以及制裁后的公开表态，就会发现日本在制裁俄罗斯的措施上非常注意力度的把握以及对俄策略上的灵活机动，以便维系两国来之不易的"缓和"局面。

迄今为止，日本追随美欧国家对俄罗斯实行了四轮制裁。从内容上分析，前三轮的制裁不痛不痒，并没有触及俄罗斯的经济发展命脉——能源、金融以及武器等领域，仅仅是从态度上迎合了美欧国家的制裁。2014 年 7月 28 日，据日本共同社报道称，鉴于马航 MH17 客机疑遭由俄罗斯提供给乌克兰东部民兵武装的榴弹炮炮击而发生坠毁，日本官房长官菅义伟宣布将对俄罗斯采取追加制裁，制裁内容包括"对认定直接参与吞并克里米亚及造成乌克兰东部局势动荡的个人与团体在日本国内的资产进行冻结"。虽然这被称为是自"乌克兰危机"爆发以来日本对俄罗斯实施的最严厉制裁，但事实上，2013 年 7 月 1 日俄罗斯开始执行的新反腐败法规定，禁止俄罗斯官员在海外拥有银行账户、持有外国发行的股票及其他金融票据，不贯彻这项规定的官员将遭到解职。这意味着俄罗斯不可能有官员在日本实际拥有大规模的个人资产。据一位不愿具名的俄罗斯外交部官员称，实际上"在被冻结资产的俄罗斯官员中没有一个人在日本拥有大量的资产，这项制裁措施是安倍政府在面对东西方的压力时所做出的一个选项"。① 另外一件事则印证了这位不愿具名的俄罗斯外交官的结论。俄罗斯国家杜马议长谢尔盖·纳雷什金本是西方制裁名单中的重要人物，但是在 2014 年 6 月 4 日他却被允许前往东京参加俄罗斯文化节的开幕式，并且日本政府是按照普京总统"全权代表"的身份对他进行接待，在"非正式的"接待晚宴上又有许多重量级的日本政界人士出席。面对美欧国家的质疑，安倍首相的秘书长却堂而皇之地澄清道："纳雷什金先生并不在我们的邀请名单之列，日本政府没有邀请他，我也没觉得这里有什么问题。"②

---

① Слабое звено в цепи западных санкций. Российско - японская солидарность в свете украинского кризиса，http：//russiancouncil. ru/inner/? id_ 4 = 4169#top - content.

② Слабое звено в цепи западных санкций. Российско - японская солидарность в свете украинского кризиса，http：//russiancouncil. ru/inner/? id_ 4 = 4169#top - content.

2014 年 9 月，日本追随美欧国家对俄罗斯实行的第四轮制裁直指俄罗斯经济发展的要害领域——金融、能源及武器销售部门。对此，俄罗斯迅速做出了反应。俄罗斯外交部发表声明指出，日本对俄追加制裁是不友好、没有远见的，制裁将有损两国的关系发展，且证明日本致力于同俄罗斯发展关系的意图是虚伪的。同时，俄罗斯认为日本政府无法摆脱华盛顿的控制，无力实施符合日本国家利益的独立政策。之后，俄罗斯立即取消了俄日两国原定于 2014 年 8 月底举行的解决"南千岛群岛"（日本称"北方四岛"）争议领土问题的副外长级会晤。此外，原本已答应在 2014 年 11 月访问日本的普京也无限期搁置了访日计划。

而日本方面对俄罗斯的强硬反应是有顾虑的，为此，日本官房长官菅义伟曾公开"安抚"俄罗斯，称如果俄方为和平解决"乌克兰危机"采取积极的行动，日方将会对制裁措施进行调整或解除。同时，菅义伟还表示，在 2014 年 11 月的亚太经合组织（APEC）北京峰会期间力争实现日俄首脑会谈这一方针不会改变。日本首相安倍晋三也希望避免已有"回暖"迹象的日俄两国关系再度恶化，他多次表示希望同莫斯科保持良好的关系，并且希望同普京总统继续对话。2015 年 9 月，日本外相岸田文雄率代表团访问俄罗斯。在访俄期间，岸田文雄与俄罗斯外长拉夫罗夫举行了会谈，就和平协议谈判、普京访日计划等双边关系焦点问题交换了意见。岸田此次访俄是在日俄两国关系陷入停滞的背景下进行的。2014 年 3 月以来，由于日本在乌克兰问题上追随美欧等西方国家对俄罗斯进行制裁，两国关系逐渐恶化，高层交往基本中断，而岸田率团访俄则体现了日本主动同俄寻求对话的意愿。2015 年 9 月，在第七十届联合国大会上，安倍一路小跑"参见"普京已成为国际关系中的一段"笑谈"，但这表明了安倍向普京示好的姿态，在一定程度上折射出日俄关系的现状。

（三）加强同俄在经贸和能源领域的合作，借以带动政治关系的发展

作为资源匮乏型国家，日本是世界上第三大能源消费国和进口国，其石油的自给率还不到 1%，对俄罗斯能源资源的需求是迫切的。近年来，尽管日本出台了新的政策，降低经济与社会对油气资源的依赖，加强对油气资源的储备，积极寻找油气资源的替代品，但短期内，日本对石油和天然气的依赖度还是会维持在一个很高的水准上。而俄罗斯是世界上最大的能源输出国

之一，日本7%的石油和10%的液化天然气来自俄罗斯，双方在能源领域的合作潜力是巨大的。但由于在乌克兰问题上日本追随美欧国家对俄实施制裁，日俄的经贸往来也受到一定影响。

同时，俄罗斯自身发展的需要同样为日俄关系的改善创造了机会，换言之，同日本发展关系符合普京的国家发展思路。在经历了20世纪90年代的重点发展之后，俄罗斯西部地区的资源已近枯竭，俄开始有意识地将发展重心转向资源丰富的东部地区，确定了远东与西伯利亚发展规划，并将其提升为国家战略。俄罗斯希望将远东地区的经济发展纳入飞速发展的亚太经济轨道，从而带动俄国家经济整体发展水平的提升。而现阶段由于在乌克兰问题上俄罗斯受到西方国家严厉的经济制裁，其经济遭受沉重打击，无力为东部开发提供资金，急需吸引外部投资促进远东地区的发展。2015年2月，俄罗斯的一个商业代表团来到东京，呼吁日本企业增加在俄的投资。俄罗斯－日本贸易协会主席阿列克谢·列皮克在东京发表演讲时指出，日本与俄罗斯间的贸易合作在现阶段正像"朝阳"而非"夕阳"，这对日俄两国经贸合作的深入发展是有益的。现阶段，日本的企业家们可以把握住西方制裁俄罗斯的机会提高他们在俄罗斯的活跃程度。[1] 因此，加强同日本的经贸及能源合作也符合俄罗斯的国家发展需要。

在日俄两国关系由于制裁问题而出现停滞的阶段，日本主动寻求同俄罗斯加强经贸及能源合作的机会。2015年9月，陪同日本外相岸田文雄访俄的代表团中就有众多的日本商业和企业代表，其目的是促进并加强同俄的经贸和能源合作。目前，日本正在和俄罗斯商谈建设一条从俄罗斯萨哈林到日本本州的长达1300公里的天然气管道，总造价将达60亿美元。如果这条管道顺利完工，俄罗斯每年会通过这条管道向日本输气200亿立方米，并将把自己在日本天然气市场的占有份额提高到17%。[2] 应该说，岸田文雄此次访俄不仅加强了日俄两国的经贸和能源合作，同时这种合作在某种程度上也促进了两国关系的缓和。

① Минэкономразвития: российская экономика продемонстрирует рост уже в 2016 году, 10 февраля 2015 г., http://www.audit-it.ru/news/finance/809762.html.

② Дмитрий Стрельцов, Российско-японские отношения: системный кризис или новые возможности? http://russiancouncil.ru/inner/?id_4=5153#top-content.

二　日本对俄政策所面临的战略难题

安倍在二次执政后，为走出日本外交在亚太地区处于孤立的困境，对俄罗斯采取了主动寻求和解的积极外交政策，并取得了实现日俄关系"破冰"的成果。但"乌克兰危机"爆发后，日本政府被迫追随美欧国家对俄罗斯实施多轮制裁，这毫无疑问使在安倍再次上台后已得到显著改善的日俄关系发展受到严重的影响。尽管安倍政府多次公开表态"安抚"俄罗斯，并频频做出"示好"的姿态，但日俄关系目前仍处在艰难的修复之中。

现阶段，由于强推新安保法和解禁集体自卫权，安倍政府在日本国内和亚太地区遭到了严厉的批评并承受了空前压力，安倍在国内的支持率持续低迷。因此，在 2015 年 9 月，安倍派遣外相岸田文雄率团访俄，想极力促成俄总统普京在 2015 年年内访日，同俄重启争议领土问题和签订和平协议等实质性谈判，试图通过外交得分来巩固政权。但安倍政府对俄的主动示好政策却未必能够得到预期的效果，这主要是因为以下两点。

其一，日本受制于美国是日俄关系的最大变数。2012 年普京再次就任总统后，日俄关系曾转暖，在领土争端问题上双方态度也出现过松动迹象，但因日本后来追随西方制裁俄罗斯，日俄关系的发展陷入停滞。如果日本仍受制于美国而无法开展独立外交，日俄关系将前景难料。俄罗斯科学院远东研究所日本研究中心日本问题专家瓦列里·基斯塔诺夫曾表示，日本在乌克兰问题上的立场一直与美欧国家相同，共同对俄罗斯施加了多重制裁，这显然不会为两国关系带来任何积极的影响。

其二，日本在争议领土问题上没有向俄罗斯施压的手段，俄罗斯在两国谈判和交往中占据了主动权。日俄两国签署和平协议的主要分歧在于日本将解决争议领土问题作为两国签署和平协议的前提，而实际掌控争议岛屿的俄罗斯在领土问题上又拒不让步，这让两国屡屡在对话谈判中无法取得实质性进展。而在日本追随美欧国家对俄罗斯实施制裁后，梅德韦杰夫等俄方高官立刻在普京总统的授意下频频登上"南千岛群岛"（日本称"北方四岛"）视察，并计划在岛屿上开展大型投资项目建设，这都使安倍政府解决争议领土问题的努力面临重重困难，而日俄两国关系在短期内也难以取得根本性突破。

Japan's Diplomatic Policy to Russia and Its Strategic Challenge under the "Ukraine Crisis"

CUI Zhihong

Abstract　The "Ukraine Crisis" erupting in 2013 posed Japan, who just had relaxed relation with Russia, a dilemma in the policy towards Russia. As the situation in Ukraine was intensifying, the relationship between Russia and the United States and its EU partners had become increasingly tense. Ukraine Crisis made Japan unprepared, and fall into passive position in Russia-related policies. During this period, Japan had three kinds of policies, which are as following: firstly, supporting allies, being consistent with the U. S. and EU partners in action; secondly, implementing flexible strategy, reserving room for manoeuvre to improve relations with Russia; lastly, strengthening cooperation with Russia in the field of economic trade and energy to promote the development of the bilateral relations. However, on the whole, Japan is subject to the United States, which is the biggest variable in the Japan-Russia relations. Meanwhile, there are no measure for Japan to take to put pressure on Russia on the issue of the disputed territory, as Russia has the initiative in the negotiations and exchanges with Japan. All these make Mr Abe's government who hope to sign the peace treaty with Russia face difficulties, and make it difficult for the relation between the two countries obtain a fundamental breakthrough in the short term.

Keywords　Japan; Abe; Ukraine Crisis; Policy towards Russia

俄罗斯的北极战略与日俄北极合作

徐　博*

【内容提要】北极正在成为东北亚国家进行区域合作的新舞台。俄罗斯是北极地区最大的国家。近年来，俄罗斯不断强化其在北极地区的政治、经济、军事战略，力图掌握北极地区开发事务的主导权。而处于战略转型期的日本兼具东北亚国家和近北极国家的双重身份，对于北极地区的关注也在日益增加。本文首先分析当前俄罗斯北极战略的基本构想，以及日本参与北极地区治理的历史进程和当前其在北极地区的利益关切所在，然后就俄罗斯与日本在能源开发、北极航道利用、科研环保等领域的合作路径进行分析。

【关键词】日本　俄罗斯　北极　地缘战略

随着全球气候变暖进程的加快，北极地区在军事、能源、航道等领域的价值日益凸显。俄罗斯是北极地区最大的国家，北极对于俄罗斯具有极其重要的战略意义。进入21世纪以来，俄罗斯不断强化其在北极地区的政治、经济、军事战略，力图掌握北极地区开发事务的主导权。但同时，随着北极地区治理进程国际化的不断发展，地处近北极地区的中、日、韩等东北亚地区大国不断介入北极地区事务，使北极正在发展为东北亚国家进行区域合作

* 徐博，法学博士，吉林大学东北亚研究院国际政治研究所副教授、日本研究所副研究员，主要研究方向为俄罗斯政治与外交政策、日俄关系。

的新舞台。尤其是处在战略转型期的日本，更是将北极视为拓展其对外战略的新空间。而俄罗斯兼具东北亚国家和北极国家的地缘政治身份，使日俄北极合作成为北极地区治理进程中不可忽视的重要影响因素。

一 俄罗斯的北极战略

北极地区的战略地位对于俄罗斯来说是十分重要的。俄罗斯有 9 个联邦主体部分或全部位于北极圈以内，[①] 有 195 万俄罗斯居民居住在这一地区。尽管人口密度较低，但人口总数为北极国家中最多。更为重要的是，从苏联时代起，北极地区就是重要的军事、能源基地。在冷战时期，北冰洋是从俄罗斯到北美大陆直线距离最短的地区，因此一直是苏联部署核武器、实现战略核威慑的前沿基地。由于北极地区为冰层所覆盖，不易为侦察卫星和电磁波所捕捉，因此这里又是俄罗斯战略核潜艇活动的重要场所，是捍卫俄罗斯边境安全的"北方之墙"。同时，北极地区又拥有丰富的自然资源。20 世纪30 年代苏联就开始对北极地区进行资源开发。据美国地质调查局的资料显示，目前全球待发现油气资源有四分之一分布在北极地区。据俄罗斯等国的资料显示，北极地区原油储量约为 2500 亿桶，相当于目前被确认的世界原油储量的四分之一；天然气储量估计为 80 万亿立方米，约为全球天然气储量的 41%。[②] 北极地区丰富的自然资源是俄罗斯能源大国地位的重要支撑，同时也是未来俄罗斯开展能源外交的重要保障，事关俄罗斯国家的核心利益。

此外，随着全球气候变暖趋势加剧，近年来北极航线的航运商业价值愈发显现。尽管当前通航时间有限，但北极航线将亚欧之间的航程缩短了6000 ~ 8000 公里，一旦实现长期通航，就将带来巨大的经济效益。同时，北极航线有相对较高的安全度，避开了冲突热点地区以及海盗猖獗的海域。以上种种因素使北极航线具有改变世界海洋运输格局、提升北极地区整体战略地位的重要作用。因此，近年来世界各国对于北极航线的关注度

---

① 9 个联邦主体分别为卡累利阿共和国、摩尔曼斯克州、阿尔汉格尔斯克州、涅涅茨自治区、科米共和国、亚马尔－涅涅茨自治区、克拉斯诺亚尔斯克边疆区、萨哈共和国、楚克奇自治区。

② 程群：《浅议俄罗斯的北极战略及其影响》，《俄罗斯中亚东欧研究》2010 年第 1 期。

不断增加。但对俄罗斯来说，由于北极航线几乎全部位于俄罗斯境内，这一航道的广泛使用可以为俄罗斯带来可观的经济利益，但同时也意味着俄罗斯安全长期依赖的"北方之墙"可能会坍塌，因此俄罗斯经常将其视为地缘安全问题，而不仅仅是地缘经济问题。

基于这些原因，近年来俄罗斯不断加强自身在北极地区的存在，推出一系列政府官方文件指导俄罗斯北极战略，力图在北极地区事务上掌握主导权。2009年3月俄罗斯政府通过了《俄罗斯联邦2020年前北极政策与远景规划》，2013年2月普京总统又签署了《俄罗斯联邦北极地区2020年前发展战略》，其战略构想主要包括以下几个方面。

第一，加快北极地区考察与划界工作。根据俄罗斯北极战略规划，俄罗斯北极战略的关键方向是完成对北极地区的地理勘探，以获得可以证明北冰洋海底部分区域是俄大陆架延伸的足够证据，划定北极地区的南部边界。① 由于北极地区的大量油气资源分布在大陆架区域，因此俄罗斯希望通过加快对大陆架，尤其是罗蒙诺索夫海岭和门捷列夫隆起的考察，寻找将其划入俄罗斯领土的有力证据，从而在未来该地区的能源开采中占得先机。2005年和2007年俄罗斯的科考人员对北极地区大陆架进行了两次大规模考察。根据考察结果，俄罗斯在2009年5月向联合国大陆架限界委员会提交了领土要求，要求将北极地区120万平方公里的领土划为其专属经济区。在该申请被驳回之后，2014年俄罗斯又组织了新一轮对北极地区的科研考察，寻求补充证据来申明俄罗斯对于北极大陆架的归属权。2014年10月，俄罗斯自然资源与环境部部长顿茨科伊向普京总统汇报时提出，科考队的工作成果"超出预期"，他们通过地震测深等研究工作使北极海域归属俄罗斯大陆架的证据得到了扩充。顿茨科伊因此建议俄罗斯政府于2015年第一季度重新向联合国提出对北极大陆架的主权申请。而在2014年12月10日，顿茨科伊又宣布俄罗斯将于2015年投入3亿卢布恢复北极浮冰漂流站考察工作，搜集北极地区的海洋、自然和气象信息。此外，俄罗斯还与美国、挪威、丹麦等国就北极地区海域划分进行积极协商，重新审议《海域划界协定》，争取其在白令海峡和巴伦支海等地区的权益。

第二，加强北极地区的军事部署，巩固俄罗斯北方边界的安全。鉴于北

---

① 程群：《浅议俄罗斯的北极战略及其影响》，《俄罗斯中亚东欧研究》2010年第1期。

极问题越来越引发国际关注，俄罗斯将加强北极地区的军事力量部署视为保障其北部安全的最有效手段。2013 年 9 月初，俄罗斯派出大规模海军舰艇编队巡航北极，编队以"彼得大帝"号重型核动力导弹巡洋舰为旗舰，由大型登陆舰和核动力破冰船组成。2013 年 9 月 16 日，普京在与国防部举行的视频会议上宣布，俄罗斯将重建在新西伯利亚群岛上的军事基地。而普京总统签署的《俄罗斯联邦北极地区 2020 年前发展战略》明确提出俄罗斯要扩大在北极地区的军事部署，以军事存在捍卫俄罗斯的北极主权。[①] 2015 年 1 月，俄罗斯北极战略司令部正式开始运作。这标志着俄罗斯北极军事部署已经取得了初步成果，俄罗斯北极战略司令部归俄国防部国家指挥中心管辖，成为与俄罗斯中央、西部、南部、东部军区并列的第五大军区。此外，北极战略司令部还将组建两支针对北极地貌特点的陆上作战部队。第一支陆上作战部队将部署在摩尔曼斯克州的阿拉库尔季居民点，于 2015 年部署完毕；第二支陆上作战部队预计 2016 年部署在亚马尔 – 涅涅茨自治区。随着北极冰川融化速度的加快，俄罗斯北极地区的地缘政治态势与特点正在发生剧烈变化。俄罗斯组建北极部队的目的就是要在新的背景下重新巩固俄罗斯的北极军事存在，以强大的军事力量巩固北方边境安全、控制北极航道，从而达到威慑北极周边国家、维护俄罗斯北极利益的目的。

第三，扩大北极地区能源开发，巩固俄罗斯能源大国地位。作为世界能源舞台上的重要国家，丰富的资源储量和灵活的能源外交一直是俄罗斯维护其大国地位的重要依据。然而随着俄罗斯境内传统油气田在未来出现产量下降的可能性越来越大，北极地区在俄罗斯能源结构中的地位正在迅速上升。俄罗斯科学院西伯利亚分院院士阿列克谢·孔托罗维奇就曾表示，北极油气田的石油天然气储备量估计至少为 2860 亿吨。而这将是 2020 年之后俄罗斯继续维持其能源大国地位的坚强后盾。在《俄罗斯联邦北极地区 2020 年前发展战略》中，俄罗斯政府提出建立北极能源储备基金战略，保证 2020 年传统区块开采量下降后能源系统的长期发展。2013 年 9 月，俄罗斯国家杜马通过了鼓励在北极大陆架地区开采碳氢化合物的法律。同时，俄罗斯也建设了海上浮动核电站，为寻找北极石油和天然气资源的海底钻探活动提供必需的电力，并努力提高海上商船运输能力，确保海上能源的运输。2014 年 5

○　那传林：《俄罗斯重新开始北极军事存在》，《世界知识》2014 年第 1 期。

月，俄罗斯通过"乌里扬诺夫号"首次向欧洲输送北极地区石油，这被普京总统称为俄罗斯能源发展的"里程碑"事件。

第四，探索北极航线治理模式，掌握北极航线主导权。由于北极航线大部分处于俄罗斯控制之下，因此俄罗斯希望充分利用北极航线的商业价值。这既可以缩短亚欧航程，也可以为北极地区的联邦主体提供物资。普京总统在 2012 年曾强调北极航线对于俄罗斯来说"比苏伊士运河还要重要"。在俄罗斯北极军事部署不断加强的背景下，俄罗斯对于非北极国家利用北极航线的态度近年来相对有所松动，逐渐调整收费和引航制度，探索有利于北极航线的治理模式，力图激发北极航线的活力。在整个 2013 年中有超过 600 艘船只向俄罗斯北极航线管理部门提出航行申请。① 这充分表明北极航线正日益成为国际航运的重要运输通道，未来俄罗斯必然需要在这一方面开展更多的国际合作。②

二　日本的北极战略利益分析

东北亚国家当中，日本兼具毗邻北极边缘的地缘优势，又是世界经济舞台上重要的发达经济体。因而北极地区的自然、生态、安全变化对于日本的经济、社会发展有着不可估量的潜在影响。日本对于北极问题的关注近年来呈明显上升的趋势。2012 年 7 月，日本成立了有关北极安全问题的跨党派议员团，安倍晋三任议员团主席。2013 年 3 月，日本政府重要智库国际问题研究所出台了《北极治理与日本外交战略》研究报告。而日本政府则任命西林万寿夫为北极担当大使。在 2013 年 5 月召开的北极理事会第八次部长级会议上，日本被接纳为正式观察员国，从而使日本迈出了参与北极地区治理的重要一步，成为其进一步全面参与北极地区事务的开端。

从东北亚国家对于北极地区事务的参与历史来看，日本是最早参与北极地区治理进程的。1920 年日本作为首批缔约国之一，全面参与了《斯瓦尔巴德条约》的议定与签署。根据条约的第 2、第 3、第 5 款，日本享有自由

---

① Разрешение на плавание сунда в акватории Северного морского пути, http：//www. nsra. ru/ru/razresheniya.
② 徐博：《中俄北极合作的基础与路径思考》，《东北亚论坛》2014 年第 3 期。

进出斯瓦尔巴德群岛、在该地区渔猎以及建立科考基地的权利。① （1925 年中国也加入了该条约。）20 世纪 50 年代后期，日本科研学者中谷宇吉郎等人开始参与北极科考以及相关研究项目。20 世纪 70 年代，日本成立了国立极地研究所。20 世纪 80 年代末期，日本开始与苏联专家共同在萨哈林岛开展北极航道的科研考察。20 世纪 90 年代，日本海洋政策财团多次与挪威、俄罗斯等国开展有关北极航道的研究，并最终在 2000 年推出了《北极航道：连接欧洲与东亚的最短航道》这一研究报告。②

因为并非北极地区内国家，所以日本政府并未出台全面、系统的北极战略。但从国家利益的视角看，日本对于北极利益的关切是不言而喻的。这些关切主要体现在以下三个方面：一是北极航道作为未来连接亚欧的运输水道对于本国经济结构的关键作用；二是北极地区丰富的自然资源对于本国经济发展的重要意义；三是建立在应对全球气候变暖问题的共同认识基础上的北极地区环境变化，尤其是对本国生态环境的影响。③

首先，在北极航道的利用问题上，日本的经济结构决定了一旦北极航线能够长期通航，则会给其依赖出口拉动增长的经济模式带来新的动力。因为全面开启的北极航道能够实现每年价值 1200 亿美元的运输，这将给出口大国日本带来最为直接的巨大经济收益和运输便利，同时，日本也可以借此机会重新使日本海成为繁忙的运输水道，从而重振诸如神户等环日本海港口，提振国内经济。因而 2013 年日本国际问题研究所提交的日本政府的北极研究报告将重视北冰洋航线、保护航线航行自由作为日本参与北极事务最为重要的任务。近年来，北方航道的使用日趋频繁，2013 年有超过 70 艘船只穿越北极航道，这引起了日本的关注。随着福岛核事故之后日本液化天然气进口量的增加，日本认为北方航道的使用能够有效降低进口液化天然气的运输成本。2014 年 1 月，日本海洋政策研究财团携手日本国土交通省和文部科学省成立项目小组，准备耗资数百亿日元建造破冰船，这表明日本正在将利

---

① Fujio Ohnishi, "The Process of Formulating Japan's Arctic Policy: From Involvement to Engagement," in K. Hara and K. Coates, eds., *East Asia-Arctic Relations: Boundary, Security and International Politics* (Canada: Centre for International Governance Innovation, 2013).

② 陈鸿斌：《日本的北极参与战略》，《日本问题研究》2014 年第 3 期。

③ Т. Г. Троякова, Сотрудничество России и Стран Северо - восточной Азии в Арктике: современное состояние и преспективы развития, Ойкумена, 2013 - 2.

用北方航道提上日程。

其次，在能源问题上，中日韩三国均存在对于进口能源的高度依赖。北极地区丰富的自然资源对于支持东北亚国家，尤其是日本的经济未来发展具有很强的吸引力。日本政府和商界都认为北极地区能源开采成本过高、运输不便，因而对于北极能源开发并不积极。然而由于 2011 年福岛核电站因大地震出现泄漏，日本相继关闭国内的其他核电站，导致日本国内对于进口能源的需求猛增。而北极地区丰富的自然资源以及相对较近的地理位置使日本对其更加看重。2012 年 12 月 5 日，装载 13.5 万立方米液化天然气的俄罗斯"鄂毕河号"货轮从挪威北部港口哈梅菲斯特经过北极航线驶抵日本北九州，为九州电力公司提供发电燃料，这是日本首次通过北极获得能源进口，从而大大刺激了日本政府和商界参与北极能源开采的决心。同时，日本也希望通过参与北极地区能源开采与运输，改变对于波斯湾石油进口的依赖，因为在日本看来，这条能源运输线正由于海盗问题频发以及中国海军的日益强大而变得越来越不安全。而来自北极的能源恰恰可以提供替代性的解决方案。

最后，日本希望继续积极参与北极地区科研考察、环境保护方面的国际合作。这主要由于日本认识到北极地区的环境变化对于国家的非传统安全有着重要的影响。北极的升温和海冰融化对东北亚的生态系统、粮食安全、沿海地区安全等方面构成了潜在威胁。当前，中日韩三国都提出了提升北极科考能力建设的方案。由于日本是一个岛国，全球气候变暖对于日本生态的影响要明显大于中国和韩国。而日本多年来一直在深入参与北极地区的自然生态考察与保护，其科研水平也相对较高。在 2012 年 3 月推出的《日本北极海会议报告》中日本明确指出，由于日本在北极科研环保等方面相较于中、韩两国处于优势地位，因此将着力加强在这方面的合作。

三　日俄北极合作的路径分析

长期以来，俄罗斯对于东北亚国家参与北极地区事务一直抱有比较矛盾的心态。在俄罗斯看来，中日韩等东北亚国家参与北极能源与航道的开发，一方面能够使俄罗斯获得必要的资金和技术支持，另一方面又可能造成北极问题国际化，进而威胁俄罗斯的北方安全。由于俄罗斯兼具"北极国家"和"东北亚国家"的双重地缘身份，日俄北极合作未来能否顺利进展主要取决于俄罗斯。而双方的合作领域则主要有以下几个方面。

一是科考与环境保护合作。这是目前日俄北极合作中最有可能取得突破的方面。由于当前北极治理多处于"低政治"阶段，因而各国在科考、环保领域的合作最容易实现。更为重要的是，俄罗斯也十分重视北极能源开发过程中出现的生态问题，将其视为国家北极能源政策的重要关注点。① 2014年5月5日俄罗斯总理梅德韦杰夫签署了《俄罗斯2020年前北极地区社会经济发展国家纲要》，该纲要将确保北极地区的生态、环境安全列为21世纪俄罗斯北极国家战略的重要方面。而日本在环境保护和极地科考合作方面具有十分先进的技术和丰富的经验，这些都是未来俄罗斯在实现北极治理方面极为需要的资源。日本是世界第二大渔业国，渔业在日本经济结构中占有重要地位。日本预计随着北冰洋变暖趋势的加剧，北冰洋地区的渔业资源将持续增加，这将为日本的捕鱼业提供新的机遇，避免未来日本渔业出现缩减的危险。同时，日本的极地科考也具有悠久的历史和较大的国际影响，日本希望发挥其在这方面的优势从而影响北极地区的环境和生态治理。

二是油气资源的开发合作。北极地区蕴藏的丰富油气资源使俄罗斯将其视为未来国家能源安全的重要保障，同时也是未来俄罗斯继续开展能源外交的战略支柱。2014年4月，第一批北极石油从俄罗斯的普里拉兹洛姆内油田运往欧洲，这将推动北极地区的油气开发热潮进一步升温。而俄罗斯在北极油气开发方面存在资金不足和技术落后等一系列问题，为此普京和俄罗斯政府都曾表示欢迎外国公司进军这一市场。俄罗斯已经与美国埃克森美孚石油公司、意大利埃尼石油公司等美欧公司签署巴伦支海大陆架石油开采协议。但随着乌克兰危机引发的美欧对俄制裁不断加剧，俄罗斯公司在美欧市场的融资出现严重困难。为此俄罗斯正在将融资的目标转向东方市场。而日俄由于具有在萨哈林天然气开发方面的合作经验，且日本对天然气的需求快速增加，预计未来双方在北极油气开发方面的合作将进

---

① Энергетическая политика России в Арктике, *Политика России в Арктике: как избежать новой холодной ой войны*, Доклад грантополучателей международного дискуссионного клуба, Валдай.

一步加强。

三是北方航道的开发利用。由于北极航道事关俄罗斯的国家安全，俄罗斯在这一问题上一直非常谨慎。但随着近年来北极冰川融化速度的加快，北极航道的国际化正在变得愈发现实。因而俄罗斯正逐渐调整其北极航道政策，在保持对北极军事存在不断扩大的基础上，逐步改善在这方面的国际合作，包括取消北极航道的强行护航制度，并大幅调低过境船只的收费标准。从长远来看，俄罗斯希望将北极航道打造成媲美苏伊士运河的"黄金水道"。随着日本破冰船的加速建造，未来日本扩大北方航道利用的可能性正在迅速增加。该航道可以为日本商品的出口提供另一个重要通道，从而使其避免穿越具有风险的中东地区和马六甲海峡。与中国不同，俄罗斯并不担心日本航船穿越北方航道会给俄罗斯带来不利的地缘政治影响，同时俄罗斯也可以借此收取定期的航运费用。而日本则希望通过开放北方航道为商品出口和能源进口提供可靠性高的航线。

四　结论

安倍上台之后，日俄关系出现明显改善的趋势。俄罗斯被日本视为其改变东亚外交困境的重要突破口，推动日俄关系取得突破甚至签署和平协议成为安倍晋三首相任内对外战略的重要目标。同时，日本近年来对于北极地区的兴趣不断增长，在成为北极理事会的正式观察员国之后，日本更加希望成为北极地区的重要"玩家"。而俄罗斯在经历乌克兰危机之后，也将日本视为其打破西方国家封锁的重要途径。同时，应当看到的是，尽管俄罗斯始终对于北极治理和北极航道的"国际化"抱有警惕的态度，但这并不代表俄罗斯拒绝在北极地区进行国际合作。实际上，当前俄罗斯开展与东北亚国家的北极合作正在变得更加可能。而日本的重要目标就是希望通过积极的北极政策以及日俄北极合作加强本国在这一地区的存在，从而在全球经济发展中心"东移"的背景下获得更强大的地缘政治影响力。由此可能引发的东北亚国家间有关北极治理权力的竞争则是日俄未来北极合作必须要面对的问题。

The Analysis of the Arctic Strategy of Russia and the Arctic Cooperation between Japan and Russia

XU Bo

Abstract   The Arctic is becoming a new stage of international cooperation for countries in Northeast Asia. Russia is the biggest country in the Arctic. In recent years, Russia has been continuously strengthening its political, economic and military strategy, trying to control affairs of regional development of the Arctic. While Japan, who is in the strategic transition, has the double identity as a northeast Asian country and a near Arctic country, thus the attention of Japan to the Arctic is also on increase. This paper analyzes the basic ideas of Russia's current Arctic strategy, the historical process of Japan's participation in the Arctic governance, and Japan's current concern in the Arctic. And it analyzes the paths of the Japan-Russia cooperation in energy development, channel utilization, scientific research and environmental protection.

Keywords   Russia; Japan; the Arctic; Geopolitical Strategy

经济

日本加入 TPP 谈判的国际安全战略考量

衣保中　　胡关子[*]

【内容提要】日本于 2013 年决定加入 TPP 谈判。本文首先认为日本加入谈判的政治背景和动机主要来自以下四个方面：修复日美关系，加强美日同盟；配合美国重返亚洲战略，围堵中国；试图主导环太平洋地区经济合作；压制国内既得利益，摆脱自身危机。其次，本文回顾了日本在野田内阁和安倍内阁时期围绕 TPP 谈判产生的争议。最后，本文分析了 TPP 对中国可能产生的影响和中国应该采取的对策。

【关键词】日本　跨太平洋伙伴关系协定

　　2013 年 3 月 15 日，安倍正式宣布加入"跨太平洋伙伴关系协定"（TPP）谈判；7 月 23 日，日本正式加入 TPP 第 18 次回合的谈判。安倍内阁的这个决策主要是一个政治决定，即从围堵中国、与中国争夺区域经济合作主导权的战略目标出发而做出的政治决断。安倍内阁的这一决策并不令人意外，这是右倾化的日本政权的必然选择。其实，早在民主党野田内阁时期，首相野田佳彦就已经做出了"政治判断"——在 2011 年 11 月 12 日美国夏威夷举办的亚太经合峰会上，野田佳彦正式表态参加 TPP 谈判。而且日本从野田内阁到安倍内阁，主要是从政治立场的角度，把参与 TPP 作为一种

---

　　* 衣保中，理学博士，吉林大学东北亚研究院教授，研究方向为区域开发战略、东北区域经济和东北亚区域合作；胡关子，东北师范大学日本研究所经济学硕士，研究方向为日本经济。

国家安全战略加以积极推动。

TPP 由新加坡、新西兰、智利、文莱 4 国于 2005 年发起，2008 年美国也表示参加，该协定随即开始引起世人关注。TPP 原则上要求 100% 废除关税，其内容比自由贸易协定（FTA）更为广泛，自由化程度也更高。TPP 除消除关税等贸易壁垒的内容外，还要求实现人员、资金流动的自由化，保护知识产权，改善经营环境、卫生检疫、公共事业、投资规则、劳动法规、贸易纠纷仲裁等 24 个领域的协定。美国之所以积极参与该组织，就是想把美国的国内规则作为基准，通过该组织主导太平洋经济合作，尤其希望通过把日本拉入 TPP 来提高该组织的影响力，并为其主导泛太平洋经济合作铺路。

一　日本参与 TPP 的政治背景和动机

日本之所以积极推动加入 TPP 谈判，主要是出于配合美国围堵中国的战略考量，具有鲜明的政治动机。

（一）加入 TPP 谈判是日本修复日美关系、加强日美同盟的战略举措

日本民主党上台后，曾经一度想兑现竞选诺言，把普天间美军基地迁出冲绳，实现日美关系平等化的战略目标。但是，民主党的外交政策调整遭到美国强烈反对，导致日本鸠山内阁垮台。菅直人接任首相后，认为要维持民主党政府，政府就必须修复日美同盟关系，于是在对外政策上日本又回归到自民党政府的亲美立场。政府为了向日本选民解释不兑现竞选诺言的理由，制造了东海撞船事件，刻意挑起中日外交冲突，渲染"中国威胁论"，为美军驻留冲绳和加强美日军事同盟寻找借口。为了弥补美日同盟的裂隙，美国积极拉拢日本加入 TPP 谈判。2009 年 11 月，美国贸易代表柯克在 APEC 新加坡峰会期间与日本经济产业大臣直岛正行会谈时说，美国将为早日建立环太平洋战略经济合作关系而与亚太各国密切合作，希望日本参加谈判。2010 年 10 月 25 日，美国负责亚太事务的助理国务卿坎贝尔在华盛顿发表演讲，表示美国支持日本参加 TPP 的意向。11 月 13 日，奥巴马在横滨参加第 18 次 APEC 峰会时与菅直人进行会谈，菅直人当面表态愿意与美国以及其他 TPP 成员展开协商，奥巴马当即表示了美国支持日本参加 TPP 的态度。

但是，由于日本内部的强烈反对，再加上东部大地震的影响，日本菅直人内阁迟迟没有正式提出加入谈判以兑现对美国的承诺。野田佳彦上台后继续执行菅直人内阁的亲美政策，他和民主党政调会长前原诚司在访美时都向奥巴马做过承诺，并把加入 TPP 谈判作为日本加强美日同盟关系的重要指标，以此作为平衡日本迟迟不能解决普天间美军基地搬迁问题的一个政治缓冲。因此，即使面临国内的强烈反对，野田内阁仍然执意推动加入 TPP 谈判。

（二） 加入 TPP 谈判是日本配合美国围堵中国的战略选择

从日本政要和时事评论专家的言论来看，日本已经把对抗中国作为加入 TPP 谈判的重要考量因素。尤其时任首相野田佳彦和政调会长前原诚司多次散布中国军事不透明等 "中国威胁论"，认为加入 TPP 谈判可以与美国建立稳固同盟关系，用以应对日益崛起的 "中国威胁"。野田和前原一再对日本舆论强调加入 TPP 谈判的战略意义，认为加入 TPP 谈判是一个保障日本安全的政治决断。日本政府支持的一个由大学教授和佳能等大企业战略研究人员组成的研究小组提出了一份重要的研究报告，系统阐述了日本参与 TPP 谈判的重大战略意义，其第一条战略意义就是阐述该组织在对抗中国崛起中的战略价值。该报告在 "战略的重要性" 一章中开宗明义地指出："东亚地区中国崛起，中国在经济上已经超过日本的 GDP；中国在军事上为了确保海洋权益采取了积极的进攻性行动而与周边国家冲突加剧；中国在外交上为了对抗美国而推进以中国为中心的东盟 '10 + 3' 合作。""中国以其拥有巨大的国力，采取禁止稀土资源出口、制约投资活动等对日本和世界经济活动产生重大威胁的举措，其今后的强势作为也令人担忧。针对中国的这种行为，由多国合作共同制定规则加以制约是非常必要的，而 TPP 就是一个制约中国的有效手段。"2011 年 10 月 7 日，日本在首相官邸召开会议，参加者除了首相野田佳彦外，还有原国家战略担当相荒井聪、众院议员佐藤茂树、原官房副长官石原信雄等，会议认为由于中国领导人不排除使用武力解决冲突，日本必须觉醒，采取强硬的对华外交路线。此后，日本加强了 TPP 谈判的政治动作。外务省向日本国会提交了阐述目前 9 个国家加入 TPP 谈判的意义的资料，资料称美国的目标是 "加强在亚洲地区的领导作用"，越南是为了 "摆脱对中国的依赖"。实际上，野田内阁说服反对派的最后王牌是拿中国说事。日本高层幕僚曾经对媒体放风："表面上没有说，但实际上

TPP 是对中战略的一环。"2011 年 10 月 24 日，日本《产经新闻》发表一篇文章，明确指出参加 TPP 不仅仅是经济贸易问题，也是安全保障战略问题，其本质是美日制约中国的重要一环。《读卖新闻》在 10 月 19 日发表社论说："参加美国主导的 TPP，就能深化日美同盟，让亚洲太平洋地区获得稳定，且这能牵制正在膨胀的中国。"尽管很多人士从经济的角度反对日本加入 TPP，但是在抗衡中国上却能够达成共识。因此，野田内阁一再强调 TPP 的战略价值和政治判断，就是想以对抗中国来凝聚国内共识，消解日本内部的反对声浪。TPP 到底能够给日本带来什么，野田佳彦似乎并不是很关心，牵制中国是野田佳彦力争实现的首要目标。

（三）加入 TPP 谈判是日本企图与美国合作共同主导环太平洋地区经济合作的战略契机

近年来中国推行"以邻为伴，与邻为善"的周边外交政策，积极推进与周边国家的自由贸易区建设。截至 2015 年年底，中国已签订了 14 个 FTA，涉及 22 个国家和地区，中国 – 东盟自由贸易区在 2010 年 1 月正式启动，中国与新西兰、澳大利亚、韩国的 FTA 都走在了日本的前面。面对中国双边自由贸易迅速发展的局面，日本外务省官员认为中国以 FTA 为跳板扩大了对周边地区的影响，要求日本政府尽快参加 TPP 谈判，改变 FTA 谈判中的落后局面，与中国抗衡。2010 年日本主办 APEC 横滨会议时，参与并主持起草的第 18 次 APEC 领导人宣言《横滨愿景》提出了建立 APEC 共同体的目标，把推进亚太自由贸易区（FTAAP）作为建立紧密的亚太共同体的基本途径。日本争取在推进亚太自由贸易区方面发挥主导作用，与其在东亚合作中与中国争夺领导权的思维定式是一脉相承的。由于率先参加某一国际组织的国家有制定相关规则的话语权，2005 年由文莱、智利、新西兰、新加坡发起的 TPP 谈判就是在修改现有规则，且谈判参与国力争在 2011 年 10 月第 9 次谈判结束后制定新的规则，因而日本非常迫切地希望抓住机遇参与 TPP 规则的制定。早稻田大学教授浦田秀次郎认为，在美国和澳大利亚都参加谈判、TPP 行将发展为亚太地区重要贸易协定的情况下，日本如不参加谈判，在制定亚太经济合作的制度方面就没有任何发言权，日本企业和消费者都将因此而蒙受巨大的损失。浦田还强调，亚太地区很可能制定新的经济规制，为使知识产权、政府采购等方面的新规则体现日本政府和企业的想法，必须尽早参加谈判。由于 TPP 涉及国家内政问题，日本一些政要认为中国不会参与 TPP，这样一来 TPP 将成为一个由美日共同主导的区域合作组织，可以按照美日的意愿制定有关的规则。中国今后要参与进来，就必须接受美日制定的规则。如果中国不参与，那么 TPP 将成为对抗中国主导的 "10 + 1" 的重要自由贸易区，这样就会使美日获得亚太地区经济合作的主导权。

（四） 加入 TPP 谈判是日本压制国内部分既得利益集团、摆脱自身危机的战略选择

从日本国内的情况来看，自 20 世纪 90 年代末日本资产泡沫破灭以后，日本经济增长率长期处于低位，恶性通货紧缩一直无法摆脱。历届日本政府虽然对经济的多个领域进行改革，但收效甚微。经济低迷也促使政局不稳、政党轮替、政府首脑频繁更换。具体来说，国内改革的主要阻碍就是日本在长期发展中形成的一些特殊利益集团，众多领域的改革方案受制于这些领域的既得利益往往难以推进。[①] 拿日本改革阻力最大的农业来说，虽然 20 世纪 80 年代以来日本农业持续进行了以市场化为导向的改革，但日本农业至今仍然保持巨额补贴，几种主要农产品如大米、小麦等也仍保持极高的贸易壁垒。农业利益团体认为日本农业由于自身禀赋因素造成生产率较低，一旦农产品市场完全开放，国内本来就极低的农产品自给率只会进一步下降，日本农业也会因此遭遇灭顶之灾，以至丧失 "农业主权" 和农业自身具有的保持农村人文、自然景观等方面能力的 "多功能性"，最终影响日本作为一个大国的国际形象。[②] 因此，为了对抗这些利益集团，不仅需要一个强有力的领导团队，而且这个团队也必须把握好时机与手段。安倍内阁近来在选举上的一系列胜利，使其拥有了较为稳固的国内基础，因而可以凝聚力量推动日本加入 TPP 的诸项进程。这使 TPP 在日本国内具有两方面的意义：一方面，通过 TPP 的制度压力，逐步迫使国内利益团体对一些效率较低的行业如农业、医疗、保险等进行改变，从而提高这些行业的生产效率；另一方面，通过自由贸易更好地使日本介入其他国家的经济发展，依靠日本自身富有效率的行业如机械制造、电子等的出口，改善国内需求不足、经

---

① 冯昭奎：《围绕日本改革的政策论争》，《世界经济》2003 年第 6 期。
② 〔日〕田代洋一：《日本的形象与农业》，杨秀平等译，中国农业出版社，2010。

济低迷的情况。这样日本 TPP 谈判的过程也充满了国内各利益团体之间的博弈。从局部看，加入 TPP 会不可避免地伤害部分利益团体的利益，使日本在这些领域面临一定的收缩与调整，但从总体上讲，加入 TPP 会使日本具有比较优势的行业获得更大的增长空间。即使对于日本农业，由于兼业农户占总农户组成的绝大部分，即这些农民中的大部分收入也来自制造业，① 仅从收入上看，农户的收入可能因日本加入 TPP 而提高。所以从全局看，加入 TPP 是日本压制国内部分既得利益、推进经济结构改革的外在动力。

二　日本参与 TPP 谈判的进程与争议

到目前为止，日本参与 TPP 谈判可以分为两个阶段，第一阶段即野田内阁时期日本国内对 TPP 谈判的争议。但安倍晋三上台后，尤其是宣布日本参与 TPP 谈判之后，问题焦点逐渐由国内争议转移至日本与 TPP 其他谈判国之间的争议，这样第二阶段即安倍内阁时期日本参与 TPP 谈判的过程及相关争议。

（一）野田内阁时期日本国内对 TPP 谈判的争议

野田内阁从政治立场出发急切推进日本参与 TPP 谈判，被国内舆论认为是一种简单粗暴的行为，引起各界的强烈反弹。日本内阁府为了让国民同意参加 TPP，特意拿出一组数字，旨在证明此举能将日本的 GDP 拉高0.54%（约 2.7 万亿日元）。然而，日本农水省给出的数字则是损失 11.6 万亿日元，并使 340 万农民失去工作。代表日本产业利益的经产省发布数字，表示"如果不加入 TPP 的话，GDP 将损失 10.5 万亿日元，失去 81.2 万个工作机会"。因此，野田内阁并不能拿出有说服力的数据来证明加入 TPP 的经济利益。

日本农业、医疗、保险等行业坚决反对加入 TPP。日本农业协同组合（以下简称"农协"）中央会会长万岁章 2011 年 10 月 24 日向日本政府递交了 1167 万人签字的"反对日本加入 TPP"请愿书，并表示有 230 名众

---

① 于秋芳、衣保中：《战后日本农户结构的变化及其影响》，《现代日本经济》2009 年第 2 期。

议院议员、120 名参议院议员支持农协的反 TPP 立场。10 月 26 日日本农业团体在东京举行拖拉机游行、集会等活动，反对加入 TPP 谈判。参加者呼吁，若加入 TPP，撤销关税等措施将对国内农业和地区经济造成重大影响。北海道、东北等地 7 个道县的农协纷纷在东京举行集会，要求地方选出的朝野两党国会议员阻止加入谈判。JA 北海道中央会会长飞田稔章指出，"TPP 无法和我国农林渔业振兴并存。东日本大地震灾区恢复重建工作也将因此更加困难"，要求地方选出的朝野两党国会议员阻止加入谈判。

日本地方官员和议员也大多反对日本加入 TPP。日本全国町村会会长藤原忠彦于 2011 年 10 月 28 日向政府递交了该会反对加入 TPP 的紧急决议，并称"将招致地方经济和整个社会崩溃，目前缺少可证明加入 TPP 有利于日本的统一性政府估算，政府此举操之过急"。由前农林水产大臣山田正彦发起、由 191 名跨党派议员组成的"TPP 慎重思考会"已成为国会中反对政府加入 TPP 的重要力量，该组织于 2011 年 10 月 21 日在国会召开集会，通过紧急决议反对日本政府在 11 月 APEC 峰会前宣布加入 TPP 谈判。该决议称"不仅仅是农林水产业，TPP 还将在医疗、药品许可、食品安全标准等多个领域对国民生活造成巨大影响"。

（二）安倍内阁时期日本参与 TPP 谈判的过程及相关争议

安倍晋三于 2012 年年底重新掌控政权，上台不久就采取了激进的货币政策，随后又展开了一系列经济政策，统称为"安倍经济学"。在日本参与 TPP 谈判问题上，虽然安倍属于赞成派，但上任之初他却表现得十分谨慎。在 2013 年 2 月访美之后，安倍一改原先的暧昧态度，极力推动国内关于参与 TPP 谈判的协调进程。3 月 14 日自民党内部会议最后决定，在日本把大米、小麦等重要农产品排除在 TPP 零关税要求之外的前提下，允许安倍宣布日本加入 TPP 谈判。于是 3 月 15 日，安倍晋三正式宣布日本加入 TPP 谈判，并当场宣称日本要主导亚太地区的规则制定。① 日本作为世界第三大经济体，其加入立刻引起 TPP 其他谈判国的欢迎，但同时也纷纷做出对日本

---

① 「首相『ルールづくりをリード』 TPP 交渉参加、7 月にも」『日本経済新聞』2013 年 3 月 15 日。

加入谈判的应对，日本一开始也表现得节节败退。在自民党会议允许安倍宣布加入 TPP 谈判的同一天，多名美国国会议员就向奥巴马递交了请愿书，要求政府保护因日本加入 TPP 而受到冲击的美国汽车业，因而不宜取消向日本汽车征收进口关税的政策。4 月，日美举行了日本加入 TPP 谈判的预备磋商，结果是日本提高了通过便捷手续进口美国汽车的配额，而且美国可以推迟撤销汽车进口关税。7 月 23 日，日本正式参加了在马来西亚举行的 TPP 第 18 轮谈判，成为参加谈判的第十二个成员，然而在这一轮的谈判中，日本并未争取到有利的形势。据日本放送协会（NHK）7 月 25 日的报道，日本政府 TPP 对策总部负责人涩谷和久表示，"在今后制定相关规则的谈判过程中，日本还有主导讨论的机会"。然而 7 月 26 日日本在保险业上就对美做出让步，日本国内可办理美国家庭寿险癌症险业务的邮局数量将是原来的 20 倍，从 1000 家增加到 2 万家，但日本在汽车、保险业上的让步并未换得自己在农产品问题上的有利地位。8 月，安倍晋三在印尼召开的 TPP 首脑会议上表示，要下决心解决谈判中的相关难题，争取能在年内达成协议。然而不久日本就遇到了难题。据日本共同社 9 月 20 日报道，澳大利亚、新加坡、新西兰和智利联合提出全面取消农产品与工业品关税的方案。10 月下旬，日美 TPP 谈判代表甘利明与弗罗曼就相关问题进行了电话会谈，但未取得实质进展。在 11 月 14～15 日举行的 TPP 谈判日美关税磋商中，美国做出了让步，表示日本仅能保持大米关税，而日本却表示不会妥协。这样美国最终也和其他 10 个谈判国一样，要求日本取消全部农产品关税，日本在农产品问题上完全处于孤立地位。11 月 19～24 日，在美国犹他州盐湖城举行的 TPP 首席谈判官会议上，美国主动做出让步，决定取消鞋类进口关税，旨在引导其他参与国也做出让步。但最终谈判各方仍在知识产权、国企改革和投资等近 15 个领域存在分歧，这使 TPP 在年内达成的设想难以实现。在各方在多个领域极其对立的情况下，安倍表示"该守的要守，该攻的要攻"。12 月 1 日，甘利明与弗罗曼于东京再度举行会谈，甘利明表达了日本在大米、小麦、猪牛肉、乳制品和糖这五大农产品上不做让步的立场，称"一厘米也不能再让"，会谈从而未取得进展。12 月 7～10 日各国 TPP 谈判代表在新加坡举行会议，仍然无法消除分歧。日方代表西村康稔与美方代表弗罗曼在会下也举行了双边会谈，这次日方主动提出了在 11 月就拟定了的让步方案，在日方所谓的"敏感农产品"的进口上实施关税配额制度，对一定量的该类进口农产品实行优惠关税，但美方坚持要求取消全部农产品关税，日美在农产品问题上最终未达成一致。虽然新加坡会议并未消除诸多分歧，但参会各方仍保持乐观态度，表示在本次会议上取得显著进展。对日本来说，其在 TPP 谈判中的要求，即保持五大农产品关税，一直备受其他参与国的攻击，但安倍内阁如果不坚持这项要求，又有可能引起国内农业领域的既得利益者的反弹，引发自身政权危机。而美国如果不坚持取消农产品关税，则 TPP 就会有"褪色"的风险，因此在农产品关税问题上，日本与其他参与国的攻防战进行得很艰难。

三　中国对美日把 TPP 谈判政治化图谋的应对

（一）美日加入 TPP 对中国的影响

美国、日本分别作为位居世界经济总量第一、第三的大国，它们连同其他参与国达成了 TPP，那么占有全球经济总量约 40% 的经济体将由此被整合在一起，从而产生巨大的效应。这对中国来说有以下三个方面的影响。一是 TPP 会对中国产生贸易转移效应。美日分别是中国的第一和第二大贸易伙伴，而且中国与 TPP 的其他参与国也存在贸易联系，由于 TPP 会极大地促进参与国之间的贸易，因此中国对这些国家的一部分出口将会被 TPP 其他成员国替代，并且 TPP 成员国之间的贸易扩张会降低中国在亚太经济版图中的地位。[1] 二是中国会在本地区区域规则制定上受到冲击。近年来世界贸易组织（WTO）、亚太经济合作组织（APEC）等框架下的多边贸易协定一直未取得重大进展，因此以区域贸易协定为突破口最终推动多边贸易自由化成了一种可行选择。但是美国主导的 TPP 谈判规则在多个方面，如劳工与环境保护、知识产权、投资者与国家争端解决机制、政治透明度、金融自由和限制国企等，加入了大量美式价值观，[2] 这些规则会对中国将产生巨大的压力，可能使中国处于进退两难的境地。三是 TPP 会在区域一体化与地

---

① 王联合：《TPP 对中国的影响及中国的应对》，《国际观察》2013 年第 4 期。
② 盛斌：《美国视角下的亚太区域一体化新战略与中国的对策选择》，《南开学报》（哲学社会科学版）2010 年第 4 期。

缘政治上孤立中国。21 世纪初，由于美国的主要精力不在东亚地区和中国国力日益强大，中国在东亚及其一体化问题上越发处于主导地位，这种情形是美国和日本都不愿看到的。日本虽然也想主导东亚局势，但这个理想在日中实力此消彼长的大趋势下难以实现，于是日本借美国重返亚太的战略来压制中国，甚至以此来实现自己成为"正常国家"的理想。安倍上台以来的一系列举动严重破坏了中日关系，也使中日韩自由贸易区的成立变得遥遥无期。在南海地区，中国与部分东盟国家存在领土问题的纷争，日美也积极拉拢这些国家。这样中日韩自由贸易区与中国 – 东盟自由贸易区就难以构建成一个能与 TPP 相抗衡的平台，因此 TPP 的达成无可避免地使中国在区域内陷入被孤立或被边缘化的境地。

基于以上三个方面的影响，TPP 也被部分国人认为是针对中国的"阴谋"。"阴谋论者"认为，TPP 所标榜的"开放主义"特征事实上早已被其谈判规则所设置的高门槛抹杀。[1] 其根本目的是遏制和孤立中国，使美国重新主导亚太格局，日本更是甘当这一目标的"马前卒"。与此相反的是，国内还有一种"机遇论"的态度，认为 TPP 与当年的 WTO 一样，加入它必将为中国带来巨大的利益，而且在加入 TPP 的过程中，TPP 的规则将促进中国在经济和政治领域的改革。[2] 这两种观点谁占据主导将决定中国以怎样的态度和行为应对 TPP 所带来的挑战。从客观上说，这两种可能应该是同时存在的，其走向取决于中美日及其他参与国之间的博弈，因此对中国来说 TPP 既是机遇也是挑战，中国必须主动应对。中国对于 TPP 的规则应该尽力摆脱狭隘的取向与判断，在利益考量上超越短期利益、注重长远利益，[3] 在这个前提下思考如何化解美日可能把 TPP 政治化的图谋。

（二）化解美日加入 TPP 给中国带来的潜在危险

中国是世界最大的经济贸易体之一，目前的 TPP 成员以及可能加入 TPP 的国家和地区都直接或间接地与中国有着重要的经济往来。更重要的是，可

---

① 李向阳：《跨太平洋伙伴关系协定：中国崛起过程中的重大挑战》，《国际经济评论》2012 年第 2 期。

② 《以对 WTO 的态度对 TPP》，财新网，2011 年 11 月 18 日。

③ 庞德良、吕铀：《泛太平洋战略性经济合作协定（TPP）与中国的选择》，《东北师大学报》（哲学社会科学版）2013 年第 2 期。

能扩大的 TPP 将直接影响到中国作为主要参与者的东亚区域合作。中国与目前已是 TPP 成员的智利、新加坡、新西兰、澳大利亚等国都已经签有双边自由贸易协定，越南、文莱也在中国 - 东盟自由贸易协定之内。中国与 TPP 成员有着相当紧密的利益关系，而且绝大多数 TPP 成员更看重的是 TPP 给自己带来的利益，因此不会盲目地成为美日遏制中国的工具。从目前 TPP 谈判的实际情况来看，各国在 TPP 的规则制定上还存在诸多矛盾。因此，中国可以从对外和对内两个角度应对 TPP 带来的挑战。

第一，中国应该高调宣布维持 APEC 的团结和稳定，反对削弱和分裂该组织的立场。目前世界经济不稳定，亚太经合组织应该同心协力，发挥和提升自身凝聚共识、团结一致、共同应对危机的作用。目前的关键任务是维持亚太地区的团结和稳定、反对贸易保护主义、反对分裂该组织的行为。

第二，中国应该与新加坡等 TPP 创始四国保持接触，明确提出中国对该组织被大国控制的担忧。中国应该与 TPP 创始四国建立某种对话机制，表明中国对该组织的态度，并建立密切的沟通与合作关系。TPP 创始四国与中国有着良好的外交关系，而且也不愿意该组织被大国控制，中国的参与将平衡对美关系，因而 TPP 创始四国将会欢迎中国发挥作用。

第三，中国在 TPP 问题上要转变"置之不理"与"等等看"的态度，避免陷入比较被动的境地。中国要加强与其他 TPP 参与国的密切沟通，积极阐明立场，通过现存渠道和平台了解美国意图，关注 TPP 走向。在当前多边贸易谈判进展缓慢、地区间机制和双边机制越来越蓬勃发展且更有效率和实质性进展的情况下，中国可以抱积极参与的态度。中国作为亚太地区重要的经济体，若被排除在 TPP 外，长远来看会有不利影响。中国应立足经济合作机制，本着多赢的态度，适当参与谈判过程，主张各种机制间不要相互排斥、保持开放性和互相促进的宗旨，这样就可以减少 TPP 对东盟"10 + 3"和中国 - 东盟自由贸易区等机制的冲击。

第四，中国要寻求主动参与 TPP 的规则制定。美日将 TPP 政治化，实质上是破坏国际贸易自由化和公平化的原则。因此，无论是从中国推动实现茂物目标的 APEC 政策，还是从中国周边和平发展的大局来看，积极参与各种形式和各个层次的地区合作符合中国开放、包容和透明的地区合作战略。中国要明确提出维护和发展 APEC 合作机制，在 APEC 合作机制下以平等协商的方式共同制定自由贸易规则，提出把 TPP 谈判纳入 APEC 轨道的设想，避免 APEC 走向分裂或者名存实亡。

第五，中国应在 TPP 问题上"主动出击"，抵消日美把 TPP 作为围堵中国战略工具的企图。TPP 以及可能加入 TPP 的国家和地区都与中国有着重要的贸易往来，中国即便不加入其中，也难免被其波及。根据目前形势判断，虽然 TPP 参与国在多项规则制定上争执不下，但如果美日尽心推动，最终达成协定的可能性很大。而协定一旦达成，未来 TPP 进一步扩大的可能性会更大。如果中国积极应对，还是能够破解日美对 TPP 的政治动机，让 TPP 回归自由贸易的基本面。如果中国能够及早参与，不但可以加入 TPP 的规则制定，更可能破解日美围堵中国的战略企图。

A Survey of Japan's Participation in TPP Negotiation from the Perspective of International Security Strategy

YI Baozhong, *HU Guanzi*

Abstract   Japan has decided to join the negotiation of TPP in 2013. This paper, first of all, elucidates that the political background and motivation of Japan's participation in TPP negotiation stem from the following four respects: repairing relations with US, containing China by echoing the strategy of America's return to Asia, attempting to dominate the economic cooperation in the Pacific Rim, and pulling itself out of the crisis by suppressing the vested interest at home. And then it reviews the controversies over and the progress of the TPP negotiation under the Noda Regime as well as the Abe Regime. Finally, it unfolds the implications that TPP might bring to China and provides suggestions on China's countermeasures.

Keywords   Japan; TPP

加入 TPP 与日本农业政策的转变[*]

加入 TPP 与日本农业政策的转变[*]

李燕玉　陈志恒[**]

【内容提要】二战后，日本高度重视对农产品市场的保护，先后制定了一系列旨在支持和保护农业和农民利益并具有日本特色的涉农法律、法规。在其贸易自由化的进程中，农业始终作为例外受到充分保护。从 20 世纪 90 年代开始，日本经济进入长期低迷期，加快国内结构改革、开放日本市场、加快 FTA/EPA 谈判变得更加紧迫，而一直依赖高度保护政策的农业无疑成为市场开放的绊脚石。对于加入自由化程度更高的 TPP，日本国内存在反对和支持两种声音。尽管 TPP 协定未能使日本农产品达到 100% 的自由化率，但在 80% 的农林水产品最终取消关税的压力之下，实施农业政策改革已是大势所趋。

【关键词】TPP　农业保护　自由化　农业政策

* 国家社会科学基金项目"低碳经济全球博弈与我的对策研究"（项目批准号：11BJY060）。

** 李燕玉，吉林大学东北亚研究院博士研究生，研究方向为世界经济理论、日本经济；陈志恒，吉林大学东北亚研究院教授、日本研究所研究员，研究方向为世界经济理论、东北亚区域经济。

一 日本贸易自由化进程中的农业保护

（一）加入世界贸易组织（WTO）前日本对农业的高度保护

对于日本来说，农业是一个弱势产业，但又是国民经济的基础产业。二战后日本高度重视农业的基础地位，先后制定了一系列旨在支持和保护农业和农民利益并具有日本特色的涉农法律、法规。日本政府还直接管制农产品的内外贸易，对本国农业和农产品贸易流通实施了一系列强有力的支持保护政策，例如对以大米为重点的国内主要农产品生产给予巨额财政补贴，对粮食的国内流通和价格进行高度集中统一的管理，等等。但是，从 20 世纪 60 年代起，美国等一些农业发达国家要求日本开放农业市场，日本与这些国家进行了持久的谈判，力求最大限度地保护本国农产品市场和扶持本国农业的发展，直至 1994 年"乌拉圭回合"谈判达成 WTO《农业协定》。

（二）WTO 框架下的农业支持保护政策

1. 农副产品关税减让

WTO《农业协定》中，日本虽然承诺至 2000 年农产品的平均关税税率降为 12%，但不同的产品减让幅度差别较大。如牛肉的关税从 50% 降至 38.5%，鲜橙从 40% 降至 32%，其他如小麦、大麦、乳制品等要求 6 年内关税减让大约 15%。[1]

2. 国内政策支持

在国内政策支持方面，日本采取了在 WTO 规则允许的范围内最大限度地保护和支持农业的方针。自 2000 年开始，实行了"中山间地域[2]等直接支付政策"，即通过支持补助中山间地域等条件不利地域的农业活动，来防止弃耕，预防农业的衰退。另外，虽然减少了对粮食的直接价格补贴，却在

---

[1] 農林水産省政策研究所「農政転換期における日本農業の構造変化」、2007 年 6 月、http://www.maff.go.jp/primaff/meeting/gaiyo/teirei/2007/pdf/2043sanko.pdf。

[2] 山间地及周边的地势，以及地理条件恶劣、农业生产条件不利的地域。

农业资源环境养护、人才培养、基础设施投入等方面，不断加大财政支持力度，以保持日本农业的发展。

3. 价格补贴和出口补贴

WTO《农业协定》要求，各缔约国必须承诺削减其补贴的农产品出口的数量与预算开支。对于日本来讲，其在农产品价格补贴和出口补贴等"黄色政策"① 领域实施合乎 WTO 要求的削减的同时，又将这种削减的相当一部分以收入补贴等形式在 WTO "绿色政策"② 的范围内重新给予补贴保护。也就是说，在 WTO 农业规则的约束下，日本政府并没有改变对农业进行高度保护的实质，它改变的仅仅是补贴的方式。

（三）日本与各国签订的自由贸易协定（FTA）中的农业保护措施

1. 日新 FTA 中的农业保护

2002 年 1 月正式签署的日新 FTA 是日本签订的第一个区域自由贸易协定。在日新 FTA 中日本对关税的撤销方面，日本承诺将新加坡进口商品中免税商品所占比例从 84% 提高到 94%，新免税的产品有化工产品、石油制品、纤维等工矿业产品。对于在日本备受保护的农林水产商品，除对一部分原本实质上没有关税的产品（木材、卷烟、洋酒等）给予免税外，协定对日本农业领域相关敏感问题采取了尽量回避的态度。如在农产品问题上，协定中虽然没有全面进行例外处理，但是在 WTO 协定承诺范围之内的追加数量很少，零关税农产品在农产品实际进口贸易中的份额不到 7%（其中新增双边承诺部分仅为0.3%），对主要农产品日本还是实行了高度的保护。与之形成鲜明对比，本来就实行贸易完全自由化的新加坡对日贸易实行的是 100% 免税，即零关税政策。③

2. 日澳 FTA 中的农业保护

日本政府在与澳大利亚的 FTA 谈判中力求设立零关税例外产品，把重要农产品设为不废除关税的对象外或者设为再议对象，即日本政府一直在农产品的进口关税方面不肯让步，这使 2007 年启动的日澳 FTA 谈判一直

---

① 也叫"黄色补贴"，这类补贴因能够产生贸易扭曲而需要减让，包括价格支持、营销贷款等。

② 也叫"绿色补贴"，这类补贴因不引起贸易扭曲可免于减让，包括自然灾害补贴、粮食援助补贴等。

③ 外务省经济局「日本の経済連携協定（EPA）交渉現状と課題」、2007 年 10 月、http: // www. law. tohoku. ac. jp/ ~ tozawa/Official%20HP/class. files/kyotei_ 0703. pdf.

处于僵持状态，直到 2014 年 4 月日本和澳大利亚就自由贸易协定最终达成一致。这是日本与主要农产品出口国达成的首个自由贸易协定。据悉，日本已同意将澳大利亚牛肉进口关税税率由目前的 38.5% 分阶段降低，主要用于餐厅加工的冷冻牛肉进口关税税率在协定生效的 18 年内降至 19.5%，而主要用于超市销售的冰鲜牛肉进口关税税率在协定生效的 15 年内降至 23.5%。① 作为交换，澳大利亚方面也基本同意停止对日本汽车征收 5% 的进口关税。

3. 日美 FTA 谈判中的农业保护

农业是日美 FTA 谈判的中心课题和难点。谈判中，美国希望大米、牛肉、小麦、猪肉、橙子等农产品实现贸易自由化，日本则认为在农业方面首要任务还是对本国农产品进行价格保障和补偿，以便使日本农民安心从事农业生产，调动农民的积极性。如果日美成功缔结 FTA，且在农业领域实现较高程度的贸易自由化，那么日本的大米、谷物及肉类的生产将会显著减少，尤其是作为日本农业根基的大米生产将受到毁灭性的打击。正是由于两国有关农业问题立场的差异，日美 FTA 谈判一直处于僵持状态。直到 2014 年 4 月美国总统奥巴马访问日本，双方也未能达成一致意见。日本仍保持大米、小麦、牛肉、白糖、乳制品 5 项重要品种的关税。② 其中大米、小麦、白糖保持原有的关税，但对于大米和小麦将扩大美国产的进口范围；牛肉、猪肉、乳制品的关税有所下降，但具体下调幅度有待调整。可以说在日本继续维持高关税的名义下，美国通过此次日美 FTA 谈判得到了扩大出口范围的实际利益。

二　TPP 对日本农业的主要影响

（一）TPP 的特点

"跨太平洋伙伴关系协定"（Trans-Pacific Partnership Agreement，TPP）

---

① 「日豪 EPA 合意」、2014 年 4 月 17 日、http：//anago. open2ch. net/test/read. cgi/bizplus/
1398130725/l50。

② キャノングローバル戦略研究所「TPP 日米協議と国益」、2014 年 4 月 29 日、http：//
www. canon‐igs. org/column/macroeconomics/20140430_ 2551. html。

是由亚太经济合作组织成员中的新西兰、新加坡、智利和文莱四国于 2005 年 5 月 28 日发起成立的,旨在促进亚太地区的贸易自由化。美国于 2008 年 9 月决定参与 TPP 谈判并在其中取得全方位的主导地位,日本政府也于 2011 年 11 月宣布参与 TPP 多边谈判。从该协定的发展历程及宗旨综合来看,TPP 具有以下两个方面的主要特点。

1. TPP 是综合性的高水平的自由贸易协定

TPP 涵盖范围广,几乎囊括了贸易与投资自由化、便利化的各个方面。除传统的货物贸易、服务贸易、投资、原产地原则等内容,TPP 还涉及海关程序、动植物检验检疫、贸易救济、贸易技术壁垒、政府采购、知识产权、电子商务等。[①] 因此,TPP 是一个综合性的 FTA。同时,TPP 的根本特征就是在实现贸易自由化方面不允许存在例外,它要求各成员国在规定时间内实现 100% 的贸易自由化。新加坡已经实现零关税的 100% 的贸易自由化,新西兰和文莱将于 2015 年实现贸易自由化,智利将于 2017 年实现。因此,TPP 涵盖领域之广和标准之高远远超过一般自由贸易协定。

2. TPP 是在亚太经济合作组织（APEC）成果有限、WTO 谈判止步不前的情况下出现的新型 FTA

WTO 协定是囊括 159 个国家和地区的自由贸易协定,但是因多哈回合谈判的停滞而止步不前。而世界经济的发展要求建立崭新的国际规则及市场准入原则。因此进入 21 世纪以后,世界各国开始签订两国间经济伙伴协定（EPA）或 FTA。TPP 就是在这种背景下出现的多国之间的新型 FTA。但是随着美国、日本、澳大利亚等经济大国的加入,TPP 就不再是普通的 EPA,它正演变为具有全球性、权威性的 EPA,因此 TPP 中的准则有可能成为国际性规则。

（二）TPP 赞成派和反对派的对立

关于参加 TPP,日本国内有支持、反对、慎重等不同的声音。支持者大多数是工商业者代表,反对者则多为农牧业代表,因为自由贸易可以增加工业品出口、拓宽海外市场,进而避免国内产业的空洞化并带来经济的复苏,而廉价农产品的大量涌入将对日本农业造成致命打击。

---

① 石田信隆「TPP と日本の経済連携戦略」『農林金融』2013 年 11 月。

　　以经团联①为代表的 TPP 赞成派认为如果参与 TPP、加速贸易自由化进程，日本 GDP 预计在 10 年内将增加 2.7 兆日元，这对于经济处于低迷期的日本来说是一个绝好的机会。但是，以农协②为首的反对派则以食品自给率为政策目标，给政府施加压力。为了农业集团的利益，日本政府采取的农业保护政策带来了巨大的资源浪费和经济效率损失，也增加了政府的财政负担，由此导致日本的现代大工业与农业的利益冲突，并外化为代表经济产业界利益的经团联和代表农业部门利益的农协这两大利益集团的对抗。此外，农林水产省和经济产业省等官僚部门既分别代表农业集团与产业界的利益又有着自身的利益追求。在这样的政策形成环境中，日本的农业政策制定已超出了经济层面，可以说是政治市场中利益集团博弈的动态均衡。

（三） 加入 TPP 对日本农业的冲击

　　加入 TPP 虽然对日本整体经济的成长有所助益，但也将给其国际竞争力较低的农业带来非常强烈的冲击。

1. 加入 TPP 将导致日本国内农业生产减少和失业率提高

　　农产品关税的废除将使廉价农产品大量流入，迫使日本国产农产品价格下降，导致日本国内农业生产下滑和失业率的提高。其中，影响最大的产品属高关税的大米（778%）、奶酪（360%）、白糖（328%）、小麦（252%）等。以大米为例，如果实行零关税，那么品质较优良的美国产和澳大利亚产大米将会替换目前在日本市场流通的同品质大米。根据日本农林水产省推算，其数量占到国内流通大米总量的三成左右，金额约达 6500 亿日元。③

2. 加入 TPP 会威胁日本国内的食品安全

　　食品安全是日本国民一直十分重视的问题之一。20 世纪 70 年代日本的

---

① 日本经济团体联合会，是由日本大企业组成的全国性经济团体。具体包括企业 1308 家、制造业和服务业等主要产业团体 114 个、地方经济团体 47 个。作为综合性经济团体，其主要使命是支持和鼓励企业及有助于企业发展的个人或地域的活动，为日本经济的发展及国民生活的提高做出贡献。

② 全称为 "全国农业协同组合"，也可称为 JA，是代表日本农业部门的最大利益集团，职能是提高农业生产力及提升农民的经济社会地位。

③ 農林水産省「TPP について」、2011 年 2 月、http://www.maff.go.jp/j/council/seisaku/syokuryo/110202/pdf/refdata5.pdf。

食品自给率高达 73%，但从 2000 年开始却一直处于 40% 左右的低水平。[①]
这与日本、二战后推动经济快速增长、依赖工业化成长密不可分。而根据日
本政府的推算，日本加入 TPP 将使食品自给率由原来的 39% 降低至 27% 甚
至 14%。因为日本加入 TPP，在削减或者撤销农产品进口关税政策之后，
低廉的进口食品会越来越多，进而威胁日本国内农产品生产，导致食品自给
率的大幅度下降。而且如果食品供给的绝大部分依赖进口，海外一旦发生价
格暴涨、品种短缺，日本国内的食品调整会很艰难，甚至会产生食品短缺的
危险，进而威胁国内食品的安全保障。

3. 加入 TPP 有可能导致粮食危机

对经历过几次粮食危机的日本来说，虽然现在已经从落后的农业国发展
成为先进的工业国，但许多国民都无法忘记当时粮食危机所带来的冲击和教
训。这也是日本政府一直以来十分重视管理粮食生产、保护国内农业，强调
粮食安全保障的重要性，在产生贸易摩擦的情况下也要坚持实施严格的农业
保护政策的主要原因。如前所述，加入 TPP 将会导致农业生产的减少、食
品自给率的大幅降低，在世界人口逐年增加的现在，发生粮食危机的可能性
也逐渐提高。日本加入 TPP 后，世界上一旦发生粮食危机，其导致的世界
食品价格上涨会直接影响日本市场价格，到时日本政府将很难控制国内食品
价格的暴涨。

三 TPP 框架下日本农业开放的阻力

综观日本签订 EPA/FTA 的历程，农业开放一直是其制约因素，在日
本已生效的 EPA/FTA 中，农产品的开放程度普遍低于工业产品，而且对
于一些敏感农产品如大米、小麦、牛肉、乳制品等都采取了例外处理。显
然，对于日本加入不允许任何例外处理、实现 100% 贸易自由化的 TPP 而
言，最大的阻力就是来自农业。那么，为什么开放在整个国民经济中占比
较低的农业会如此艰难？下面结合 TPP 的特点，分析阻碍日本农业开放的
主客观因素。

---

① 倉田陽久「TPP と農業」農林水産省、2011、http：//www. maff. go. jp/primaff/koho/seika/
review/pdf/primaffreview2011 – 41 – 13. pdf。

（一） 阻碍日本农业市场开放的客观因素

1. 农业的产业比较优势较弱

农业是一国经济体系中的基础性产业，是关系国计民生的支柱产业，但与工业相比，农业属于弱质性产业，受自然条件的影响较大，而且生产周期长，收益较低。尤其对于农业规模小、农业国际竞争力较弱的日本来说，政府更是要不顾一切地要保护本国农业。

2. 日本农业本身的特点

（1） 农业耕作面积逐渐减少

关于农业不可缺少的生产要素土地，如图 1 所示，日本近年的经营耕作面积呈现明显减少的倾向，2012 年经营耕作面积只有 454 万公顷[①]。这主要归因于日本政府的大米生产调整政策即 "减反政策"[②]。政府为了抬高大米的价格，根据大米需求量的减少控制并减少大米耕作面积，使大量耕地被放弃经营，导致农业经营耕作面积越来越少。结果不仅没有达到稳定米价的预期效果，还让水稻种植业面临衰退。

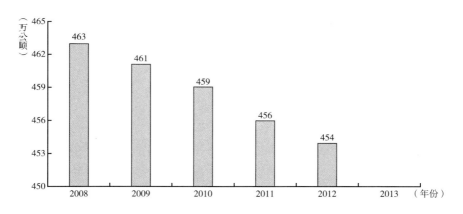

图 1 经营耕作面积的推移

资料来源：根据日本农林水产省资料整理。

[①] 橋詰登「農業構造動態調査」農林水産省、2013、http：//www.maff.go.jp/j/tokei/kouhyou/noukou/。

[②] 也叫 "大米的生产调整政策"，是为了大米价格的稳定，根据主食用米的需求量的减少，国家强制缩减大米的生产用地从而缩小大米生产量的政策。

（2）农业从业人员减少且高龄化严重

不足日本总人口 3% 的农民在支持日本大部分的粮食供应。而日本国土面积小，农业的国际竞争力低，使日本农业在整个国民经济中属于弱势产业。虽然日本政府一直对农业实施高度保护政策，但是对日本农业的将来失去信心的年轻人逐渐脱离农业，农业从业者越发高龄化。目前，日本农业从业者的平均年龄为 65.8 岁，未满 35 岁的只占 5%，后继者的明显不足导致耕作用地的大面积荒废及生产性的下降。老龄化和日本人口的减少使大米的人均消费量在过去的 40 年里减少了一半。[①]

（3）食品自给率低

近年来，日本的食品自给率（热量基准）只有 40%，如图 2 所示，在 13 个发达国家中处于最低水准。这不仅与日本政府扭曲的农业政策有关，还与日本人的饮食生活的变化有关。20 世纪 80 年代，日本人的饮食生活是以米饭为主、PFC（蛋白质、类脂质、碳水化合物）均衡的"日本型饮食生活"。但是近年来，一方面米饭的消费量减少了，另一方面面包或油脂类食品的消费相对增加，导致日本的食品自给率不断下降。

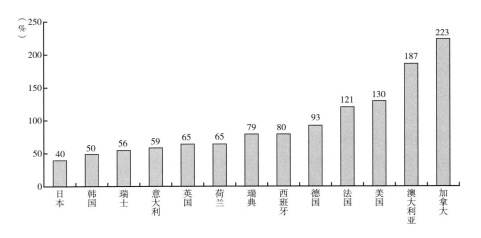

图 2　2009 年主要发达国家的食品自给率（热量基准）

资料来源：根据日本农林水产省资料整理。

---

① 一瀬祐一郎「日本農業をめぐる情勢と見通し」『農林金融』2014 年 1 月。

（二）阻碍日本农业市场开放的主观因素

1. 日本农民的反对

日本农民为本集团的利益坚持保护农业，而粮食危机带给日本国民的惨痛教训也使整个日本重视农业，保护粮食生产，坚决反对使粮食自给率下降的一切不利决定。他们一致认为使粮食自给率下降、农业生产减少的罪魁祸首就是农业市场的高度开放。只有保持农产品的高关税以阻止国外廉价农产品的流入，才是使日本农业不遭受打击的唯一出路。

另外，日本农民在政治上处于优势地位，具有很强的利益表达能力。他们高度的政治参与使他们甚至获得比城市居民相对更多的政治资源，加上农协的高度组织能力和农村居民年龄偏高等原因，农村居民在议会选举中的投票远远多于城市，从而使政府不得不注重对农业的保护。

2. 民间既得利益集团的反对

如前所述，加入 TPP、开放日本的农业市场必然会导致日本农产品价格的降低，进而使日本农协的利益受到沉重打击。因此具有强大的经济实力和政治力量的农协以提高食品自给率为名，力图扩大农业骨干范围，从而保护兼业农户，阻碍农业市场开放，并联合其他产业界反对日本加入 TPP，反对开放农业市场。

3. 来自政治家（政府）的阻力

目前，日本农业人口虽然不足全国总人口的 3%，但控制着 25% 的全国选票。在经济高速增长时期，日本人口大量从农村流向城市，但原来按人口比例分配的议员名额却通常难以及时做出调整。因此，与城市相比，农村较少的人口就可以产生一位议员。由于居所稳定、居民相互之间更为熟悉等原因，农村选出的议员政治寿命相对更长。这些都决定了日本政治资源在区域间进行分配时对农村的倾斜。作为执政党的日本自民党对农村政策、农协组织的重视，说到底是对农村居民选票的重视。因此，目前日本还没有一个领导人敢于打破这样的局面。

4. 日本政府过度的农业保护政策

包括美国在内的具有强大农业基础的国家对于本国农业也实行保护政策。美国农业补助金较高，仅棉花生产一项，在 1999～2005 年补助金额就高达 180 亿美元。[①] 欧洲各国为保护本国农业也付出巨大成本。欧盟的预算中半数都是给予农民的补助金，不仅用于增加粮食生产，还用于环境保护。德国、瑞典、法国等的田园风景也是国家给予农业的直接补助金来维持的。日本的农业保护水准相当于美国，却只有欧盟的三分之一。但日本的农业保护不是美国和欧盟进行的直接财政补贴，而是通过维持高关税抬高进口农产品价格实现。

四 日本农业政策转变的方向与趋势

（一）补贴政策方面：进行农业改革，提高农业的国际竞争力

日本贸易振兴机构亚洲经济研究所研究员今井建一说过，"对日本农业来说，再保护下去就彻底被消灭了"。日本要想根本上改变日本农业落后和缺乏国际竞争力的局面，唯一有效的出路就是通过农业改革提高农业的国际竞争力，将国内的农业生产提高到没有贸易壁垒保护也能生存的水平。具体改革可以从以下几个方面考虑。

1. 开展多种经营，提高耕地利用率，推进农业经营法人化

为了促进农业的健康发展、提高农业国际竞争力，积极普及优良品种及栽培技术，推广种植和养殖相结合，发展畜牧生产。同时，加强土地利用型农业的生产，如在水田里种植大豆和小麦等，以提高耕地的利用率，进而增加食品自给率。

2. 改革农协组织，增强其服务功能

美国和欧盟也有类似农协的组织。它们的农协是处理特定农产品的销售、资材的购买等各自专门业务的专门农协，而日本的农协是综合处理银行业务、生命保险、损害保险、所有农产品或农业资材的销售、生活物资及服务的供给等所有业务的农协。日本农协可以说是日本最大的企业集团。与日渐衰退的日本农业相比，农协的经济实力并没有减弱，加上农协所具有的政治影响力，使日本农业的开放寸步难行。为实现食品供给的稳定及农业生产的增加，对农协进行有效的再编整顿，使其发挥自己应有的职能及作用，这

---

① 藤野信行「2014 年農政改革と水田農業の課題」『農林金融』2014 年 4 月。

是今后日本农政所面临的一大课题。日本可以借鉴美国和欧盟的做法，设立各个领域的专门业务机关来分散农协的经济实力。

3. 最大限度地利用政府补助金，促进企业化经营的组织化

如何最大限度地利用上述政府补助金制度，确立不被政府所左右的农业经营，是今后日本农业政策改革中的关注点。为此，一方面，要进一步强化以饲料用大米生产为主、活用"水田活用谷物"的转作；另一方面，为确保经营的持续性，要专注于研究企业化经营的法人化和组织的重组、活性化等。

4. 设立适当的补助金制度

因农业自身的客观弱势，政府对于本国农业实施一定的补贴政策是必不可少的。尤其对于日本而言，为弥补与其他国家的生产条件差距，更加要求建立适当的补助金制度。日本政府也确实实施了各种补贴政策，结果财政负担增加了，效果却不明显。对此，日本政府还要进行适当的调查和充分的实地模拟。

（二）人才政策方面：加强农业从业者的培育，避免农业后继乏人局面的产生

农业从业者的老龄化和后继人员不足是日本农业面临的一大难题。农业从业者的教育及培养对发展日本农业有着重大意义。日本国内目前虽然存在很多样式各异的农业人才教育机关，但农业人才真正投入农业生产的比例非常小。如何保证农业人才的合理利用是农业教育机关必须重视的问题。首先，农业从业者的教育不能只停留在学习技术上，要把重心转到培养农业经营者上。从目前日本对农业从业者的教育来看，虽然设有各种农业教育机关，但整体上很难说已经构建起有体系的教育系统。应该明确各教育机关相互间的关联和职能分担，根本上重新构建培养农业经营者的机关体系。其次，结合实验研究和普及事业的同时，农业协同组合等农业团体也应积极参与农业从业者的教育。

（三）产业保护政策方面：放弃对农业的过度保护，跟随世界的潮流

日本与世界各国签订 FTA/EPA 时的关键阻碍因素就是农业。日本想把主要农产品设为贸易自由化的例外品种，力求维持原来的高关税，以保护本

国主要农产品市场。显然，如果日本不想解决农业问题，不想开放国内农业市场，农业国家对与日本签订 FTA 就不会有太大的兴趣。因此，日本农业必须面对竞争和开放。如果继续保护下去，将跟不上世界的潮流，更主要的是无法在竞争激烈的国际市场上立足，进而面临毁灭。

综上所述，日本的农业政策正在实现由"守"转"攻"。日本政府要构建使不为价格变动所左右的小规模农家的经营资源（农地等）顺利地转移到相对大规模农家的系统，如必要时强制设定利用权等，并创造六次产业化等必要的环境使大米生产者形成弹性支配经营资源的经营能力，提高粮食自给率，增强农产品的国际竞争力，使日本的农民、农业、农村实现可持续发展。

Joining TPP and Japan's Agricultural Policy Change

LI Yanyu, CHEN Zhiheng

Abstract　Since the World War II, Japan has attached great importance to the protection of the agricultural market and enacted a series of agricultural laws and regulations with Japanese characteristic to support agriculture and protect the interests of its farmers. In Japan's process of trade liberalization, agriculture is always taken as an exception and has been protected adequately. At the beginning of the 1990s, Japan's economy entered a long-term downturn. It was urgent for Japan to accelerate its domestic structural reforms, market opening and FTA/EPA negotiations. Undoubtedly, Japan's agriculture, which is highly dependent on the protection policy, has become a stumbling block to the market opening. On joining TPP, which has a high degree of liberalization, there are two opposite views in Japan, namely support and opposition. Although TPP fails to achieve the goal of zero-tarrif in Japan, under the pressure that tarrifs of over 80% agricultural products are to be eliminated, the trend of agricultural reform is irreversible.

Keywords　TPP; Agricultural Protection; Liberalization; Agricultural Policy

日本的 FTA 政策转变及其国内政治动因

陈治国[*]

【内容提要】 一国政府采取何种 FTA 政策在很大程度上受国内的政治经济问题左右。是否应该加入 TPP，这一议题在日本国内引发了广泛争论，极大地搅动了日本政坛，各种社会团体在政治精英的带领下发动了多轮运动来表达其政治诉求。日本虽然已在 2016 年 2 月正式签署了 TPP，但是在谈判乃至签署协定前后，日本国内反对 TPP 的浪潮所涵盖的公众范围之广，远远超越了传统经济贸易理论的预期判断。政治经济精英及其代表的贸易保护主义利益集团通过发动所掌控的一切社会经济资源进行政治宣传运动，成功地说服了相当大一部分对 TPP 所产生效果持不确定预期的公众，使其支持自己的政治经济立场，从而形成了日本国内广泛的贸易保护主义联盟。本文力争通过研究日本国内围绕 TPP 而引发的各种政治行为，来寻求日本 FTA 战略形成的国内政治背景，探讨形成 FTA 战略政策的国内政治因素。日本由于加入 TPP 而引发的种种现象与纷争需要我们思考日本 FTA 政策的形成机制，其基本机理同样适用于诸如中日韩 FTA 等各种提上议事日程的自由贸易协定。

【关键词】 日本　TPP　FTA　国内政治　公众舆论

---

* 陈治国，经济学博士，吉林大学东北亚研究院副教授、日本研究所副研究员，主要研究方向为东亚经济合作与发展、日本环境经济学与管理、气候变化经济学等。

一 导言

一个国家的自由贸易协定（FTA）战略形成有其深刻的国内外动因，而国内的政治经济形势则是最根本的决定因素。"跨太平洋伙伴关系协定"（TPP）是一个全面、广泛的区域性多边自由贸易协定，寻求高度的贸易自由化，其主旨在于大幅度降低关税税率，全面开放市场，大幅度加快谈判国家之间的经济一体化进程。与一般的自由贸易协定相比，TPP 具有明显的不同：TPP 意在打破传统 FTA 模式，达成无例外的综合性自由贸易协定；其涉及范围广泛，除所有产品免关税之外，还包括服务贸易自由化、投资便利化，也包括知识产权、政府采购、竞争政策、劳动力以及环境标准等管制性议题。

2010 年日本开始关注 TPP 并表示有意向加入，此举在日本引起政界、理论界、产业界的强烈纷争，而公共舆论也呈现明显的两极化倾向，使"整个国家被一分为二"。[①] 2010 年 11 月日本民主党领导人菅直人表示日本有加入 TPP 的兴趣，之后日本政府花了 26 个月的时间做出了最后的正式决定，2013 年 3 月 15 日安倍正式宣布要加入 TPP 谈判。2013 年 4 月 20 日，TPP 先行谈判国一致同意日本的加入。2013 年 7 月 23 日，日本正式加入了 TPP 谈判。2015 年 10 月 5 日，日本与美国等其他 11 个泛太平洋伙伴就 TPP 达成一致。2016 年 2 月 4 日，日本在奥克兰正式签署了 TPP。对于日本来说，此次签署的 TPP 与其此前签署的 15 个 FTA 有很大不同。日本此前签署的 FTA 都把农产品等政治敏感的产品作为例外条款而加以保护，而 TPP 的原则是实现高度的贸易自由化和解决贸易管制问题，没有任何产品能够作为例外而得到保护。[②] 由于倡导自由化的 TPP 与具有浓重贸易保护色彩的日本经济部门（尤其是农业）构成冲突，形成反 TPP 的政治势力和社会浪潮几乎是一种必然。[③] 根据传统的国际经济贸易理

---

① 《TPP 问题将日本国民"一分为二"》，人民网，http://www.022net.com/2011/10 – 28/4823 39383174720.html。

② Goro Takahashi, "The Barriers and Solutions to Integration of the EAFTA and TPP," *Journal of Global Policy and Governance*, 8 (2013), pp. 277 – 278。

③ 刘国斌、赵霞：《日本加入 TPP 谈判与农业改革分析》，《现代日本经济》2014 年第 2 期，第 61 页。

论。自由贸易、削减关税必然会引起部分受损失部门的不满与抗议。但是根据日本相关调查研究，实际上整个日本社会对 TPP 的反对涵盖一个非常广泛的阶层，其宽泛程度远远超出贸易理论所预期的范围。这就表明 TPP 已经不是一个单纯的经济问题，而是一个涉及各方深刻利益的综合性政治经济问题。要从超越经济基础的视角来看待这个问题，作为上层建筑的政治议题会从另一个层面对 FTA 的形成机制做一深入剖析。如公共舆论是形成 FTA 和 TPP 政策的重要影响因素，其在日本的形成过程与机制值得深入研究。虽然公众对 FTA 的态度是一个决定性因素，但是现有文献往往都强调商界和政界精英所起到的作用，而不够关注公共舆论。然而在实际上，因为在政治选举活动中获得连任是政客的首要动机，所以公共舆论能够有力地限制政治精英们的政策选择。

二　日本 FTA 的进展与特征

（一）　日本签署 FTA 的进展状况与原因

在国际经济与贸易关系中，日本一直是世界贸易组织（WTO）框架下多边机制的有力倡导者，相比较而言，日本对区域经济一体化重视不足。在 WTO 多边机制进程受阻的全球背景下，日本开始逐渐把重点转向区域经济一体化与双边机制，对区域性 FTA 也表现出越来越强的兴趣，在 20 世纪 90 年代中后期开始努力与其他国家构建 FTA。[①] 2002 年 11 月，日本和新加坡签订的 FTA 正式生效，这是日本签署的第一个 FTA。之后日本开始与东盟等签署 FTA。迄今为止，日本已经签署了 15 项 FTA（详见表 1），其中包括 14 项双边 FTA，按照生效日期的先后顺序分别为与新加坡、墨西哥、马来西亚、智利、泰国、印度尼西亚、文莱、菲律宾、瑞士、越南、印度、秘鲁、澳大利亚、蒙古签署的 FTA，以及与东盟这个区域经济一体化组织签署的 FTA。日本还有 6 项 FTA 谈判还没有完成，分别是与韩国的 FTA 谈判、与海湾合作委员会的 FTA 谈判、与加拿大的经济伙伴协定（EPA）谈判、与哥伦比亚的 FTA 谈判、中日韩 FTA 谈判，以及与欧盟的 EPA 谈判（如表 2 所示）。其中，与韩国的

[①]　Richard Baldwin，" WTO 2. 0：Governance of 21st Century Trade，" *The Review of International Organizations*，9（2014），p. 271.

FTA 谈判开始于 2003 年 12 月，但是因为日韩两国对谈判框架存在较大争议，谈判被迫于 2004 年 11 月终止，此后该谈判未再重启。

表 1　已经生效的日本签署的 FTA

签约对象	签署日期	生效日期	类型	覆盖范围
新加坡	2002 年 1 月 13 日	2002 年 11 月 30 日	FTA 与经济一体化	货物与服务贸易
墨西哥	2004 年 9 月 17 日	2005 年 4 月 1 日	FTA 与经济一体化	货物与服务贸易
马来西亚	2005 年 12 月 13 日	2006 年 7 月 13 日	FTA 与经济一体化	货物与服务贸易
智利	2007 年 3 月 27 日	2007 年 9 月 3 日	FTA 与经济一体化	货物与服务贸易
泰国	2007 年 4 月 3 日	2007 年 11 月 1 日	FTA 与经济一体化	货物与服务贸易
印度尼西亚	2007 年 8 月 20 日	2008 年 7 月 1 日	FTA 与经济一体化	货物与服务贸易
文莱	2007 年 6 月 18 日	2008 年 7 月 31 日	FTA 与经济一体化	货物与服务贸易
东盟	2008 年 3 月 26 日	2008 年 12 月 1 日	FTA	货物贸易
菲律宾	2006 年 9 月 9 日	2008 年 12 月 11 日	FTA 与经济一体化	货物与服务贸易
瑞士	2009 年 2 月 19 日	2009 年 9 月 1 日	FTA 与经济一体化	货物与服务贸易
越南	2008 年 12 月 25 日	2009 年 10 月 1 日	FTA 与经济一体化	货物与服务贸易
印度	2011 年 2 月 16 日	2011 年 8 月 1 日	FTA 与经济一体化	货物与服务贸易
秘鲁	2011 年 5 月 31 日	2012 年 3 月 1 日	FTA 与经济一体化	货物与服务贸易
澳大利亚	2014 年 7 月 8 日	2015 年 1 月 15 日	FTA 与经济一体化	货物与服务贸易
蒙古	2015 年 2 月 10 日	2016 年 6 月 7 日	FTA 与经济一体化	货物与服务贸易

资料来源：根据世贸组织官网相关资料整理，http：//www. wto. org/english/tratop_ e/region_ e/rta_ participation_ map_ e. htm？country_ selected = JPN&sense = b。

表 2　日本未完成的 FTA 谈判

未完成的 FTA	谈判启动日期
日本 – 韩国 FTA	2003 年 12 月
日本 – 海湾合作委员会 FTA	2006 年 9 月
日本 – 加拿大 EPA	2012 年 11 月
日本 – 哥伦比亚 FTA	2012 年 12 月
日本 – 中日韩 FTA	2013 年 3 月
日本 – 欧盟 EPA	2013 年 4 月

资料来源：根据世贸组织官网、日本外务省网站资料整理。

从日本的国际经济传统来看，其经济贸易政策历来都遵循在多边贸易体系规则下的所有关税暨贸易总协定（GATT）和 WTO 成员之间的非歧视原则。当然这一原则也有例外，如在与美国的双边经贸往来中，日本利用自愿出口限制这一双边机制来解决日美贸易摩擦。但是，现在日本的国际经济合作理念已经发生变化，开始寻求在双边或区域 FTA 框架下的非歧视性原则，这一原则在一定条件下也获得了 GATT 和 WTO 的认可。在有日本参与的正在谈判中的 FTA 中，日本与相关的 FTA 伙伴在谈判的启动上和谈判进程中都不同程度地存在政治经济障碍，日本国内也发生了各种不同的纷争。可是在日本决定正式加入 TPP 谈判之后，这种国内纷争目标就在一定程度上发生了转移。国际上谈判中的 FTA 伙伴大多都希望在日本加入美国领导的 TPP 谈判之前，把日本这个具有极大经济影响力的经济体纳入其FTA 范畴。[①]

日本对 FTA 产生兴趣主要有两个原因。第一，全世界各地区 FTA 的签署数量正在快速增长。在 WTO 自由贸易谈判陷入僵局的条件下，许多致力于实现自由贸易的国家开始建立各种形式的 FTA。在这种国际形势下，日本为了获得出口市场，也开始把注意力放到 FTA 上。第二，争取成为新的区域经济规则的制定者。国际经济活动日益活跃的一个重要动力就是资本和劳动力的国际流动，而在现今 WTO 框架下还没有规则能够对这种大规模的国际资本与劳动力流动形成约束，这样日本和其他国家都希

---

① Bernard Hoekman, "Sustaining Multilateral Trade Cooperation in a Multipolar World Economy," *The Review of International Organizations*, 9（2014）, p. 245.

望利用对各种 FTA 的参与来成为这种规则的制定者，从而掌握未来国际经济合作的主动权。[①]

虽然在经济全球化、自由化的多边体制框架下，贸易自由化的障碍已经得到极大降低，但是日本在与东盟成员国这样的发展中国家进行贸易与投资时，仍然受到诸多障碍的限制。日本与这些国家签署 FTA 能够为其本国企业进入这些国家开展业务创造良好的环境。而且，这些 FTA 还有可能吸纳更多的成员，从而促使更多的国家市场相互开放。这样 FTA 在促进这些发展中国家国内经济结构改革的同时，不断扩大的发展中国家的国内市场也能够有效地拉动日本经济。日本与东盟成员国和印度等发展中国家签署 FTA 的一个重要目的就是通过经济合作帮助签约伙伴实现经济增长，通过充分挖掘发展中国家的经济增长潜力最终实现日本出口的增长。除上述经济动机外，日本与这些国家签署 FTA 还有非经济动因，即通过与 FTA 伙伴建立紧密的政治与社会联系，力争实现东亚地区的社会与政治稳定。

（二） 日本现有 FTA 的主要特征

总结日本现在已经签署的 15 项 FTA，发现其具有两个特征。

第一，日本与 FTA 所涉及国家之间贸易份额占其外贸总额的比重偏低。现在日本已经签署了 15 个 FTA，共涉及 17 个签约伙伴。根据直井惠和浦田次郎计算整理的 2010 年数据，日本与其当时的 15 个 FTA 伙伴的贸易额只占其对外贸易总额的 18.6%，这一比例数据明显低于美国的 38.8%、韩国的 34% 和东盟的 60%。而笔者根据联合国贸易与发展会议统计署网站 2013 年发布的最新统计数据，将日本与其 FTA 伙伴之间的贸易份额在其外贸总额的比率，同其他主要经济体进行了比较。由于联合国贸易与发展会议数据库资料可获得性的限制，笔者没有统计欧盟与东盟等重要的区域经济一体化组织的相关数据，只是以单个国家为参照对象，如本文选取的参照是 2013 年的韩国、美国、中国和印度（见表3）。

---

① Florin Bonciu, "Analysis of Japan's Existing and Forthcoming Free Trade Agreements in the Asia – Pacific and Global Context," *Romanian Economic and Business Review*, 8 (2013), p. 35.

表3 2013 年日本等国家的 FTA 伙伴间贸易份额与外贸总额情况

单位：亿美元

类别	日本	韩国	美国	中国	印度
对 FTA 伙伴的出口额	1353	3924	6836	7226	1191
对 FTA 伙伴的进口额	1583	2868	7771	5146	2090
与 FTA 伙伴的的贸易额	2936	6792	14608	12373	3281
总进出口额	7151	5552	12771	15778	2896
总进口额	8554	5244	16019	13960	4890
贸易总额	15705	10796	28790	29738	7785
FTA 内贸易额占贸易总额比重（%）	18.69	62.91	50.74	41.61	42.15

资料来源：根据联合国贸易与发展会议统计署网站整理计算，http://unctadstat.unctad.org/wds/ReportFolders/reportFolders.aspx。

日本与其 FTA 伙伴间的贸易额占外贸总额的比率之所以偏低，一个重要原因在于其 FTA 伙伴不包括美国、欧盟和中国这样的大型经济体。日本很难开放其农产品市场，无法满足诸多潜在 FTA 伙伴国的要求，因此日本与这些国家签署 FTA 的进程受到了阻碍。通过对比韩国、美国、中国和印度这些参照国家与其各自的 FTA 伙伴的进出口贸易额的绝对数据以及该贸易额在其各自的对外贸易总进口额的比重，可以清楚地看到日本在 FTA 谈判进度与力度上的落后（见图1）。2013 年的韩国是参照国中签署 FTA 最多的国家，与之签署 FTA 的单个国家有智利、印度、新加坡、土耳其、美国与秘鲁，而且其 FTA 签署对象还有若干涵盖众多国家的区域经济一体化组织，如东盟（Association of Southeast Asian Nations，ASEAN）[1]、亚太贸易协定（Asia Pacific Trade Agreement，APTA）[2]、欧洲自由贸易联盟（European Free Trade Association，EFTA）[3]、欧盟（European Union，EU）[4]、发展中国家全球贸易优惠制度组织（Global System of Trade Preferences among

[1] 统计范围包括：文莱、缅甸、柬埔寨、印度尼西亚、老挝、马来西亚、菲律宾、新加坡、越南、泰国。
[2] 统计范围包括：孟加拉国、中国、印度、老挝、斯里兰卡。
[3] 统计范围包括：挪威、冰岛、列支敦士登、瑞士。
[4] 统计范围包括：奥地利、比利时、保加利亚、克罗地亚、塞浦路斯、捷克、丹麦、爱沙尼亚、芬兰、法国、德国、希腊、匈牙利、爱尔兰、意大利、拉脱维亚、立陶宛、卢森堡、马耳他、荷兰、波兰、葡萄牙、罗马尼亚、斯洛伐克、斯洛文尼亚、西班牙、瑞典、英国。

Developing Countries，GSTP）① 和贸易协议谈判组织（Protocol on Trade Negotiations，PTN）②。与美国签署 FTA 的有中美洲自由贸易协定（Central American Free Trade Agreement，CAFTA - DR）③、北美自由贸易协定（North American Free Trade Agreement，NAFTA）④、韩国、澳大利亚、巴林、智利、哥伦比亚、以色列、约旦、摩洛哥、阿曼、巴拿马、秘鲁和新加坡。中国的 FTA 签署对象有东盟、亚太贸易协定、智利、哥斯达黎加、中国香港、中国澳门、新西兰、新加坡、巴基斯坦、秘鲁和瑞士。与印度签署 FTA 的有东盟、亚太贸易协定、智利、发展中国家全球贸易优惠制度组织、阿富汗、不丹、日本、马来西亚、尼泊尔、新加坡、斯里兰卡、韩国、南方共同市场（MERCOSUR）⑤、南亚自由贸易协定（South Asian Free Trade Agreement，SAFTA）⑥、南亚优惠贸易安排（South Asian Preferential Trade Arrangement，SAPTA）。可见，与日本相比，这些参照国家的 FTA 签署对象不仅包含了数量众多的国家、地区、一体化组织，表明其具有足够的对外开放广度，而且在其 FTA 所涵盖的这些伙伴中，往往包括美国、欧盟、中国这样巨大的经济体，与巨大的 FTA 成员的贸易量是其 FTA 贸易额占比较高的重要原因。

第二，日本签署的 FTA 自由化程度偏低。主要原因是日本在已经签署的 FTA 中把政治敏感的农产品排除在自由贸易范畴之外。衡量自由化程度可以用 FTA 自由化比率这个指标，该指标是在 FTA 伙伴的进口产品中，免除关税的产品占总进口产品的比率，可以按照产品数量和产品价值分为两种统计口径。2013 年，在日本所签署的 FTA 中，基于产品数量的自由化比率

---

① 统计范围包括：阿尔及利亚、阿根廷、孟加拉国、贝宁、玻利维亚、巴西、喀麦隆、智利、哥伦比亚、古巴、厄瓜多尔、埃及、加纳、几内亚、圭亚那、印度、印度尼西亚、伊朗、伊拉克、朝鲜、韩国、利比亚、马来西亚、墨西哥、摩洛哥、莫桑比克、缅甸、尼加拉瓜、尼日利亚、巴基斯坦、秘鲁、菲律宾、新加坡、斯里兰卡、苏丹、坦桑尼亚、泰国、南斯拉夫、特立尼达和多巴哥、突尼斯、委内瑞拉、玻利瓦尔、越南、津巴布韦。

② 统计范围包括：孟加拉国、巴西、智利、埃及、以色列、墨西哥、巴基斯坦、巴拉圭、秘鲁、菲律宾、塞尔维亚、突尼斯、土耳其、乌拉圭。

③ 统计范围包括：哥斯达黎加、多米尼加、萨尔瓦多、危地马拉、洪都拉斯、尼加拉瓜、美国。

④ 统计范围包括：加拿大、墨西哥、美国。

⑤ 统计范围包括：阿根廷、巴西、巴拉圭、乌拉圭。

⑥ 统计范围包括：孟加拉国、不丹、马尔代夫、尼泊尔、巴基斯坦、斯里兰卡。

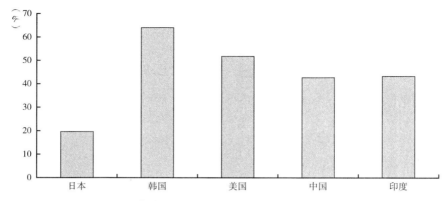

图 1　2013 年主要国家 FTA 内贸易额占贸易总额的比重

资料来源：根据联合国贸易与发展会议统计署网站整理计算，http：//unctadstat. unctad. org/wds/ReportFolders/reportFolders. aspx。

大约为 85% 。而同一时期，其他发达国家，如美国、欧盟、澳大利亚、新西兰，它们签署的 FTA 的自由化比率都在 95% 到 100% 之间。现在日本已正式签署 TPP，而据主流观点预测，将来 TPP 的自由化比率应该不会低于 95% 。根据更容易获取数据资料的以产品贸易额计算的自由化比率，可以看出在大多数情况下，日本的 FTA 自由化比率还是低于其伙伴。

通过 FTA 伙伴贸易额占外贸总额比率偏低、FTA 所涉及的伙伴数量偏少、伙伴经济规模不足的事实，可以看出日本在开放广度上还需要大幅度提升，而日本签署的 FTA 自由化程度偏低则又表明了日本经济开放的深度也有待加强。

三　新形势下日本 FTA 农业保护政策的变化

日本 FTA 政策的一项重要内容就是把政治敏感产品排除在自由化范畴之外，而农产品则是其核心内容，这也是造成日本 FTA 自由化比率偏低的基本原因。所以深入探究日本的 FTA 政策对日本农业保护政策形成机理的研究是必不可少的。

日本自放开国门开展对外经济贸易交往以来，就用配额制等壁垒对其国内各产业进行严格保护。但是为了遵守 GATT 和 WTO 倡导的取消非关税壁垒的自由贸易原则，也为了遵循 1960 年采用的"贸易自由化和外汇的基本计划"，日本开始逐渐对进口产品放宽限制，而且这种限制的解除不局限于工业产品，还涉及农产品。农产品贸易实现自由化一般要遵循以下顺序：首先是关税化，即对进口商品的限制手段从配额转向关税，然后降低关税税率。1962 年，日本进口配额限制下的农产品种类有 81 种，到 1995 年，所有进口农产品都解除了进口配额限制。日本之所以能够对农产品进口部分地实现贸易自由化，一方面是因为日本在 GATT、WTO 以及经济合作与发展组织（OECD）等国际组织做出了放开国内农产品市场的承诺，另一方面是因为来自美国等国家的外部压力使其不得不如此。

GATT "乌拉圭回合" 谈判（1986～1994 年）也对日本农产品贸易政策产生了极大影响。在 "乌拉圭回合" 之前的各轮谈判中，农产品问题一直没有得到重视，而在此轮谈判中，农产品被列为重要的议题。最后谈判各方接受了美国的提议，将用关税取代诸如进口配额制等所有的非关税壁垒，以此来消除进口贸易的障碍。在 "乌拉圭回合" 谈判中，日本最关心的是大米的关税化问题。日本在用关税取代其他非关税壁垒时，因为遭到国内的强烈抗议，不得不采取措施推迟大米的关税化进程。日本政府为了保护农场主的利益，采取国家贸易的方式来管理并从事小麦、大麦、奶粉、黄油等农副产品的进口，具体的执行机构是独立行政法人农畜产业振兴机构。

在实现贸易自由化之后，日本与其他进口农产品的发达国家相比，其农产品的平均关税并不算最高。根据 2011 年的数据，仅就单独的农产品关税而言，日本的关税税率是 23.3%，而韩国则达到 48.6%，挪威是 55.8%，瑞士是 43.5%。而主要的农产品出口地的税率则明显低于日本，如美国是 5%，欧盟是 13.9%。[①]

日本农产品保护政策的一个特点就是对于一部分产品实施极高程度的保护。根据表 4，部分农产品被日本政府当作重要产品而实施以高额关税。大米、小麦、大麦和部分奶制品都被置于国家贸易的管制下，而淀粉、豆类、花生、马铃薯的进口则受制于一种 "关税－配额制度"，即当某种产品的进

① 张征：《中日韩经济合作：TPP 既是挑战也是动力》，《东北亚论坛》2014 年第 2 期，第 60 页。

口低于一定数量时征收较少的关税，当进口数量超过设定的数量后则施以极其高昂的关税。此外，在猪肉产品的进口方面，日本还专门实施了"门槛价格关税制度"以代替原有的配额制度。根据"门槛价格关税制度"，日本政府设定了猪肉进口的标准价格。如图2所示，当低廉的猪肉进口价格（CIF）明显低于进口标准价格时，即处于A区域时，海关对进口标准价格和CIF之间的价差征收关税；当进口猪肉价格处于B区域，海关则征收5%的从价关税。这样就能够在一定程度上避免低价的进口猪肉对国内猪肉市场价格产生冲击。

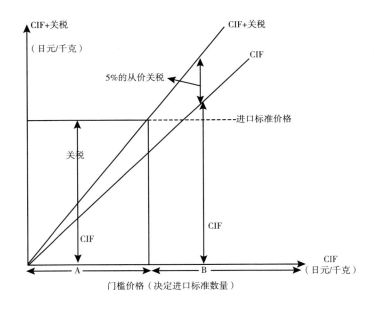

图2　日本进口猪肉的门槛价格关税制度

表4列出了日本的重要农产品关税目录（2013年），这些农产品虽然在名义上已经实现贸易自由化，但是它们仍然处于严格的贸易保护下，与实现贸易自由化之前相比，它们的实际状况没有太多变化。而且，除了大米、小麦和大麦以外，这些农产品产地几乎都集中在日本的几个重要农业产区，如北海道、九州、冲绳等地。从某种意义上说，这种贸易保护的背后是对地区经济的支持，即这些残留的农业保护政策实际上是地方经济保护主义政策。一般来说，农业保护的说，农业保护的主要支持力量是农户、政客、官僚、

表 4 2013 年日本的重要农产品的关税及相关情况

农产品	从量税（日元/千克）	从价关税等量（%）	国内产量（1000 吨）	农户数量（1000 户）	农产品产值（亿日元）	占农业产值的比重（%）	主产区	进口数量（1000 吨）	进口/国内产量（%）
大米	341	778	8474	1445	17950	21.92	东北地区、北海道、北陆地区	869	9.3
小麦	55	252	674	86	585	0.71	北海道、北城－关东	5354	88.8
大麦	39	256	168	35	169	0.21	北城－关东、北九州	2084	92.5
脱脂奶粉	(21.3%＋396 日元)	218	170	22	6623	8.09	北海道	9	5.0
黄油	(29.8%＋985 日元)	360	82	—	—	—	北海道	0	0.0
淀粉	119	583	250	36	139	0.17	北海道、鹿儿岛	136	35.2
花生	617	500	20	12	98	0.12	千叶、茨城	78	79.6
马铃薯	2796	990	67	2	142	0.17	群马县	410	86.0
糖	103.1	328	859	40	839	1.02	北海道、冲绳、鹿儿岛	1560	64.5
猪肉	—	4.3	1318	7	5085	6.21	南九州、东北地区	1034	44.0
牛肉	—	38.5	516	74	4406	5.38	北海道、南九州	679	56.8

资料来源：根据日本农林水产省相关资料整理，http://www.maff.go.jp/。

农业协同组合①和建筑公司等既得利益集团。另外，根据农林水产省的观点，大米、小麦、大麦等农作物耕作区域分布的广泛，以及由农业本身的自然属性决定的重功能与作用，如农业保护文化遗产、土地和自然环境等的功能，都是保护农业的重要原因与动机。

正如前文所述，日本目前已经生效的 FTA 自由化程度偏低，其中的重要原因就是农产品没有被纳入自由化范畴。实际上，日本在 FTA 谈判中关于农产品自由化的政策是消除实际上为零的关税，但是在其他领域不会再做出比 WTO 框架下的规定更进一步的承诺。结果，即使是与新加坡这样几乎没有农产品出口的国家签署的 FTA 中，许多敏感农产品也被排除在自由化范畴之外。到目前为止，日本所签署的 FTA 中，如果伙伴国是发展中国家，日本将会为这些伙伴国提供相关农业领域的技术支持，作为避免农产品自由化的代价。但是，在与澳大利亚和加拿大等农产品出口国的 FTA 谈判中，这种战略将不再有效，谈判也将会遇到极大困难。同时，因为农产品贸易自由化始终是日本政府所面临的难题，而 TPP 的一个基本原则就是要消除所有产品的关税，日本政府在决定是否加入 TPP 谈判时曾一度踌躇不前。

四 日本 FTA 政策转变的国内政治动因
——以 TPP 为分析案例

（一） TPP 带来的福利增进与损失

TPP 旨在促进亚太地区的贸易自由化与经济一体化，其目标是自缔结协定之日起，10 年之内消除所有贸易产品的关税，而且没有任何例外。如果这一目标能够实现，TPP 给日本民众带来分配效应的不确定性也将不复存在。粗略地讲，基于部门的贸易模型（如里卡多－维纳模型）认为，

---

① 日本农业协同组合（Japan Agricultural Cooperatives，简称 JA），又称"日本农业协同工会"。其前身是二战前日本农业领域内各种产业的组合以及其他农业团体形成的一个由国家管理的"农业会"。该协会提供农业经营与指导、农业设备设施与生产工具供应、农业信贷与保险、农产品销售、技术咨询和农业劳动的合作化（即共同育秧、共同植保、共同收获）等服务。

会因日本加入 TPP 而从中获利的人群是从事出口导向制造业产业的厂商，他们将会因为进入外部出口市场从而有机会获取更多的利润。另外一个获益较大的人群就是消费者，因为削减乃至消除关税会导致关税消费品价格尤其是食品价格的降低，他们的消费者剩余将因此得以增加。这些收益人群的收入效应是很可观的。根据 OECD 2010 年的研究，为了补贴日本的农户，日本消费者需要支付的食品价格大约是全球市场价格[1]的 1.5 倍，对于日本的一个四口之家，这相当于 66% 的食品消费税和每月 26000 日元的食品开支。[2] 经产省经过估算认为，日本如果不加入 TPP，其制造业将会损失 105 亿日元的产值，相当于 GDP 的 1.5%，还会损失 80 万个工作岗位。

日本加入 TPP 损失最大的当属农户，尤其是生产受到高额关税保护的大米等农作物的农民。据农林水产省评估，加入 TPP 之后，农业可能面临大约 79 亿日元产值的成本损失并丧失 340 万个工作岗位。除此之外，从事进口替代商品生产的日本制造业也将因为加入 TPP 而遭受损失，但是它们的预期损失比较小，原因在于制造业产品的关税起点已经很低，加入 TPP 而完全减免关税对其的影响远远达不到农业所遭受的冲击程度。另外，许多产业部门如钢铁等夕阳产业早在 20 世纪 70 年代起就开始向海外转移。实际上，截至 2010 年，日本制造业的产值大约有 18.4% 来自海外。

总而言之，根据传统理论，无论是在日本还是其他发达国家，在自由贸易和经济一体化这一过程中受益最多的是出口企业部门和消费者，利益受到损失的是农户等贸易保护主义者。如何对待加入自由贸易协定对国内政治利益所产生的影响，实质上就是如何衡量这二者之间的利弊得失。

（二）日本国内波及范围广泛的反 TPP 联盟的形成

由于遭遇以农业协同组合为首的国内农业利益集团和政治集团的强烈反

---

[1] 这种全球市场价格指的是没有政府补贴、价格支持和关税而形成的价格。
[2] Kazunobu Hayakawa, Daisuke Hiratsuka, Kohei Shiino, Seiya Sukegawa, "Who Uses Free Trade Agreements?" *Asian Economic Journal*, 27 (2013), p. 249.

对，日本无论是实现 TPP 还是实现中日韩 FTA 都面临很大的难度。尽管从从业人口数量和产业产值来看，农业不是日本的最重要部门（2009 年农业总产值只占日本全年 GDP 的 1%），但是日本对农业部门的保护程度却非常高，这说明来自农业产业部门尤其是农业游说团体的政治力量十分强大。在日本东京的政治权力中心永田町和重要部门及省厅的所在地霞关，农业游说团体的运动不容忽视。日本不愿意就各种农产品进行谈判也是迫使日韩 FTA 搁浅的原因之一。根据传统的贸易理论，由于日本加入 TPP 而产生的财富分配效应将使日本社会被清晰地划分为以出口企业、消费者为代表的受益者和以农户为代表的利益受损者。可是实际情况是，反对 TPP 的社会同盟阵线覆盖范围和反对力量都远远超过传统理论的预期。尽管农业从业者的数量很少，2011 年只有 260 万人，可是从 2011 年起不到 10 个月的短时间内，农业协同组合竟然递交了 1100 万份反对日本加入 TPP 的请愿书，这已经覆盖了 10% 以上的全日本有投票权的合格选民。从此次政治动员行动的广度来看，可谓声势巨大。与之形成对比的是，在福岛核事故之后，日本全社会也发起了一场反对核能政策的政治运动。可即使是在这样具有震撼效应的政治事件中，总共只有 320 万份要求制定反核政策的请愿书被递交，还不及反 TPP 运动的三分之一。[1]

表 5 说明了自 2010 年 12 月农业协同组合以及相关立法委员发起反对 TPP 政治运动以来 TPP 的支持者与反对者数量的变化。在政治运动开始之前，全日本代表性样本库中，有 61% 的受访者支持日本加入 TPP，而 18% 的受访者反对。随着时间的推移，这一比率发生了变化。2012 年 12 月日本下议院选举期间，当自民党领导的贸易保护运动风生水起之时，反对日本加入 TPP 的受访者上升到了 34%。日本的反 TPP 联盟浪潮还波及了本国的政治精英阶层。2011 年，在日本全国农业协同组合的组织下，480 名日本下议院立法委员中的 232 人签署了反对日本加入 TPP 的请愿书。除此之外，TPP 的反对者还包括 97 名民主党立法委员（占日本民主党下议院立法委员总数的 32%）和 92 名自民党立法委员（占自民党立法委员总数的 85%）。尽管时任首相野田佳彦已经清楚地表明民主党的立场，即支持加入 TPP，作为时

---

[1] Min-Hua Chiang, "The Potential of China-Japan-South Korea Free Trade Agreement," *East Asia*, 30 (2013), p. 211.

任执政党的民主党内部在 TPP 问题上却能够出现如此大规模的临阵倒戈，这在日本政坛实属罕见。[①]

表 5   对 TPP 的公众支持率

单位：%

时　期	受访者支持比率	受访者反对比率
2010 年 11 月	61	18
2010 年 12 月	58	27
2011 年 2 月	57	24
2011 年 10 月	51	23
2011 年 12 月	50	30
2012 年 12 月	44	34
2013 年 5 月	55	28

资料来源：《读卖新闻》2010～2013 年。

这就带来了一个疑问：日本国内关于自由贸易协定的政治博弈的胜负依据是什么？如果仅仅是依据传统贸易理论，通过在这一过程中的潜在受益者和利益受损者之间的人数比较来确定该政策的优劣，那么显而易见，受益者人群覆盖范围要远远大于遭受损失的群体。可是事实情况是，TPP 的支持者们相对于反对者的优势并不明显，日本加入 TPP 的进程始终步履蹒跚，原因何在？实际数据的调研结果表明，反对日本加入 TPP 的应是强大的农业协同组合等农户利益联合体。可是事实上反对 TPP 的阵营还涵盖了相当大的非农团体，这股势力甚至占据了主流。我们认为，一个强大的保护主义联合团体的出现，需要两个相关联的条件：第一，即将发生的自贸协定所产生的分配效应的不确定性会在社会上产生一大批不确定的利益受损者，也就是说，有很多利益团体及个人无法识别自身在这个自由贸易协定中到底会获取利益还是遭受损失；第二，由于自由贸易协定而确定遭受损失的利益团体及个人会形成一个团结的组织，并发动自身所拥有的各种政治经济资源开展政治运动，通过游说劝服那些对自由贸易协定的未来持不确定性观念的公众。

[①]　Megumi Naoi, Shujiro Urata, "Free Trade Agreements and Domestic Politics: The Case of the Trans-Pacific Partnership Agreement," *Asian Economic Policy Review*, 8 (2013), p. 337.

（三）关于 TPP 分配效应的期望值：不确定性的来源

TPP 对日本总体经济形势及普通民众的影响的不确定性主要是由两个重要的原因引起。

首先，这是由 FTA 谈判本身的属性决定的。这种不确定性与自由贸易协定本身的内在特征有很大关联，是谈判结果的自然属性所决定的必然结果。尽管 TPP 承诺要毫无例外地消除所有贸易商品的关税，然而对于是否把敏感产品排除在自由贸易协定谈判之外，各界仍有很大的争议。实际上，主流媒体都在报道安倍内阁和奥巴马政府已经就 TPP 的例外问题达成一致，即 TPP 关于杜绝例外条款的约定也并非百分之百的不可变通，把部分敏感产品排除在谈判条款之外并非不可能。上述信息传开之后，《朝日新闻》再次披露相关消息，指出日本共产党党首认为日美联合声明并没有暗示两国将会就所谓的例外条款达成一致。

当今全球范围内签署的 FTA 除涉及减免或消除关税之外，还涉及其他诸多领域，如投资保护、知识产权保护、劳工标准和服务贸易等。随着世界经济范畴的日益扩展和深入，FTA 涉及领域日趋复杂，这增加了 TPP 福利分配效应的不确定性，对于服务部门的从业者和消费者来说尤其如此。实际上，反 TPP 比较流行的运动宣传口号是"TPP 并不是一项自由贸易协定"以及"TPP 破坏了我们的农业和生活"。2010 年年末至 2011 年年初，当日本农业协同组合发起反 TPP 政治运动时，各种媒体和网络开始对 TPP 谈判进行全方位报道与信息披露，向大众详细介绍了 TPP 谈判的细节，如 TPP 谈判分为 24 个特定工作组，涵盖领域包括移民（劳工）、政府采购、知识产权保护、跨境争端解决等。在媒体获悉这方面的消息细节之后，这些信息就迅速蔓延开来，随之扩散的还有未经证实的传言。其中一个影响较大的传言是，美国将会在 TPP 的谈判议程中逐渐削弱甚至废除日本的国家医疗保健制度，意在促使日本在其国家医疗保健制度中引入以市场为导向的医疗服务和药品价格体系。可是事实上，没有一项文件或讲话声明能够为这项传言提供证据，美方贸易代表温迪·卡特勒（Wendy Cutler）以及政府也都明确否认了上述传言。尽管如此，TPP 的反对者很快就把话题转向了"TPP 将会怎样摧毁国家医疗保健体系"。

第二个原因则纯属政治行为。绝大多数日本民众只能通过精英群体了解即将到来的自由贸易协定所产生的福利分配效应，精英群体包括官僚与政客、经济学家以及大众媒体人等。这样的信息传播渠道必然受到精英群体本身价值取向的影响，其传播信息的客观性就难以保障。掌握媒体资源的精英群体发布的信息经常是带有政治倾向性的，也必然在不同程度上为其所支持的政策主张摇旗呐喊。这种为自己偏好、支持的政策进行的一切努力（主要是通过各种媒体进行的宣传活动）都可以称之为政治运动。立法委员以及政治党派都有进行政治运动的动机。从自身利益来讲，可以拉选票以便赢取连任；从政治目标上来看，则可以在国会中获得多数支持，以便达到自己对自由贸易协定或促进或阻碍的目的。

（四）关于 TPP 的公众舆论形成的决定因素

为了研究民众如何形成对 TPP 的态度，笔者引用久米郁男和直井惠于 2012 年 1 月做的一份民意调查问卷分析，被调查者有 3798 人，年龄从 20 岁到 69 岁，从事的职业包括制造业、建筑业、零售与服务业、医疗和福利服务行业等。

根据已有文献的观点，公众的贸易态度取决于其对自身利益的关注。美国的曼斯菲尔德（Mansfield）和穆茨（Mutz）做过类似调查，他们发现美国公民对贸易制度的态度取决于他们认为贸易会怎样影响国民经济，而不是他们个人的利益会受到多大冲击。他们把这种机制叫作公共舆论形成的"社会回归性"，与之对应的是舆论形成的个体性。曼斯菲尔德和穆茨并没有直接探寻到这些社会回归性偏好的来源，他们暗示这样一种论点，即大众媒体对于国家经济的报道（如失业率和股票市场）能够形成公民的社会回归意识。

然而，即便日本的大型媒体公司（如读卖新闻集团、朝日新闻社以及相关的电视媒体集团）都或多或少带有支持日本加入 TPP 的倾向，关于 TPP 对日本经济的效果，调查结果还是呈现了两极分化的态势。受访者中有 35% 认为 TPP 将对日本国民经济产生积极的影响，而 25% 的人认为这种影响是消极的。

我们已经知道，决策者和特殊利益集团的政策运动能够极大地塑造公众对 TPP 的态度。公众对 TPP 所能够产生的福利分配效应的了解，主要是来自政治精英发动的政策运动，或是来自媒体的相关报道。遗憾的是，这种媒体振道更多是从政治角度出发，而不是从经济分析的视角进行理性分析。也就是说，媒体报道的并不是 TPP 对于日本国民经济有何影响（如失业率是否会因为加入 TPP 而上升，出口产业是会因此遭受冲击还是得到发展等），而是主要报道有政治倾向性的政客官僚如何看待 TPP。这样一来，公众面临一个信息严重不对称的局面，政客精英们对公众 TPP 印象的形成产生决定性的影响。

政治党派在表明自身 TPP 政策立场的时候，其政治战略是为了实现两个目标：第一，立法委员表达（或隐瞒）其对 TPP 的立场（支持或反对），为的是拉选票和竞选筹款以便最终实现连任；第二，为了体现政策的民主性，自由贸易协定的签署需要获得国会的多数票通过，这就意味着党派领导人需要动员多数派的支持（要超过参加议会会议的立法委员总数的 51%）以实现其政治目标。其政治目标要么是使 TPP 协定能够生效，要么是使该协定因无法获得正式批准而搁置。民主制度的多数同意原则使政治说服的作用越来越重要，因为加入 TPP 的经济影响具有很大的不确定性，政治说服能够把这种政策不确定影响的可能获益者或利益受损者拉到自己阵营中。对是否支持日本加入 TPP 的调查问卷进行概率值分析法研究的结果表明，党派倾向性实际上是所有因素中最重要的。

久米郁男和直井惠的民意调查问卷的分析结果显示以下几点。

第一，在被调查人员当中，教育背景良好、具有较高收入、在进出口企业工作或是在具有海外生产业务的企业工作的人群更加倾向于支持 TPP。这与强周以技术为基础的斯托尔珀－萨缪尔森定理①相符合，还与梅里茨模型

---

① 斯托尔珀与萨缪尔森在其 1941 年的论文《保护主义与实际工资》中提出，课征关税会对一国国内的生产要素价格以及国内收入分配产生影响，也就是说一国实行贸易保护主义将会提高相对稀缺要素的实际价格。这一西方经济学理论就是斯托尔珀－萨缪尔森定理（Stolper-Samuelson Theorem，简称 "S－S 定理"）。根据该定理可以推论国际贸易即使能够促进贸易参与各方整体的福利增进，但是这种福利增进在全社会是不平衡的，甚至不是普遍存在的。因此，一国参与国际贸易或加入某经济一体化组织会对本国各要素、各利益集团的收入分配格局产生深远的影响。斯托尔珀－萨缪尔森定理对只有自由贸易才能产生各国福利的净增长的新古典贸易理论提出了质疑，也解释了为什么在各界普遍认同自由贸易是国际经济往来的最优选择的情况下，每个国家还都存在强大的贸易保护主义势力。所以，该理论的政策主张是，在国内各生产要素可以自由流动的条件下，国家需要动用关税来保护利用稀缺要素来从事生产的部门，以维护该产业部门的利益。

的异质性企业模型①相符合，两者都认为以外国市场为目标的企业将会在进一步的贸易自由化中获得利益。这一点符合经济模型对于公众对待 FTA 态度的分析结果，也是这些结果中唯一能够由传统经济模型解释的结果，其余结果都超出了该理论所能解释的框架。

第二，受访者所处的行业部门对其公众舆论的形成影响不大。至于受访者所在的部门，无论是在公认的能够从 TPP 获益的制造业部门，还是在加入 TPP 后很有可能遭受损失的农业、建筑业和医药行业部门，受访者对于 TPP 的态度与从事其他行业的应答者在结构上并没有实质性差别。受访者中的低收入人群以及临时工与中等收入人群以及常规合同工之间也没有表现出系统性的差别。农业部门的从业者（农民）与服务部门的从业者相比，也并没有表现出更强的保护主义或自由贸易的倾向。

第三，受访者的社会与政治属性对公众态度的形成有很大影响。调查问卷的分析结果表明，受访人群的社会与政治属性与他们对 TPP 的态度联系更紧密。首先女性对 TPP 的支持度要比男性低 10 个百分点，性别的影响是所有经济与社会属性（收入、年龄、教育、性别）中最明显的。其次，民主党（开展调查的时任执政党）的支持者对日本加入 TPP 的支持度比非党派人士要高 21 个百分点，党派倾向是所有因素当中影响最突出的。自民党和民主党的支持者中选择"不知道"的受访者的占比比无党派人士低 10 到 20 个百分点。有一部分受访者在被问及关于日本加入 TPP 的问题时更加倾向于选择"不知道"，表明这部分公众对于 TPP 所能产生效果的不确定预期，他们正是党派政治运动竞争需要争取的人群，党派需要把自身关于 TPP 的福利再分配效应的观点传播给这部分持不确定态度的公众。

总而言之，公众整体对 TPP 的态度似乎主要是由党派竞争塑造的。而斯托尔珀 - 萨缪尔森定理和里卡多 - 维纳模型所倚重的经济上的自我利益考虑并没有对公众态度产生足够的影响。

① 梅里茨模型（Melitz Model）即异构贸易模型，是"新贸易理论"的代表理论之一。该理论系统分析已执行企业与出口比较优势之间的关系，即决定一个企业能否出口的关键因素是什么。该模型预测出口企业（这里指的不是制造业整体）将会从进一步的贸易自由化进程中获利，而且出口市场上关税的削减还会降低进入门槛，使生产效率相对较低的出口企业加入，从而增加出口企业的数量。该理论模型解释了国际贸易新的收益来源，即通过选择效应引导要素在企业间重新配置，实现资源利用效率的最大化，从而提高平均生产率。

（五） 贸易保护主义政治动员对公众关注度的影响

当今社会，公众对某一事件的关注度可以从因特网的搜索数量上得到反映。通过研究谷歌等搜索引擎的相关关键词的搜索量，笔者发现"TPP"的搜索量有三个时间呈现明显的上升趋势：第一，2010 年 11 月 14 日，时任首相菅直人在横滨的 APEC 会议期间表达了日本有参与 TPP 谈判的兴趣；第二，2011 年 11 月 11 日，时任首相野田佳彦宣布日本政府将与 TPP 的相关国家重启谈判；第三，2013 年 3 月，首相安倍晋三宣布日本正式加入 TPP 谈判。根据传统的观点，国际贸易在政治事务中并不占有制高点，然而事实却表明，TPP 的确引发了日本公众的极大兴趣和高度关注。在 2011 年 11 月民众最关注 TPP 时期，TPP 的受关注度达到 2011 年 3 月发生福岛核事故时日本公众对辐射关注程度的一半。

从对 TPP 关注的地域分布上看，2010 年，47 个地区中只有 8 个表现出对 TPP 的关注，最为关注的地区是北海道地区。这在道理上是说得通的，因为农业协同组合在 2010 年 10 月开始发动反对 TPP 的政治运动，在地区层面上，北海道是一系列敏感型农产品的主产区。但是除了北海道地区之外，对 TPP 保持关注的还包括东京、神奈川、福冈、千叶和兵库县在内的都市地区，以及以制造业为主的爱知和静冈等地区。其实对于 TPP 的关注还不能完全反映公众对 TPP 是抱有支持还是反对的态度，但是对于 TPP 关注程度的地理分布能够表明相比于乡村地区居民，受过高等教育的个人，以及制造业企业、进出口企业和其他有国际经贸往来企业的从业者，更多在网络上关注 TPP。

但是在 2011 年，情况出现了变化，因为贸易保护主义运动在这一年达到了顶峰，支持贸易保护主义的民众也开始迅速增加。如岛根、鸟取、佐贺和高知等以农业产业为主的地区，虽然人口稀少，但是对 TPP 的关注程度明显上升。为了说明 2010～2011 年这种地区间关于 TPP 关注程度的变化，实际调查采用了两个变量，即主要产业（农业、林业和渔业）的劳动力比率以及在大选中民主党和自民党选票在单席位选区的差距。研究结果表明，受损失最大的利益团体（如农业部门）能够充分利用其各种资源来发动广泛的保护主义联盟。调研结果还表明，在自民党占有优势的地区以及农业地区对 TPP 的关注度增长最快，而都市地区和两党势均力敌地区的增长相对较慢。该结果也支持本文前述论据，即大众媒体推动的保护主义和政策运动不可避免地带有党派倾向属性。

五　总结

实际调查结果从两个方面对关于国内阻碍经济改革方面的传统观念提出了挑战。第一，现有文献关注阻碍改革的特殊利益群体的力量，以及既得利益集团如何利用较低的制度门槛去绑架立法者，但是无法充分解释为什么有那么多非农利益集团反对 TPP。第二，根据日本关于 TPP 的争论，日本农业利益集团迅速增长的影响力令人费解。因为从制度的角度看，日本 1994 年的选举改革把更多的权力赋予了党派领导者而不是后座议员，而且与生产者相比较消费者所获得的权力更多。这些变化理应赋予自由贸易消费者更多的权力，为改革创造条件，然而事实并非如此。研究发现，即使设定了较高的制度门槛，特殊利益集团仍然可以通过公众来影响贸易政策，主要是引导持不确定性态度的公众来反对贸易协定。

此外，党派对 TPP 的态度有时也模糊不清、前后矛盾，而且并没有把 TPP 所带来的福利分配的真实意义告之公众。在 2012 年下议院选举时，自民党曾许诺要反对 TPP。但是在 2013 年 3 月安倍宣布日本正式加入 TPP 谈判之后，整个社会并没有出现过多的强烈反响。透过这一比较奇怪的现象，我们能够较为明显地了解精英塑造公众观念的能力。《读卖新闻》的调查显示，自从自民党重新执政以来，民众对 TPP 的支持率增长了 11%，日本正式加入 TPP 谈判也正是在自民党执政时期。尽管这还不是一个固定的目标，但是之所以缺少激烈的抗议，一个可能的解释是自民党已经与农业协同组合达成协议，承诺在将来的 TPP 谈判中将政治敏感产品排除在外，如果未做到，自民党将会给予充分补偿。

那么，对于那些能够在 FTA 获利的利益团体，它们也需要发动更广泛的促进贸易的联合。第一，FTA 的潜在受益者尤其是具有竞争力的以出口为导向的企业，需要动用资源来支持 FTA 的政治运动，强调消费者所获得的收益以使其获得公众广泛的支持。第二，党内分歧会阻碍日本迈向贸易自由化的步伐，可以通过制度化改革，增强首相在自贸协定谈判中的权力，这或许会成为最直接的解决方案。实际上，近期关于 TPP 的决定似乎在暗示后座议员愿意给内阁最后的决议授权,立法委员也很清楚集中决策的重要性,适当的权力集中能够帮助领导人推进经济一体化进程,摆脱既得利益集团的干扰。第三,因为在日本网络上弥漫着比较浓重的反美情绪,持这种情绪的网络右翼分子也会更倾向于反对 TPP。所以,促进自由贸易的利益团体应该向公众强调这样一个事实,即美国一些重要的产业集团(如汽车产业等部门)也十分担心并强烈反对日本加入 TPP,这种与 TPP 有关的美国国内政治状况的信息报道将会向日本公众清楚地表明,如果日本加入 TPP,美国在自贸协定谈判中也不是百分百的赢家。

总体来看,日本的 FTA 政策至今仍然没有改变进口保护的本质。尽管在推进经济一体化和自由贸易过程中获得利益的群体希望 FTA 起到经济增长发动机的作用,但是实际上由于农民对自贸协定的强烈反对,以及社会公众对弱者的同情情感,在已经签署的 FTA 中,日本政府成功地把农产品排除在了自由贸易范畴之外。

通过对民意测验的研究,我们能够得出关于 TPP 公众舆论形成的几个关键原因。最令人震惊的结论是,农业和其他保护主义利益集团在动用其政治资源发动广泛保护主义联合体时展现了惊人的能力。这揭示了动员的信息机制,即充分利用不确定利益受损者的存在,并通过杠杆效应放大这种影响力。弥漫于社会公众的不确定性最终保护了不具有竞争性的农业部门,当然这以牺牲具有竞争性的制造业部门和沉默的消费者的利益为代价。该机制运行原理如下:不具有竞争性的农业及其联盟具有足够的政治和金融资源,拥有政府的保护(以补贴或价格支持的方式),并且能够向立法委员提供有组织的政治支持。利用这些资源,农业等不具有国际产业竞争力的部门集中力量,尤其通过网络等新媒体,发动反 TPP/FTA 的政治运动,这些运动能够引发对 TPP/FTA 的大规模反对。所以,即使日本已经正式签署 TPP,其国内围绕 TPP 进行的集团间利益纷争、党派间政治角力以及社会政治运动都不会由此而趋向平静。正在进行中的日韩 FTA 谈判还会如何影响日本的国内政治局势?日本国内的各种政治势力会对其 FTA 政策的形成产生什么样的影响?公众舆论与国内政治在 TPP 谈判中的政策形成机制的作用就是一个很好的参考借鉴。

Evolution of Japan's FTA Policy and Its Domestic Politics Motives

CHEN Zhiguo

Abstract   The FTA policy of some countries is greatly affected by its domestic political and economical factors. The widespread public debate over Japan's participation in the Trans-Pacific Partnership Agreement (TPP) has been aroused recently, and Japan's domestic politics has been deeply affected by this dispute. Almost all the relevant groups with vested interests launched political campaigns led by elites to express their political appeals. Although Japan already signed TPP Agreements in Feburary 2016, during the stage of negotiation and before and after the signing of the agreement, the opposition side of the TPP has encompasses a much broader segment of society than what is predicted in trade theories. A broader protectionist coalition has emerged through the persuasion and policy campaigns led by elites, and protectionists are utilizing resources to persuade the uncertain public. This paper is designed to discover the formation of Japan's FTA strategy by focusing on the domestic politics in Japan relating to TPP. Various phenomena and disputes in Japan remind us the necessity to study the formation mechanism of Japan's FTA policy. The condusion can also be applied to the ongoing China, Japan and South Korea FTA negotiation.

Keywords   Japan; Trans-Pacific Partnership Agreement; Free Trade Agreement; Domestic Politics; Public Opinions

中日韩 FTA 与投资协定互动对域内投资的影响分析[*]

崔 健 周博闻[**]

【内容提要】 在区域经济一体化过程中贸易与投资的自由化相互影响和促进，已经签署的《中日韩投资协定》和正在进行的中日韩 FTA 谈判必然存在密切的关系。根据自由化程度和区位优势强弱的差别，在中日韩 FTA 下域内投资在各产业中会呈现不同的表现形式，同时，中日韩 FTA 下的投资活动尚存在一些主要障碍与问题。为此，中国在增强与日韩的政治互信、加快 FTA 建设的同时，还要在积极引导日韩企业对华投资和鼓励更多中国企业对日韩投资两方面采取行之有效的措施。

【关键词】 中日韩 FTA 投资协定

一 区域经济一体化中贸易与投资的关系

区域经济一体化最典型的是指区域内国家间贸易壁垒和投资限制的减

---

* 本文是国家社会科学基金一般项目"日本国家经济安全战略转变及我国对策研究"（项目批准号：13BGJ012）和吉林省社科基金一般项目"吉林省积极承接东日本大地震后日本产业海外转移的机遇与对策研究"（项目批准号：2012B23）的阶段性研究成果。

** 崔健，吉林大学东北亚研究院教授、日本研究所研究员，主要研究方向为日本经济、东北亚区域经济；周博闻，吉林大学东北亚研究院世界经济专业博士研究生，研究方向为世界经济、日本经济。

少，区域经济一体化主要表现为贸易和投资的自由化，二者之间存在密切的联系。

（一）贸易自由化对外国直接投资（FDI）的影响

贸易自由化对 FDI 的影响可以从经济现象和经济制度两方面来认识。从经济现象来看，贸易自由化给 FDI 带来的影响主要有两种：一种是贸易壁垒高低对 FDI 的影响；另一种是通过市场不能充分有效交易特有无形资产而产生的交易成本影响企业的内部化需求，从而对 FDI 的影响。从经济制度来看，自由贸易协定所考虑的特殊投资规定以及其他制度上的变化必然会给 FDI 带来影响。

1. 贸易自由化的影响：关税跳跃（tariff-jumping）和内部化优势

早期关于国际贸易与外国投资之间关系的研究大都认为二者是相互替代的。由于贸易壁垒会对两个国家之间的资本边际收益产生影响，因此贸易壁垒在一定条件下会导致资本的国际流动或直接投资增加（由于这种投资的目的是为了绕过关税壁垒以便克服贸易障碍对资本效率的抵消作用，因此一般被称为"关税跳跃投资"）。反之，降低关税就会减少流量甚至刺激跨国公司召回国外资本回到母国投资。尽管存在关税跳跃投资，但现在更多的研究开始强调另一种 FDI 形式，即把对无形资产的开发作为一种主要的外国投资动机。[①] 由于东道国的公司更加了解当地市场和消费者偏好，以及有更多经营实践等，为了能够在外国市场进行强有力的竞争，拥有国际视野的公司必须具备一些本公司所特有的无形资产，如技术与市场营销方面的专业知识。这些资产的有效开发利用有时候需要公司通过建立海外分公司对跨国经营进行内部化调整。当然，跨国公司也可以通过技术贸易、经营许可等形式，在市场上获得或出让无形资产。但是由于无形资产的特殊性使其在市场交易中会承担巨额交易成本，因此当国家之间存在非正式的贸易壁垒时，FDI 能很好地规避其弊端。

根据上面的观点，下面分别分析贸易自由化对域内各国间、域外国家向域内国家的关税跳跃型和内部化型直接投资的影响。

---

① R. E. Caves, *Multinational Enterprise and Economic Analysis*（Second Edition）（Cambridge: Cambridge University Press, 1996）.

　　首先是贸易自由化对域内各国间 FDI 的影响。关于关税跳跃型的 FDI，一般认为贸易自由化会导致投资流动减少，因为关税降低更能激起来自母国出口的动力，通过减弱跨越关税壁垒来服务于区域市场的投资动机。但是，总体来看，区域一体化不会导致投资减少或者投资回流，主要是因为相对于关税跳跃型 FDI 而言，无形资产的内部化开发型 FDI 在区域经济一体化中逐渐成为主流。事实上，由于跨国公司能够更有效地进行跨国合作，区域贸易壁垒的减少能够刺激在相关贸易伙伴之间的总 FDI 流量的增加。这一观点在垂直一体化的 FDI 中表现得更加充分，在垂直一体化模式中，根据东道国的区位优势，跨国公司的不同子公司具备专业的经营能力。而且，对于一个企业而言，形成跨国分工规模的先决条件是营造一个可预测的自由贸易环境。总而言之，随着贸易壁垒的减少，那些最初贸易限制低的国家很有可能从不断增加的区域内 FDI 流量当中获利，因为这些国家不太可能受到进口替代效应的影响。

　　其次分析贸易自由化对域外国家向域内国家 FDI 的影响。说到区域间的 FDI 流量，无论从关税跳跃型还是内部化型 FDI 来看，随着贸易自由化的推进，域外国家向域内国家的投资流量都会不断增长。在两种情况下，来自非成员国对区域内的投资流入能够明显增长。一种情况是由于区域贸易协定的签署使平均保护水平上升，另一种情况是协定的签署会使非成员国对未来保护主义的担心逐渐上升。如果引入的 FDI 成交量最初被单个国家市场的有限规模限制，那么投资协定的签署也会使外资流量有所增长。这是因为区域内共同市场会打破个别国家国内市场规模的限制，有足够大的规模来容纳新建外国子公司固定资本的注入。FDI 流入的激增可能不会均匀分布，而是集中在一些有着最强劲区位优势的地理区域。此外，金德尔伯格（Kindleberger）指出应该把"投资创造"作为一个由贸易协定所带来的贸易转移的可能。"投资创造"指的是非成员国企业对于区域间贸易的一种战略性投资。这是因为当贸易壁垒已经不阻碍区域内贸易时，先前非成员国企业的贸易伙伴会把目光转向成员国企业，所以失去出口市场的非成员国企业不得不另辟蹊径，加强对成员国的投资。①

---

① C. P. Kindleberger, "European Integration and the International Corporation," *Columbia Journal of World Business*, Vol. 1 (1996), pp. 65 – 73.

2. 自由贸易协定所考虑的特殊投资规定以及其他制度上的变化对 FDI 的影响

贸易协定的签署可能导致 FDI 流入的限制减少甚至被彻底消除，从而使资本流动更加自由化。FDI 流入也可能会为"国民待遇"的规定所鼓励，这一规定保证了外国投资者不会享受比本国投资者差的待遇。一体化协定也涉及清晰的调解纠纷机制，某种意义上，这样的机制是有效的，它们理应减少参与国之间的贸易和投资纠纷，从而鼓励 FDI。

与贸易相关的投资措施（TRIMs）也能够刺激 FDI 流入。例如为了实现特定出口目标而设立国外分支机构、为了避免被直接或间接征收而保证投资者产权的安全等内容在贸易协定中可能会被确立下来。在这一背景下，贸易协定的一个显著作用就是有可能"锁定"参与国的经济改革，通过把改革决策水平从国家提高到国际，贸易协定可能创造一个对外国投资者而言更可预知的政策环境，否则外国投资者可能会担心纯粹的国内改革努力仅仅是暂时的，而且当政治制度发生变化时，各种各样的限制因素又会被再次引入。这样的协议对发展中国家来说可能更为重要，因为在这些国家中政治风险经常被认为是限制外国投资流入的主要因素。此外，与政策风险相比，市场驱动逐渐成为影响资本投资决策的一个更加强有力的因素，在要素禀赋方面的国际差异性应该成为投资区位决策的强大推动力，这些因素会强化 FDI 集中在一体化区域内最有吸引力的投资区位上。

（二）FDI 对贸易自由化的影响

20 世纪 90 年代以来，区域经济一体化的快速发展，既是世界经济、政治发展不平衡规律作用的必然结果，也是各参与国经济发展、政治诉求的客观需要。跨国公司作为 FDI 的主体，通过 FDI 提高了东道国生产的专业化、国际化协作水平，扩大和加深了国际分工，推进了相关国家加强政策协调、采取统一的贸易投资的进程，从而推动了区域一体化的发展。

作为当今比较成功的区域经济一体化组织，欧盟（EU）和北美自由贸易区（NAFTA）的成立主要得益于跨国公司在区域内大量投资使区域内比较优势上升，相关国家相互分工加强，经济依存度增强，这为推进区域一体化、域内贸易自由化创造了条件。在 NAFTA 中，来自美国和加拿大的跨国公司长期对墨西哥进行区域内投资，使自贸区分工合理，经济依存度较强，自贸区建设稳步发展。在自贸区建成前的 35 年时间里，美国企业在墨西哥的 FDI 总额增长超过 10 倍。美国是墨西哥在全球最主要的投资者，墨西哥引进的 FDI 中 60% 来自美国。鉴于美、加跨国公司在区域经济一体化中的积极作用，1992 年联合国贸易发展组织发布的世界投资报告称 NAFTA 为跨国公司导向型的区域一体化组织。

具体来看，FDI 对贸易自由化乃至区域经济一体化的影响体现在下面几个方面。

1. FDI 提升了区域内相关国家的比较优势

在区域经济一体化发展初期，通过削减投资壁垒以吸引 FDI 流入往往是政策着力点，区域内企业通过引进外资来调整自己的战略，适应扩大了的市场，并能有效利用区域内可供资源。跨国公司在区域内投资，完善自己的产业分工，这种分工所形成的规模效应可以增加跨国公司的竞争优势，同时促使区域内各国根据自身的资源重新定位自己的竞争优势，相应地提高了区域内各国的比较优势。FDI 的增加使更多的国家加入新的国际分工并从中受益，这些国家更积极地加强区域经济合作，从而推动了贸易自由化进程。

2. FDI 促进形成了区域内经济一体化基本规则

经济如果只在一国之内封闭运行就不需要国际规则。当资本开始国际化时，东道国在制定外资政策过程中，为了增加对 FDI 的吸引力，一般情况下会改变国内立法，接受国际惯例，对投资便利化的规则，如最惠国待遇、国民待遇等原则予以认同。如墨西哥在 20 世纪 80 年代末期为了吸引 FDI 而改革其国内的投资政策，适应跨国公司在其国内的投资需要。可见，FDI 的流入在给东道国和跨国公司带来经济利润的同时，也使东道国实行更为开放的对外经济发展政策，优化了东道国的投资环境，向国际标准迈进。

3. FDI 深化了区域内市场

FDI 扩大了区域内、外的交流与合作，促进了资源的合理有效配置，进一步扩大贸易量，使区域内市场深化和扩大，促进区域一体化得以实现。如果区域内国家大多陷入经济困境，一体化组织会迅速被建立以进行应对。东盟成立以前，尽管日本及新兴工业化国家对其投资较多，区域内成员分工与联系较广，但东南亚国家对外经济合作的重点仍在美日等发达国家，对其内部的比较优势没有足够的重视。20 世纪 80 年代世界经济衰退、原材料价格下跌，东盟国家产品出口量因此大幅减少，经济开始下行。因此在马尼拉召开的第三次东盟政府首脑会议明确要求加强区域内成员的相互合作，从而使东盟经济合作进入快速发展阶段。

4. FDI 深化了相关国家的联系，促进了生产要素跨地区流动

跨国公司的直接投资，在促使资本从母国流向东道国并满足东道国对资本需求的同时，由于国家间货币制度的差异，可能给跨国公司带来汇率风险，也会增加交易成本，这使跨国公司从自身利益出发促进国家间货币领域合作。另外，跨国投资还使国家间人员流动更加频繁，而烦琐的出入境手续增加了人员流动成本，东道国会从吸引 FDI 角度加强与母国合作，减少人员流动障碍，多方面推进区域间一体化进程。

二 《中日韩投资协定》及其与中日韩 FTA 的关系

（一）投资协定与贸易协定

投资协定是指国家、地区之间针对有关跨境投资的事宜，为了更好地保护、促进投资和打破投资壁垒而签署的条约。投资协定大多针对外国直接投资和外国间接投资（FII）等情况，缔结投资协定的国家或地区承诺对流入境内的外来投资按协定规定的标准执行。通常情况下，协定同时列出解决争端的程序，以应对出现承诺无法实现的情况。

签署投资协定是国家或地区之间通过制度手段保障和促进相互投资和投资自由化的行为。随着"乌拉圭回合"贸易谈判和世界贸易组织的成立，三个涉及投资问题的多边协定出现，即《服务贸易总协定》《与贸易有关的投资措施协定》《与贸易有关的知识产权协定》。此外，区域、跨区域或多边的优惠贸易和投资协定在不断增加，如 1994 年的北美自由贸易协定，在专业层面涉及投资政策自由化，用单独一章阐述标准，对投资保护、争端解决以及与外国投资者经营的相关问题等作了详细的规定和说明，这些协定开始更集中地开展投资自由化。

统计显示，在过去 20 年的时间里世界范围内签署了大量的投资协定，而在这之前，已经签署生效的投资协定尚不足 400 个。主要涉及最惠国待遇、对外国投资的待遇和保护、公平和平等待遇、国民待遇等，战争和冲突或征用为外国投资者带来损失等有关的赔偿条款也是这类协定的核心内容。

国际投资协定也将参考和规范外国投资资金的跨境转移关系。20 世纪 90 年代之后，投资协定涉及的范围逐渐扩大，包括增加透明度及使用各种手段确保投资自由化的级别等内容，强调投资的自由化。目前，全球投资协定数目总计已有 6100 多个，投资协定越来越多地涉及投资以外的问题，如优惠贸易等。另外，由于其种类和内容日益多样化，几乎所有国家都参与到缔结新的国际投资协定的潮流中，这使全球国际投资协定体系变得非常复杂。

（二）《中日韩投资协定》的签署

1. 谈判的背景与过程

中日韩三国互为邻国，经济总量占亚洲总量近七成，这三个国家的经济发展对东亚经济和全球经济的复苏和发展具有重大意义。在近 20 年的时间里，三国在经贸领域的合作越来越密切，外交部《中日韩合作（1999 ~ 2012）》白皮书所提供的数据显示，自 1999 年以来的 12 年间，三国间贸易额已经从 1300 多亿美元增长了超过 5 倍，中国是日韩最大的贸易伙伴国，日韩也在中国的贸易伙伴中处于重要的位置，分列第 4 和第 6 位。

中日韩三国两两间签署了多个投资协定，如中国和日本签署的投资协定在 1989 年 5 月 14 日生效，中韩两国分别在 1992 年和 2007 年签署了投资协定（2007 年签署了新的鼓励和促进投资协定），而日韩两国也在 2002 年签署了相关投资协定。但是随着当前世界经济出现新变化，这些双边投资协定在形式和内容上都无法反映新的投资关系。

《中日韩合作（1999 ~ 2012）》白皮书显示，尽管 2011 年日本和中国在全球对外直接投资中分别位居第 2 和第 5 位，但是中日韩相互投资额却不到三国 FDI 总量的 6%。另据商务部《中国对外投资合作发展报告》的数据，2011 年中国对外直接投资流量为 746.5 亿美元，较上年增长 8.5%，流向前 10 位的国家和地区的累计投资总额达到 621.23 亿美元，占中国同期对外直接投资总额的 83.2%，可是其中并没有日本和韩国在列。三国间的直接投资流入量也无法凸显其在世界经贸领域的重要地位。

区域内相互投资不足限制着中日韩三国的发展。首先，FDI 是联结东亚生产网络的纽带，FDI 不足将使三国间生产领域的合作无法深入进行。其次，对于欧美等主要发达国家的依赖也困扰着中日韩三国政府，尤其在

2007 年次贷危机爆发后，这种弊端尤为显现。进一步加深三国间的经济贸易合作，扩大相互直接投资，成为中日韩三国政府的当务之急。

鉴于中日韩三国在经济上具有的较强互补性，为加快自由贸易协定（FTA）谈判进程，中日韩三国领导人在 2003 年于印尼宣布就三国投资合作形式在产、学、研界开展非正式的联合研究项目。在 2004 年 11 月召开的中日韩首脑会议上，三国领导人达成了就三国投资协定展开政府间协商的决议。自 2005 年起，三国间经历了 6 轮磋商，到 2007 年三国宣布启动谈判。2009 年举行的中日韩领导人会议上，日方提议三国应尽快签署投资协定，为中日韩 FTA 创造条件，由此加快了谈判进程。在经历了 13 轮的正式谈判后，三方在 2012 年 3 月结束谈判，并于 2012 年 5 月 13 日在北京正式签署了《中华人民共和国政府、日本国政府及大韩民国政府关于促进、便利及保护投资的协定》，简称《中日韩投资协定》。

2. 主要内容

《中日韩投资协定》包含 27 条和 1 个附加议定书，囊括了国际主流投资协定所包含的所有重要内容。

（1）目的

在促进投资自由化上，《中日韩投资协定》基本上沿袭了北美投资协定高标准的特点，又在促进投资与解决投资争端机制上更加灵活且务实。为了给投资带来更加健康稳定的环境，投资协定在最惠国待遇、国民待遇、征收、转移、代位、税收及争端解决等方面对东道国政府行为进行了类似北美投资协定式的约束，尽可能地减少政府在投资方投资过程中的限制，提高投资者地位，加强投资保护，促进投资自由。①

（2）对投资的解释

《中日韩投资协定》是加强三国生产合作的重要手段。协定第 1 条第 1 款提到，中日韩三方认识到对投资的保护和促进投资的逐步自由化将有利于刺激投资者经营的积极性和增进缔约方的繁荣。投资协定对投资进行了定义，认为"投资"指具有投资特征的各类财产，同时这些财产能够被投资者直接或间接拥有或控制。此处采用了广义的投资定义，包括传统的直接投

---

① 李国学：《中日韩投资协议的特征、问题及对中国的意义》，《中国市场》2012 年第 33 期，第 76 页。

资、股权和债券投资，还包括知识产权、特许权、许可和授权等非股权投资。同中日韩间签署的双边投资协定一致，该条约采取"以资产为基础"的投资定义，采用非穷尽式列举，尽量地列出了所涵盖的财产类型，以使投资者明晰地了解该投资协定所保护的类型。[①]

（3）促进投资的规定与措施

《中日韩投资协定》是为鼓励和引导三国间 FDI。其在第 2 条规定，一缔约方应鼓励并为另一缔约方投资者在其境内的投资活动创造有利条件。同时在第 8 条规定，任一缔约方应尽可能按其适用的法律法规，为在其境内从事与投资相关业务活动的另一缔约方自然人在入境、逗留和居住等程序方面提供便利。

投资协定也明确规定了诸如投资待遇的具体情形，保证公正透明的投资原则在协定中也有体现。

（4）例外规则

在投资合作中，《中日韩投资协定》也表现出了务实性与灵活性。为保护国家利益和安全，协定规定了缔约国可以背离部分义务的情形，包括一般例外规则和安全例外规则。如外部环境出现经济危机或本国金融出现严重困难时，政府可以灵活机动地采取措施。例外规则既体现了协定的灵活性，又限定了投资规则的适用范围。

（三）《中日韩投资协定》的签署对中日韩 FTA 谈判的影响

《中日韩投资协定》是三国在经济领域签署的用于促进和保护三国间投资行为的第一个法律性文件和制度性安排，为中日韩 FTA 建立了重要的基础，是具有里程碑式意义的重要合作。它先于中日韩 FTA，独立于中日韩 FTA，又将是中日韩 FTA 的一个重要组成部分。协定将使区域内投资环境更加稳定健康，推动三国交流，加强三国间经贸合作，促进相互投资的自由化，也为顺利推进中日韩 FTA 谈判创造了条件。[②]

在一体化协定达成的先例中，贸易协定通常先于投资协定签署，因为自

---

① 王小丽：《〈中日韩投资协定〉若干法律问题研究》，西南政法大学硕士学位论文，2013，第 3 页。

② 徐梅：《中日韩 FTA 的进展、影响及前景探析》，《日本学刊》2012 年第 5 期，第 112 页。

贸区建设的基础是贸易的自由化，而资源便利化和投资自由化是建立高标准自贸区的途径。《中日韩投资协定》独辟蹊径，先于 FTA 形成，通过鼓励投资，将产生投资对贸易的创造效应和促进机制，促进三国 FTA 的顺利推进和最终签订，为中日韩 FTA 奠定基础。

投资协定旨在为 FDI 创造更加透明和健康的环境，进一步加大双边直接投资规模，推动中日韩经济的进步与发展。投资协定的签署将使当前较为成熟的三国间生产网络更加紧密，使技术、劳动力等要素加速流动，有力地推动三国间经贸合作向更高层次和更深领域延伸。

《中日韩投资协定》的签署也有助于应对美国的经济封锁。在美国高调地宣布重返亚洲并企图以"跨太平洋伙伴关系协定"（TPP）抑制中国时，中国与日韩签署投资协定可以遏制其负面效应。《中日韩投资协定》不是 FTA 的一章，而是一个单独的关于相互投资的条约，在促进相互 FDI 的同时，它还进一步推动了三国 FTA 的谈判进程。《中日韩投资协定》以及未来的中日韩 FTA 对于应对美国所倡导的 TPP 具有宝贵的战略意义。

三　中日韩 FTA 下域内投资的表现

（一）基本模型

区域一体化不可能对所有种类的 FDI 产生同样的影响。但是，我们可以对此进行一个合理概括，即区域一体化应该通过创造更大规模的统一市场、提高整体效率和收入水平来增强区域内的投资吸引力。投资的变化程度与区域协定中具体的贸易和投资自由化方案密切相关。

除了贸易协定内容的差异性，还有几个原因使区域一体化对不同国家和产业部门的投资决策产生不同的影响。如在区域一体化之前已具有相对未受保护和高效国内市场特征的国家在区域一体化过程中有可能在外国投资和本国投资方面迎来强劲增长，原因是拥有低贸易壁垒的国家不太可能利用进口替代型的外国投资（区域一体化可能会使这种类型的投资被撤回或者被转移到其他地区）。先前的贸易与投资结构是决定国家和产业部门如何回应区域贸易协定的又一因素。在签订正式贸易协定之前，由于地理区位、历史条件或其他因素的不同，已经与区域内的贸易伙伴建立密切联系的国家和相关产业可能不会面临较大变化。相反，最初并未建立相关联系的国家和产业可能会面临较大改变。

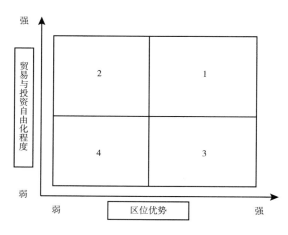

图 1　贸易协定与投资活动的关系

图 1 体现了贸易协定与投资活动的关系。纵轴表示环境的变化，即由于一体化协定的签署导致贸易与投资自由化程度的强弱，这一程度取决于具体协定的属性和区域内的最初政策环境两个方面，随着箭头向上移动，自由化的程度随之增强。横轴表示区位优势，即经济活动在特定区域内所产生的收益率高低，区位优势取决于生产要素的实用性和成本，也取决于与主要消费者市场和总体宏观经济环境相关的地理区位，随着箭头向右移动，区位优势逐渐增强。为了给具体的国家或者产业部门进行合理的定位，根据自由化程度和区位优势的强弱把区域一体化影响下的投资划分为 4 种情况，即 4 个区域。处于区域 1 的国家或产业部门很显然能给投资带来较为积极的影响，它们在经历程度较高的一体化改革的同时，也享受着区位优势所带来的较高收益，因此，来自国内外的投资者都会积极对该区域的国家或部门进行投资，使资本流动呈现更为积极的状态。在区域 2 的国家或产业部门对 FDI 流入的影响可能是消极的，实际投资的潜在可能性会不断下降，具体地说，区域 2 的经济活动受到区域一体化协定的强烈影响，但是这些国家或部门却要遭受其区位劣势的消极影响。处于区域 3 的国家或产业部门具有较强的区位优势，但是对区域协定的影响却不十分敏感，如经济合作与发展组织（OECD）国家现有的正式和非正式贸易或投资壁垒已经很低了，所以它们

并不需要对新签署的区域协定做出较多回应。处于区域 4 的国家或产业部门的经济活动所受影响可能很小。一方面，这些国家或产业部门存在明显的区位劣势；另一方面，区域一体化协议对其经济环境的影响也微乎其微。换句话说，区域 4 的投资决策活动不太可能受到区域一体化协议的影响，这可能是因为某些产业部门被排除在协定内容之外［如欧洲自由贸易联盟（EFTA）或欧洲经济区（EEA）协议中的农业部分］，或是因为某些国家市场太小难以吸引外国竞争者的注意力。

（二）中日韩 FTA 影响下的产业部门投资表现

下面根据上述贸易协定与投资活动关系的 4 个区域，分别说明在中日韩 FTA 影响下具有区位优势差别的不同产业部门在域内投资的表现。

1. 区域 1

在中日韩 FTA 建立的情况下，区域 1 的国家或产业部门的区位优势给 FDI 带来了较为积极的影响。

（1）日韩对中国投资产业

随着中日韩 FTA 谈判进程的不断深化，中国在劳动成本和租金方面的区位优势将刺激日韩企业进一步对中国市场进行投资。日韩企业对华投资主要集中于制造业，这主要是因为日韩生产成本（劳动力成本、土地成本等）相对较高，对于想要扩大市场份额的制造企业无疑是一巨大压力。此外，2010～2020 年中国仍将处于工业化中期阶段，随着中国由工业大国向工业强国迈进，中国重化工业对于国民经济的增长仍将发挥主要作用。这就表明随着技术水平的不断革新、产业结构的不断升级，发展势头良好的重化工业将拉动海外企业对华投资。例如，以汽车产业为主的日本丰田、本田公司，以能源化工、信息通信为两大主力产业的韩国 SK 集团，以制铁为主的韩国浦项等大型跨国企业，在与中方合作的过程中促进了资本流动，也逐渐推动了中国相关产业的优化升级。

除了在劳动力成本、租金等方面存在相对优势外，中国在投资方面的政策环境也非常有利。首先，中国政治长期稳定，有利于日韩企业进行长期投资；其次，中国政府对海外企业投资准入逐步放开，中日韩 FTA 谈判的升级也定会使其向着更为自由便利的前景迈进。目前，许多在中国投资建厂的日韩企业，其高层人员仍由本国人员担任，这些从事与投资相关业务活动的高层人员在中国工作期间可根据法律文件于各个方面获得便利条件。此外，中方在电子信息及通信技术领域也给予日韩优惠的投资政策，降低对华投资门槛。当然，在扩大开放市场的同时，中国应通过技术合作发展本国电子信息产业，塑造电子信息及通信技术的核心竞争力。

（2）中国对日韩投资产业

中国企业对日韩投资主要集中于服务业（尤其是旅游和餐饮业）为主的小规模投资，服装纺织业的投资也颇为显著。有些国内大型服装纺织企业投资的主要目的不是关税跳跃，而是占领日韩两国的海外市场，扩大市场份额，建立品牌效应，增加产品的附加值。随着中国企业竞争力逐渐增强和区域经济一体化的发展，中国企业也会逐渐向日韩增加先进制造业、现代服务业以及传统农业等领域的投资。

2. 区域 2

区域 2 的产业部门或经济活动受到中日韩 FTA 的强烈影响，但同时也受到区位劣势的消极影响。

（1）日韩在高新技术上相对于中国的优势和中国高科技产业的发展水平决定了日韩对中国高科技产业的投资仍旧较为谨慎

中日韩 FTA 的建立，会给中国的高科技产业的发展既提供机遇又带来挑战。一方面，随着 FTA 谈判的日渐深化，贸易与投资壁垒将逐步降低，日韩对华高新技术产业投资将会增加，这可能有助于缩小中国在高新技术产业上与日韩存在的差距。另一方面，中国在高新技术产业上的相对劣势也可能限制日韩在这一领域的对华投资。日本在 20 世纪 70 年代就率先提出了知识密集型产业政策概念，使日本的高新技术产业在之后的 20 年得到迅速发展和壮大。韩国在发展高新技术产业过程中则是充分利用了后发国家的"模仿优势"，依靠日本和美国两大盟友，引进先进技术，通过模仿取得发展。在日韩发展高新技术产业的过程中有一个相同的特点，那就是引进消化吸收再创新。为了保持在高新技术产业上对中国的优势，日韩在这一领域对华投资一直都非常谨慎，因为它们担心中国也会通过引进消化吸收再创新实现高新技术产业的快速发展。

（2）中国对日韩的投资可能被出口替代

前已述及，中国企业对日韩投资主要集中于服务业为主的小规模投资，涉及餐饮、贸易、批发、零售等行业。除此之外，对服装纺织业的投资也颇为显著。但是，由于中日韩 FTA 的建立将使贸易壁垒不断下降，本来属于关税跳跃型的小型服装纺织企业不再需要多此一举到东道国进行投资，直接出口可能成本更为低廉。

3. 区域 3

区域 3 的产业部门虽具有较强的区位优势，但对中日韩 FTA 的影响却不十分敏感。

文化产业是投资回报率最高的产业之一。中日韩文化产业的交流与合作应该说是非常密切的。2002 年 1 月，中日韩文化产业论坛由中国文化部、韩国文化观光部、日本经济产业省联合主办，于上海创立。中日韩文化产业论坛主要围绕"促进中、日、韩三国文化产业交流合作"的中心议题展开。这一论坛的创办使政府性质与非政府性质的交流合作蓬勃发展。

而早在 2001 年 12 月 11 日，中国就已经正式加入 WTO。加入 WTO 对中国来说意味着各产业对外开放水平将进入一个全新的阶段。近几年来，中日韩三国之间在文化产业的多个领域一直保持进出口关税为零的自由贸易，不过文化产业包含的项目复杂而多样，这里仅就与人民生活密切相关的两个文化领域做出简要分析。

一是报刊出版业。入世后，中国对报刊业在零售、批发、建立中外合资经营企业方面都逐步进行了政策上的调整，已经于 2004 年基本开放了投资准入条件，并制定各项法律法规保证其有效合法地实施。二是影视业。虽然在入世初期广电行业相比报刊出版业管制较为保守，但到 2003 年年末，其外资准入的开放程度令人惊讶。如在 2004 年 11 月 25 日，索尼影视娱乐有限公司宣布与中影集团组建中外电视制作合资公司。可见，中日在文化领域的投资并不是始于《中日韩投资协定》签署之时，在此协定签署之前，文化产业的投资准入已经由于中国入世这一重大举措而发生巨大变化。

这里还要指出的是，经中国法律规定，"许多符合合资企业的中方投资人持股比例不得少于 51%"，这一规定符合 WTO 中的"文化例外"原则。对此，中国政府与世界上许多国家态度一样，认为在文化领域不能适用 WTO 贸易自由化原则。然而，随着《中日韩投资协定》的签署，文化领域的开放必将在三国范围内达到更高水平。但是我们要注意到，在中央和地方政府的积极引导、各企业的通力合作下，文化产业的投资壁垒已经很低，所以即使中日韩 FTA 建立，对文化产业的 FDI 影响也不会很大。

　　除了上述文化领域，动漫业、音像业、网络文化业在中日韩三国之间的投资流量也不断上涨，尤其日本的动漫产业和韩国的网络游戏是国际文化产业的标志性品牌，在华投资活动屡见不鲜。不过，由于历史上日本侵略过中韩两国，而且对此反省不充分，在一定程度上伤害了中韩人民感情，也增加了对日本的不信任感，加之目前还未解决的中日、日韩领土主权问题使中韩与日本的经济合作受到一定影响，所以文化产业的合作也会在三国经济的交流中发挥一定促进作用。

　　此外，各高校之间的教育互动、交流交换项目深受高校学生的追捧，中日韩各高校都建立了对外交流与合作部门，不定期地组织本国学生到当地访问、参观和学习。这种教育产业的交融，不仅在现阶段有利于双方的相互认知和了解，而且有利于中长期的理解与合作。

4. 区域 4

　　该区域的产业部门具有明显区位劣势，并且其投资活动也基本不受中日韩 FTA 的影响，这可能是因为这些产业部门被排除在协定内容之外，或是因为市场太小以致难以吸引外国投资者的注意力。

　　目前，日本的农林水产业、矿业、国防产业等属于外国投资的限制性行业，不太容易受到中日韩 FTA 的影响。究其原因，是因为农业在日本是一个相当敏感的领域。虽然日本劳动生产率很高，但是耕地面积有限使日本成为一个农产品高度依赖进口的国家。而且，日本农业集团与日本政治紧密相连，农民是日本自民党的最大支持者，这一国情使二战后的日本政府对农业实行贸易保护措施，限制外国农业部门对日出口和投资。如果农业领域推进自由化，日本担心中国更多且更为廉价的农副产品流入本国市场将严重影响日本的经济发展和经济安全。可见，农业是影响中日韩自由贸易区建立的主要因素之一。

　　除此之外，日本对化学品、医药用品和食品行业的外资准入标准仍旧较为严格。日本的多部法律（如《国土利用计划法》《都市计划法》）对外商进行商业用地都有重重限制，而且其规定的流程程序复杂、手续繁多。这样烦冗的程序使外商在选定业务用地、拟定开发计划和成本核算等方面面临巨大困难，大大降低了外商投资积极性。

　　韩国农业与日本农业一样，保护程度也相对较高。正是因为农业问题，日韩 FTA 谈判一直迟迟未果。对于作为农业大国的中国而言，在自由贸易区构建的过程中，若日韩迟迟不愿对中国开放农产品市场，那么中国农产品的比较优势将无法得到充分发挥。因此，中日韩三国若不能就农业问题达成共识，自由贸易区的组建将仍面临巨大障碍。

总之，在中日韩 FTA 深度探讨的大背景下，《中日韩投资协定》也以一种正式制度的形式确立了三国之间在国际投资领域合作的宏伟蓝图，但是历史遗留问题、领土争端、政治体制和文化的差异都影响着国际投资合作的效果。综上所述，中日韩三国都有着各自的区位优势。中国在农业、服装纺织业、轻工业等劳动密集型产业具有区位优势，而资本、技术密集型产业相对薄弱；日韩两国在制造业和高新技术产业方面区位优势明显。FTA 的建立势必给中国带来相当大的冲击。此外，日本对农产品的投资准入限制严格，为了保护其本国市场，欲在中日韩 FTA 建立的情况下仍旧实施贸易与投资壁垒和严格监管，使中韩两国尤其是中国企业在对日农业投资方面困难重重。

在历史遗留问题长期得不到改善的同时，文化产业从另一个侧面为中日韩三国的交流合作打开了大门，各大高校、各传媒企业、各级电视台和广播电台、动漫游戏产业等的合作蓬勃发展。这表明，虽然官方性质的对话时常步履维艰，但是民间活动此起彼伏，这不仅促进了文化产业的发展，也会在中长期促进相关产业以及政治上的交流与发展。

（三）中日韩 FTA 下投资活动的问题和主要障碍

1. 区域投资领域的制度建设与能力水平亟待提高

从中日韩三国的投资促进政策来看，中国自 20 世纪 90 年代初期就对包括日韩企业在内的外企给予了一系列优惠措施，某些领域的外资企业还能享受"超国民待遇"。而与之相对比，日本封闭保守的产业体系和韩国工会的力量一直阻碍着日韩对中国在投资方面的进一步开放。对于作为发展中国家的中国而言，在区域投资领域的制度和能力建设还需要不断摸索和借鉴，同时也需要中日韩三方本着积极诚恳的态度进行协商，做到互惠共赢。现阶段的投资促进政策还十分笼统，日韩两国对中国的投资促进条款还需要进一步细化。在促进投资这一前提下，对实践操作中的具体措施要做到明确合理。

相比较而言，中国政府在制定投资政策、建立中日韩投资促进机构、开展投资促进交流活动等方面还没有足够的经验，对投资能力方面的援助没有给予足够的重视。同时，许多企业也缺少国际化视野和管理才能，与技术水平较发达的国家的企业相比存在差距，尤其在投资协定框架内的具体操作方面更是摸着石头过河。所以，对于中国企业在区域内的投资而言，机遇与挑战并存。

2. 美国因素的干扰

目前亚太区域经济合作出现新变化，美国主导的 TPP、东盟提出的区域全面经济伙伴关系（RCEP）和中日韩 FTA "三驾马车" 共同起跑。

虽然在 2002 年中日韩三国首脑峰会上中日韩 FTA 构想就已被提出，但中日韩三方经过长达 10 余年的产学联合研究，直到 2012 年 11 月才决定就基本方针启动谈判，而就在这不久之后的 2013 年 3 月，日本已决定加入 TPP 谈判。日本加入 TPP 谈判，使中日韩 FTA 谈判显得更加微妙而不确定，本就复杂的谈判关系变得更为复杂多变。

总的来看，对于一个国家或者地区而言，同时与多个国家或组织签订自由贸易与投资协定会使本国家或地区更为开放。但是如果 TPP 意在维护美国在亚太地区的利益，用来遏制或围堵中国的经济发展，那么如果在日本加入的同时拉拢韩国，这必然会阻碍中日韩 FTA 的谈判进程。在 TPP 谈判中起主导作用的是美国，所以，美国成为中日韩 FTA 谈判进程中的一个重要外部影响因素。从投资的角度来看，美国深知，一旦中日韩 FTA 谈判达成，贸易转移效应定会发生，而这种贸易转移给东北亚地区投资带来的最大益处就是美国跨国公司为了规避区域外贸易壁垒的损失被迫在中日韩地区投资建厂。显然，美国不可能对中日韩的区域崛起无动于衷，而它对日韩尤其是日本的拉拢，在给中日韩 FTA 谈判注入不确定因素的同时，也给中国带来不小的压力。

四 对策建议

在当今世界，区域经济一体化已经成为不可逆转的趋势，各个国家和地区都从自身经济利益和长远发展目标出发参与其中。《中日韩投资协定》的签署对于三国引进相互直接投资、推动东北亚经济发展产生积极影响，不仅降低了关税，关键还通过便利的相互投资加速贸易自由化进程。三国应该加强合作，深入落实《中日韩投资协定》，推动三国间自由贸易协定的最终实现。

虽然《中日韩投资协定》的签署对自贸区建设、一体化进程有巨大的促进作用，但它的彻底实现绝非易事，其中有很多的问题和障碍，如三国不平衡的经济发展水平、重叠的产业结构、贸易失衡、领土争端、不同的政治体制、突出的历史遗留问题、外部势力的影响等。可见，深入落实投资协定并促进一体化发展要克服很多阻力，这就需要三方采取充满智慧的对策。

（一）加强三方交流，增强政治互信

中日韩 FTA 牵涉三国利益，只有三国积极协作才能形成，其中必定存在一定的利益矛盾和冲突。当前，政治、领土以及历史遗留问题是困扰中日韩投资乃至经济一体化进程的最大障碍。三方当前面临的关键问题是如何加强互信和化解矛盾。日本对待侵略战争等历史问题的态度多年来一直为中韩两国人民所不满，导致中日、日韩矛盾不断，这也是三国政府互相交流的瓶颈。近年来日本领导人多次参拜靖国神社，严重伤害中韩两国人民的感情，也使相互间的外交受到严重阻碍。此外，中日钓鱼岛问题、韩日独岛（竹岛）问题都加深了三国间紧张情绪。当然，中日韩三国在历史、领土、领海等领域存在的问题很难马上解决，需要不断地交流、沟通和磨合。三国之间应该坚持求同存异的原则，正视历史遗留问题，理性地着眼于本方的长远利益，加强政府间的合作，建立更紧密的经贸关系，为营建三国自由贸易区扫除障碍。

（二）积极推动中日韩三方经贸合作，加快 FTA 谈判进程

中日韩三国相互贸易中，中国对日韩两国适度逆差，韩国对日本贸易逆差且连年创造新高，这种贸易收支状态是影响三边贸易的重要因素。中日韩三国应该降低贸易壁垒，向彼此开放更多的市场，日韩两国应取消对中国产品特别是农产品的壁垒限制，中国也应该改善向日韩两国出口产品的结构，提高技术含量。政府层面的沟通也应及时、高效，对出现的贸易摩擦需要及时处理。日本经济在经历长期低迷后有所好转，但在日本大地震和金融危机的影响下其发展又暂时停滞，因此在加强本国经济发展的同时，日本应更加积极地投入中日韩自贸区建设，加强区域内贸易合作。在未来中日韩 FTA 建成后，韩国将成为最大的受益者，因此韩国应当扮演好中日之间的桥梁角

色，协调中日两国在谈判过程中的态度，推动自贸区谈判，加快 FTA 建成的步伐。中国作为世界上最大的发展中国家，经济发展水平较日本、韩国两国尚有差距，因此中国应加强国内经济发展，提高本国实力，使中日韩三国经济发展平衡、结构协调，从而加快中日韩 FTA 谈判进程。

（三）兼顾美国、东盟的利益，加强相互合作

美国作为世界头号大国，为了维护其霸主地位，一直对中日韩 FTA 的实现有所顾虑。东盟为了获得在亚洲经济中的主导地位，也视中日韩 FTA 为潜在竞争对手。中日韩三国在推进 FTA 谈判的同时，也应该加强各国之间的沟通，让美国、东盟意识到中日韩 FTA 的签署对于它们来说是机遇，应加强与美国、东盟的国际合作，减轻其不信任感。东北亚地区是美国全球军事战略最重要的地区之一，涉及的战略利益错综复杂。其中，美国在日本和韩国建有军事基地，日本和韩国是美国参与东北亚安全防务的重要合作成员。中美两国关系微妙，一方面，中国的经济发展给美国带来了巨大的经济利益，而另一方面，美国又视中国为对手。从美国对亚洲事务的插手可以看出其用意，如在美韩自贸区、钓鱼岛问题上干预中日韩合作，同时试图利用 TPP 稀释中日韩三国的一体化进程。在此情况下，中国应该以大局为重，妥善处理好中美关系，以确保中日韩 FTA 的顺利建成。同时，东盟对中日韩 FTA 的建成也存在一定障碍，特别是三国都已经与东盟签署了 FTA，东盟不希望看到中日韩 FTA 的签订导致其主导地位的削弱，东盟十国牵头发起的 RCEP 主要目的就是应对中日韩 FTA 的建立。为了减少这些外部影响，中日韩三国应加强彼此间合作，降低对区外贸易的依存度，减少对东盟、美国等的依赖，从而扫清达成 FTA 的障碍。

（四）调整外资政策，积极引导韩日投资

1. 深入调整外商投资政策

FDI 对中国经济建设的重要性与日俱增，其对于中国固定资本形成、技术进步和管理水平提高、产业结构调整升级、就业机会扩大、市场经济体制的构建与完善等方面都有重要的影响，对于中国经济发展有巨大的推动作用。因此，在《中日韩投资协定》签署之后，我们必须从全局出发，尽快

出台相关配套的政策，各级政府、各级部门应制定有关外资的政策和地方性法规，深入研究现行外资管理政策法规与国际标准的差距，规范中国外资政策，大力推进中国与日韩的投资便利化，逐步减少和消除阻碍中国和日韩资本、技术和熟练劳动力流动，以及资本项目运行的投资管制和限制（如业绩要求、高管的国籍要求等），营造更加透明、自由的投资环境，促进东亚地区成为一个更具吸引力的投资区域。

2. 促进产业结构调整，引导投资向资本密集型和技术密集型产业转移

东道国的外资政策通常会对外国直接投资流向产生较大影响。《中日韩投资协定》的签署必然对各国弱势产业造成冲击。中国有丰富的自然资源和劳动力，资源密集型产业和劳动密集型产业相对于自然资源和劳动力稀缺的日本和韩国有较大竞争力。日本、韩国两国具有先进的技术和大量的资金，但是受限于自然条件约束，国内资源紧缺，资源密集型、劳动密集型产业是其弱势产业。在未来中日韩自贸区建成以后，可以预见三国间市场打开将会使日韩两国资源密集型产业和劳动密集型产业遭到冲击。同样，日韩两国大量的资本和先进的技术也会对中国的资本和技术密集型产业造成巨大的冲击。因此，中国应该促进产业升级，调整产业结构，在大力发展优势产业的同时积极调整弱势产业，减少自贸区对其的冲击。一方面，要加大力度吸引国外先进技术和管理经验，增加对制造业的投入，加快中低端制造业的转型升级；另一方面，要加快技术进步，以科技为动力，加快产业升级，以应对自贸区建成后的竞争。为吸引更多来自日韩的投资向资本、技术密集型产业转移，中国还应该采取措施逐步放松对行业准入、出口业绩等方面的要求，减少限制，引导资金流入，同时建立健全外资并购等相关法规，促进日韩企业提升向中国转移产业的技术含量。

3. 规范外资企业的国民待遇问题

中国在通常所签订的投资协定中只规定准入后的国民待遇问题。《中日韩投资协定》中第三条关于"国民待遇"的条款既没有规定准入前国民待遇问题，也没规定不符措施的负面清单。外资的国民待遇与内资相对，而内资待遇又总是面对各种各样的情况，直接造成外资在适用国民待遇标准时没有参考的情况。而中国各级政府在吸引外资时经常发生"超国民待遇"现象，使内资的地位相对较低。为此中国应渐进式地对现行内、外资政策的"双轨制"模式进行改革，如改革税制，对内、外资企业所得税实行统一口径征收等。另外，针对外商企业投资的法律法规要严格执行，取消引进外资考核的政绩指标等。这样做，不仅可以规范外资流入政策、增加内资的投资热情，还可以对外资进行筛选，把来自日韩低级产业的外资转移到其他国家，有利于中国产业结构的升级换代。

（五）采取措施鼓励中国企业对日韩投资

1. 政府应制定优惠政策，鼓励企业闯出国门

中国在积极吸引日韩 FDI 的同时，也应该采取措施，鼓励企业到日韩投资。对日韩企业投资不但可以锻炼中国资本投资的能力，学习日韩先进技术和企业管理经验，还可以通过产业转移进一步实现经济结构的转型升级，并同时为中国部分闲置资金提供一条可行的投资渠道。

为鼓励企业走出国门，政府可以采取以下措施。首先，政府提供必要的政策支持，重点扶持一些具有规模效应、市场占有率高、获得利润能力强的企业参与出口，在税收、信贷等方面给予相关的优惠政策，同时适当地减免一些出口税和进口税，保证这些企业的经营自主权。其次，要加强对对外直接投资的管理与引导，根据国家政策和经济发展要求，加快制定向外国投资的指导目录，并简化政府海外投资的限制。最后，创建一些集高精尖技术研发和高科技产品生产的基础园区，合理配置资源，促进产业规模的形成，准备好企业的跨国经营。

2. 企业应该采取的措施

第一，加快建立现代企业制度，培养创新能力。现代企业制度的要求是产权明晰、权责明确、政企分开，这是中国企业自我完善的目标。企业作为生产经营者，要成为市场主体，发挥市场配置资源的基础作用，根据市场信号调整生产目标，健全企业兼并重组机制，降低生产成本，提高企业综合实力。为打开日韩市场，中国企业应加强创新，由出口型向创新型转变，打造名牌产品，提升企业在日韩市场的知名度和产品市场占有率。

第二，选择重点行业，进行有针对性的重点投资。从日本、韩国吸引外资的情况和中国自身条件来看，农产品加工、餐饮、旅游、轻工业是中国企业可选择的优势行业。中国企业在东北亚地区的优势主要集中于资源和劳动密集型行业，以农业为例，虽然农业在中日韩三国都具有重要地位，但中国的农药、化肥、种子等农资产品具有较大竞争力和优势企业可以根据自身的

优势在当地建立跨国机构，有针对性地重点投资，充分利用当地资源。

第三，选择合适的投资方式。中国企业进入日韩的方式可归纳如下：一是合资经营，同日本、韩国当地企业建立合资企业，由于当地合伙人对于其政策、法规、市场、消费者比较了解，与其合作可以少走弯路，减少风险；二是非股权安排，即企业凭借自己在产品、技术等方面的优势，通过特许经营、销售合同、提供管理型服务等参与东道国企业的生产经营活动；三是建立独资企业，如通过兼并并购等方式来实现。这三种方式各有利弊，企业应进行充分调研，合理选择投资方式，减少经营风险。

第四，选择合理的经营方式。在日韩的中国企业的经营类型主要表现为三种：一是把资金与市场相结合的合作型投资。这种类型指中国企业把在日韩的投资与扩大中国市场的需求相结合，以此开展事业活动，即在扩大中国市场需求上有效利用日韩企业所拥有的商品开发能力，企业生产不依赖日韩市场增长的经营模式。对中国企业来说，以后最重要的不仅是要发展技术，还要为顾客提供更高水平的管理和服务。在这方面日韩企业具有丰富的经验和优秀的经营方法。另外，人口减少、国内市场有限等因素限制了日韩企业的飞跃发展，进入中国市场成为其发展的机会。这样，这种"相互补充"型投资在日韩今后可能会进一步增加。二是以开拓日韩市场为目的的投资。这种投资不是主要以中国的游客、在日韩的华人和在日韩的中资企业为对象，而是以获得日韩顾客为目的。这一类型以海尔集团在日本的投资为代表。三是不仅以日韩和中国的市场为目标，而且把包含亚洲各国的全球拓展纳入视野的投资。企业应该根据自身特点和东道国的实际情况，合理选择和改进其经营方式。这一类型以阿里巴巴集团在日本的投资为代表。

The Interaction between CJK FTA and Investment Agreement and Its Influence on Intra-area Investment

CUI Jian, ZHOU Bowen

Abstract　Trade and investment liberalization interact with and promote each other in the process of regional economic integration. So there must be a close relationship between the China-Japan-Korea Trilateral Investment Agreement and the ongoing China-Japan-Korea Free Trade Area negotiations. Since their degrees of liberalization and regional advantages vary, the investment in various industries will take different forms in the free trade area among China, Japan and ROK. However, at the same time, there are still some obstacles and problems in investment activities in the free trade area. To this end, China needs to enhance political mutual trust with Japan and ROK and accelerate the negotiations of FTA. Besides, the Chinese government should also take effective measures to actively guide the investment activities of Japanese and Korean companies in China and to encourage more Chinese enterprises to make investments in Japan and ROK.

Keywords　China, Japan and Rok (CJK); FTA; Investment Agreement

日本社会资本的结构变化对宏观经济增长的影响

李红梅[*]

【内容提要】 本文利用日本 1955～2007 年的社会资本存量数据进行实证分析，估计社会资本存量及其产出弹性。考虑到二战后日本社会资本的结构变化，本研究将样本期间分为 1955～1970 年、1971～1984 年、1985～1994 年、1995～2007 年 4 个期间，并设置虚拟变量进行估计。结果表明，在样本期间内社会资本存量对总产出的影响不显著，但其影响为正。另外，20 世纪 70 年代以来社会资本的产出弹性一直呈下降趋势。20 世纪 90 年代末，虽然日本政府为了提高社会资本的生产效率而大量削减公共投资，但是情况不但没有得到显著的改善，而且90 年代以后社会资本存量对宏观经济的影响明显要低于 70 年代。

【关键词】 二战后日本 社会资本存量 结构特征 产出弹性 生产效应

一 引言

在二战后的日本经济发展中，公共投资的积累发挥了重要的作用。资本主义经济的资源分配一般是通过市场机构实现的，市场机构不能提供的资源，

---

* 李红梅，经济学博士，吉林大学东北亚研究院副教授、日本研究所研究员，主要研究专业和方向为公共财政、日本经济、东北亚区域经济。

如公路、港口等基础设施由政府供给。政府对公路、港口等基础设施的投资通常被称为公共投资或公共事业，这种投资的积累就是社会资本。社会资本包括公路、港口、住宅、上下水道等在生产活动和维持生活中所必需的基础设施以及具有治山、治水等功能的维护国土的基础设施。

社会资本存量对经济增长的积极意义在理论上、实证上早已得到了论证。如 Aschauer 利用生产函数考察了社会资本存量对经济增长的影响，得出以下结论：社会资本存量增加明显提高了全要素生产率。[1] 日本对此也有许多研究成果。[2] 诸多实证文献得出的结论是日本的社会资本存量对宏观经济增长的影响为正，其产出弹性在 0.2~0.4 之间。分析结果表明，20 世纪 70 年代的第一次石油危机至今，日本的社会资本存量对宏观经济生产率的影响呈下降趋势。先行研究者得出共同结论，认为社会资本的产出弹性呈下降趋势的原因在于在以资源分配为主的投资政策指引下，日本的资偏向于生产效率较低的地区或产业。

进入 21 世纪的第一个 10 年后，日本公共部门的投资占 GDP 的比率下降到 3%~5%（见图 1）。其中，"公共事业关系费"为 3% 左右，"行政投资"和"公共部门固定资本形成"都为 5% 左右。20 世纪 50 年代末到 70 年代初，日本处于高速经济增长期，日本政府不断加大财政支出的力度，通过公共部门的投资加强基础设施建设，以其带动经济增长。然而，20 世纪 90 年代末，随着泡沫经济的崩溃，日本进入长期的经济萧条期，再加上财政状况窘迫，日本政府开始大量削减公共投资，将公共投资的重点放在真正需要的领域，促进财政资金的有效利用，同时积极推动公共投资的效率化、

---

[1] D. A. Aschauer, "Is Public Expenditure Productive?" *Journal of Monetary Economics*, 23 (1989), pp. 177–200.

[2] 岩本康志「日本の公共投資政策の評価について」『経済研究』第 4 巻第 3 号、1990；亀田啓悟・李紅梅「事業別社会資本生産性分析 - 国直轄事業・国庫補助事業・地方単独事業別の推計 - 」『財政研究』第 4 巻、2008、148~164 頁；土居丈朗「日本の社会資本に関するパネル分析」『国民経済』第 161 号、1998；林正義「公共資本の生産効果」『財政研究』第 5 巻、2009、119~140 頁；三井清・井上純「社会資本の生産力効果」三井清・太田清編『社会資本の生産性と公的金融』日本評論社、1995、43~65 頁；吉野直行・中島隆信・中東雅樹「社会資本の生産力効果」吉野・中島編『公共投資の経済効果』日本評論社、1999、13~33 頁；吉野直行・中島隆信・中東雅樹「地域別・分野別生産関数の推計」吉野・中島編『公共投資の経済効果』日本評論社、1999、35~88 頁；李紅梅「戦後の日本における社会資本の生産力効果 - 国直轄事業・国庫補助事業・地方単独事業による実証分析 - 」新潟大学大学院現代社会文化研究科、博士論文、2011。

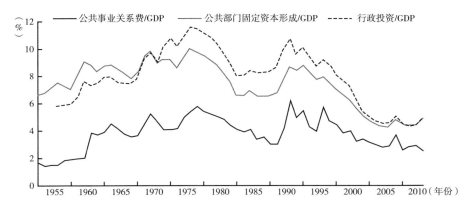

图 1　公共部门的投资占实际 GDP 的比重（1955～2013 年度）

资料来源：根据财政调查会编《国家预算》、内阁府经济社会综合研究所编《国民经济计算（SNA）》、地域政策研究会编《行政投资实绩》中数据整理。

透明化。由此可见，社会资本形成在结构上有着明显的变化。

本文基于柯布－道格拉斯（Cobb－Douglas）生产函数，利用日本 1955～2007 年（53 年）间 46 都道府县（不含冲绳县）的面板数据，对社会资本存量进行实证分析，估计社会资本存量的产出弹性。考虑到二战后日本社会资本的结构变化，本研究在模型中导入虚拟变量进行估计。在估计产出弹性的基础上从宏观的角度具体分析日本社会资本存量对宏观经济增长的影响。

二　二战后日本社会资本的结构特征分析

（一）社会资本的概念

关于社会资本的概念存在多种看法，本文根据日本内阁府政策统括官（经济社会结构担当）2012 年编写的《日本的社会资本》将社会资本的特点简要归纳如下：第一，与直接具有生产能力的生产资本不同，社会资本的特点是能够间接地提高生产资本的生产力；第二，社会资本虽然在生产、生活中不可缺少，但是由于它具有共同消费、非排他性等特点，不能完全依赖市场机构提供；第三，从事业主体的角度看，其主要是由公共主体投资建设的。

日本的公共事业从实施主体的角度大致分为国家直辖事业、国库补助事业、地方单独事业。国家直辖事业（包括公团事业）由国家（中央政府）

直属部门直接管理、执行。按照日本《地方财政法》第 17 条第 2 项规定，由地方公共团体（地方政府）以直辖事业负担金负担一定程度的费用。国库补助事业由地方政府负责执行。按照《地方财政法》第 10 条第 1 项规定（每项事业的补助率参照《地方财政法》第 16 条规定），其费用由中央政府与地方政府共同负担，即中央政府对地方政府转移支付的补助金和地方政府负担金。地方单独事业由地方政府单独执行，地方政府自行负担其全部费用。表 1 根据日本经济企划厅经济计划局 1968 年《经济审议会地区部会报告检讨资料集》的定义，整理了"广义上的社会资本"的主要功能和政府资本和民间资本的划分。并将通过资本存量的估算去分析社会资本的结构变化和对宏观经济的影响。

表 1　广义的社会资本

功能	政府资本	民间资本
交通、通信设施	公路（建设省管辖）、港口、机场、铁路（JR 等）、电信电话（NTT）、邮政	民营铁路有线广播设施
住宅、生活环境设施	公营住宅、公务员住宅、住宅公团的租赁住宅、自来水、简易水道、下水道、污水处理设施、垃圾处理设施、城市公园	民营住宅
福利设施	国营和公营医院、国营和公营诊所、保险医疗设施（医疗中心等）、社会福利设施、儿童福利设施、劳工福利设施、国营公园	民营医院私人诊所、私人牙科诊所社会福利设施等
文教设施	国营和公营学校设施（幼儿园～大学、各种学校）、社会教育设施、社区体育设施、职业培训机构	民营学校设施等
国土保全设施	治山、治水、海岸的各种设施	
农林渔业设施	农业、林业、渔业的各种设施	
其他	专卖公社（JT）、公共工业用水、其他中央和地方政府的社会资本	

注：日本电信电话公社（NTT）、日本专卖会社（JT）和日本国铁（JR）各自于 1985 年和 1987 年被私有化，因此被划分为民间资本。

资料来源：根据内阁府政策统括官（经济财政 - 经济社会结构担当）编《日本的社会资本》整理。

日本的公共投资的统计数据大致是由日本的政府预算（国家财政一般会计预算和地方财政普通会计预算），公团、事业团等政府机关，以及民间企业等经济主体分别收集和公布的。在财政调查会编写的《国家预算》中，可从国家一般会计支出预算的主要经费分类里查找"公共事业关系费""公共投资关系费""公共事业费"等统计数据。除此之外，根据自治省《地方财政统计年报》的地方普通会计支出性质分类中的"投资经费"、地域政策研究会《行政投资实绩》中的"行政投资"、内阁府经济社会综合研究所《国民经济计算（SNA）》中的"公共部门的固定资本形成"，可以计算出公共投资额。很多学者在估计社会资本存量时，主要利用"行政投资"或"公共部门的固定资本形成"的统计数据来计算公共投资额。两者的区别在于"行政投资"数据不仅包含"公共部门的固定资本形成"，还包含"用地费及补偿费"。具体计算方法如下：

➢ 公共事业关系费＝国家一般会计财政支出预算主要经费分类中的"一般公共事业关系费"＋"灾害恢复"（一般公共事业关系费＝治山和治水对策＋公路维护修缮＋港口机场铁路维护修缮＋住宅和城市环境维护修缮＋公园和水道污水处理等＋农林水产基础设施＋社会资本综合改善＋推进工程等工程费）；

➢ 公共投资关系费＝国家财政范围内的"公共事业关系费"＋"其他设施费"；

➢ 公共事业费＝国家一般会计和特别会计中的"公共事业关系费和设施维护修缮费"＋财政投融资中的公团、事业团建设费；

➢ 投资经费＝地方财政普通会计财政支出的性质分类中的"普通建设"＋"灾害恢复"＋"失业对策"；

➢ 行政投资＝公共部门的固定资本形成＋用地费·补偿费；

➢ 公共部门的固定资本形成＝《国民经济计算》中所定义的公共部门的资本形成（不包含用地费·补偿费）；

➢ 公共投资＝公共部门的固定资本形成－公共事业所包含的民营部分＋转移到民营的资本＋用地费·补偿费。

（二）社会资本存量的估算

本文根据日本内阁府政策统括官（经济社会结构担当）2012年编写的《社会资本存量的估计》，简要说明全国社会资本存量的估计方法。首先决定估计范围和对象，其次决定评价资本存量的基准年。估计资本存量的步骤如下。

第一步骤：选择投资总量的估算方法，即永续盘存法（Perpetual Inventory Method，PI 法）和基准年法（Benchmark Year Method，BY 法）。

$$PI \, 法 : K_t = K_{t-1} + I_t - R_t = \sum_{i=1}^{t} I_i - \sum_{i=1}^{t} R_t$$

$$BY \, 法 : K_t = K_{t-1} + I_t - R_t = K_b + \sum_{i=b+1}^{t} I_i - \sum_{i=b+1}^{t} R_t$$

其中，K 为资本存量，I 为实际新建改良费，R 为折旧额（或包括减价额的值），t 为当年度，b 为基准年度。

第二步骤：利用平减指数估算实际新建改良费。

第三步骤：估算折旧额或减价额。R 不包括减价额时 K 为总资本存量，包括减价额时 K 为净资本存量。

第四步骤：估算灾害恢复费折旧额或减价额。

以上是全国社会资本存量的估算方法。因为本文采用都道府县社会资本存量来进行分析，因此下面的简单分析中使用都道府县的估计方法。

根据 BY 法（1960 年为基准年），使用《行政投资实绩》中都道府县 15 部门（不含 NTT、JR、JT、邮政等转为私有化的部分）的社会资本存量所占比重，对全国的投资额（新建改良费和灾害恢复费）进行分配。

图 2、图 3、图 4 反映了全国的社会资本存量情况。图 2 整理了 1954～2009 年度的总资本存量和净资本存量的变化率。从三种资本存量的变化比较中可以看到，高度增长期的净资本存量的变化大于总资本存量的变化，这说明该期间新的基础设施建设急速扩大。相反，1980 年以后的净资本存量的变化小于总资本存量的变化，尤其是 2006 年后的净资本存量的变化率为负值。这表明社会资本的老化已经开始，2006 年后更为明显。图 3 为 2009 年度 17 部门的总资本存量所占的比重。公路为 32% 占据第一位，其余比重较大的是农林渔业 13%、文教设施 11%、下水道 10%，占比不到 1% 的有国有林、邮政、工业用水道等。图 4 为 2009 年度 15 部门分地区总资本存量。前 5 位都道府县有东京（60 万亿日元）、北海道（59 万亿日元）、大阪（39 万亿日元）、神奈川（35 万亿日元）、爱知（34 万亿日元），后 5 位有鸟取（6 万亿日元）、德岛、福井、香川、佐贺（分别为 7 万亿日元）。从中可以看到，日本的社会资本主要集中在东京、大阪等大城市，地区间存在很大的差距。

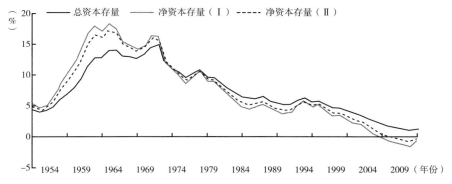

图2 日本社会资本的总存量和净存量的变化率（1954～2009年度）

注：1. 资本存量的估计对象为以下17部门：公路、铁路、港口、机场、公营住宅、上水道、下水道、废弃物处理、城市公园、文教设施、治山、治水、海岸、农林渔业、国有林、邮政、工业用水道。

2. 净资本存量（Ⅰ）是考虑一次函数下的效率降低，净资本存量（Ⅱ）是考虑双曲线函数下的效率降低，两者将未来的资本折算为现在价值估算。

资料来源：根据日本内阁府政策统括官（经济社会结构担当）编《社会资本存量的估计》整理。

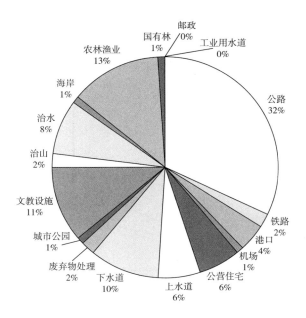

图3 2009年度17部门总资本存量所占比重

资料来源：根据日本内阁府政策统括官（经济社会结构担当）编《社会资本存量的估计》整理。

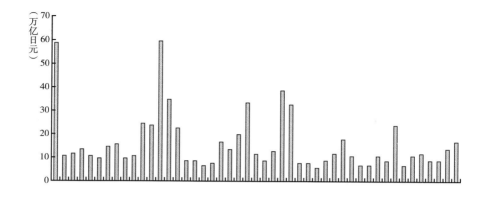

图 4　2009 年度 15 部门分地区总资本存量

资料来源：根据日本内阁府政策统括官（经济社会结构担当）编《社会资本存量的估计》整理。

图 5 反映了本文估算的 1955～2007 年度的实际 GDP、民间资本存量、社会资本存量的总值。从 20 世纪 70 年代开始民间资本存量总值超过实际 GDP 总值，从 90 年代开始社会资本存量总值超过实际 GDP 总值，目前民间资本存量和社会资本存量都呈现缓慢上升的趋势。

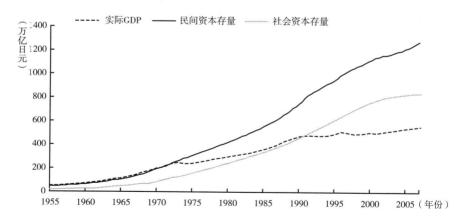

图 5　实际 GDP、民间资本存量、社会资本存量的总值（1955～2007 年度）

资料来源：根据日本内阁府政策统括官（经济社会结构担当）编《社会资本存量的估计》整理。

（三） 社会资本的结构特征

本文以二战后日本公共投资政策结构变化为依据，分析社会资本的结构特征。

二战后的 20 世纪 50 年代末到 70 年代初，日本处于经济高速增长期，日本政府不断加大财政支出的力度，通过公共部门的投资加强基础设施建设，以其带动经济增长。该时期社会资本以产业基础设施为主，其生产效应处于较高的水平。

20 世纪 70 年代初，石油危机的冲击给日本经济带来了结构转型，随着经济结构转型，公共投资的政策结构也有了变化。该时期的社会资本以住宅等生活基础设施为主，其生产效应处于低水平。70 年代末到 80 年代初，国债的发行促使货币量的扩张，导致了财政危机，为此日本政府积极缩小公共投资规模，开展财政重建。

到了 20 世纪 80 年代末，日本为了扩大国内需求，积极利用财政投融资和民间资金，其主要特征体现在社会资本的私有化。到了 90 年代，日本经济政策的重点放在景气恢复上，公共投资作为其政策手段，制定总额为 430 万亿日元的公共投资基本计划，公共事业预算也大幅度增加。由于公共投资规模不断扩大，该时期社会资本的生产效应得到一定的改善，其水平下降趋势转变为维持现有水平。

20 世纪 90 年代末，随着泡沫经济的崩溃，日本开始进入长期的经济萧条期。在财政状况窘迫的情况下，为了应对经济低迷，一方面，日本制定了宽松的货币政策和财政政策，以公共投资为主，进行财政结构改革。另一方面，大量削减公共投资，将公共投资的重点放在真正需要的领域，提高财政资金的有效利用，同时积极推动公共投资的效率化、透明化。由此可见，社会资本形成在结构上有着明显的变化。

三　二战后日本社会资本的生产效应实证分析

（一） 研究方法与数据说明

1. 研究方法

本文基于柯布 - 道格拉斯生产函数，利用日本 1955～2007 年（53 年）

的 46 都道府县（不含冲绳县）面板数据，对社会资本存量进行实证分析，估计社会资本存量的产出弹性。

首先，在生产函数的模型设计上，考虑社会资本的同时性问题[①]与误差项的自相关问题，对社会资本存量和民间资本存量分别取滞后 1 期的资本存量。

$$Y_{it} = A_{it}L_{it}^{\beta_l}K_{i,t-1}^{\beta_k}G_{i,t-1}^{\beta_g} \tag{1}$$

其中，Y_{it} 为地区生产总值，A_{it} 为技术进步水平，L_{it} 为劳动投入，$K_{i,t-1}$ 为民间资本存量，$G_{i,t-1}$ 为社会资本存量，β_l、β_k、β_g 为参数，i 表示都道府县，t 表示时点。

对两边取自然对数求得

$$\ln Y_{it} = a_{it} + \beta_l \ln L_{it} + \beta_k \ln K_{i,t-1} + \beta_g \ln G_{i,t-1} \tag{2}$$

另外，考虑技术进步的对数值 a_{it} 对各个都道府县的单元效果（individual effect）及时间效果都产生影响而且互相独立，因此基于误差成分模型设定 $a_{it} = \mu_i + \eta_t + u_{it}$。其中，$\mu_i$ 为都道府县的单元效果，η_t 为时点效果，u_{it} 为误差项。

本文采用估计误差成分模型的固定效应估计（fixed effect）和随机效应估计（random effect）进行模型检验。利用 χ^2 统计量进行 Hausman 检验，检验结果支持固定效应估计。

其次，在生产函数的模型设计上，考虑社会资本的一次齐次性质，设定三个假设条件考察规模经济与不变规模经济条件下的影响。模型设定如下。

（1）规模收益条件下的生产函数

$$\begin{aligned}\ln Y_{it} &= \mu_i + \eta_t + \beta_l \ln L_{it} + \beta_k \ln K_{i,t-1} + \beta_g \ln G_{i,t-1} \\ &+ \beta_{D71}D71\ln G_{i,t-1} + \beta_{D85}D85\ln G_{i,t-1} + \beta_{D95}D95\ln G_{i,t-1} + u_{it}\end{aligned} \tag{A}$$

（2）不变规模收益条件下的一次齐次函数（$\beta_l + \beta_k = 1$）

$$\begin{aligned}\ln Y_{it} - \ln L_{it} &= \mu_i + \eta_t + \beta_k(\ln K_{i,t-1} - \ln L_{it}) + \beta_g \ln G_{i,t-1} \\ &+ \beta_{D71}D71\ln G_{i,t-1} + \beta_{D85}D85\ln G_{i,t-1} + \beta_{D95}D95\ln G_{i,t-1} + u_{it}\end{aligned} \tag{B}$$

（3）不变规模收益条件下的一次齐次函数（$\beta_l + \beta_k + \beta_g = 1$）

[①] 有关社会资本的同时性问题的理论参考林正義「社会資本の生産効果と同時性」『経済分析』第 169 号、内閣府経済社会総合研究所、2003、97–119 頁。

$$\ln Y_{it} - \ln L_{it} = \mu_i + \eta_t + \beta_k(\ln K_{i,t-1} - \ln L_{it}) + \beta_g(\ln G_{i,t-1} - \ln L_{it})$$

$$+ \beta_{D71} D71(\ln G_{i,t-1} - \ln L_{it}) + \beta_{D85} D85(\ln G_{i,t-1} - \ln L_{it})$$

$$+ \beta_{D95} D95(\ln G_{i,t-1} - \ln L_{it}) + u_{it} \qquad (C)$$

本研究还考虑到二战后日本社会资本的结构变化，方程（A）（B）（C）分别导入虚拟变量进行估计。

$$D71 = \begin{cases} 0 & 1970\ 年度之前 \\ 1 & 1971\ 年度之后 \end{cases} \quad D85 = \begin{cases} 0 & 1984\ 年度之前 \\ 1 & 1985\ 年度之后 \end{cases} \quad D95 = \begin{cases} 0 & 1994\ 年度之前 \\ 1 & 1995\ 年度之后 \end{cases}$$

2. 数据说明

社会资本存量数据以外的相关数据说明如下。

（1）地区生产总值（GRP）

本文把《县民经济计算年报》经济活动分类中的"县内生产小计" ="产业" + "政府服务生产者" + "对私人部门非盈利服务生产者" - "出口税 - 其他 - 归属利息"项的数据作为都道府县的地区生产总值。1955～1974 年的数据出自《长期追溯估计县民经济计算报告（1955～1974 年度）》，1974 年以后的数据出自《县民经济计算年报》各年度版。由于各年度版数据的平减指数的基准年不同，先把数据转换为 1990 年基准，然后计算出 1990 年基准的实际地区生产总值。

（2）劳动投入

劳动投入由就业人口乘以劳动时间得出。1975 年之前的就业人口数据使用《就业构造基本调查报告》地域编"就业状态、产业大分类及从业地位分类就业人口总数"（都道府县分类）。但是该统计数据不全，只有 1956 年、1959 年、1962 年、1965 年、1968 年、1971 年的数据，因此利用直线估计法算出其他年度的数据。1975 年之后的数据使用《县民经济计算年报》的"县内就业人口数"。

另外，劳动时间使用《劳动统计年报》的"都道府县、产业分类人均每月劳动时间（事业规模 30 人以上）"的总实际劳动时间。这里没有 1993 年的数据，因此计算 1992 年和 1994 年的平均值来代用。另外，1975 年之前的数据只有全国平均实际劳务时间数，各都道府县均使用全国平均数。

（3）民间资本存量

根据 BY 法估计民间资本存量，其基准年为 1960 年。使用《县民经济计算》的"产业分类固定资本折旧"都道府县的比重，对《民间企业资本存量年报》的全国的"产业分类资本存量（全企业）"进行分配。

对都道府县的新建投资额和净折旧额的计算，首先在从《民间企业资本存量年报》的全国的"产业分类新建投资额（全企业）"和"产业分类净折旧额（全企业）"中得出的数据上加私有化后转入民间资本的部分，[①] 然后使用《县民经济计算》的"民间总固定资本形成"和"产业分类固定资本折旧"都道府县的比重来各自分配。最后，为了统一与社会资本存量的统计口径，没有调整开工率。

（二）估计结果与分析

结果表明，在样本期间内社会资本存量对总产出的影响不显著，但其影响为正（见表2）。

方程（A）为规模经济条件下的影响，劳动投入的产出弹性为 0.462，民间资本存量的产出弹性为 0.530，都比社会资本存量的产出弹性高，而且社会资本的结构变化也对样本期间的产出弹性有着一定的影响。即 1956～1970 年度为 0.198，1971～1984 年度为 0.191，1985～1994 年度为 0.182，1995～2007 年度为 0.174。

另外得出 $\beta_l + \beta_k = 0.992$，这种情况说明不变规模经济条件下的（$\beta_l + \beta_k = 1$）一次齐次函数的解释比较接近。以下对方程（B）的结果作详细分析。

各期间的社会资本的产出弹性为 0.195（1956～1970 年度）、0.188（1971～1984 年度）、0.179（1985～1994 年度）、0.171（1995～2007 年度），由此可见，20 世纪 70 年代以来社会资本的产出弹性一直呈下降趋势。与先前研究相比，估计结果中得出的产出弹性虽小，但是产出弹性的下降趋势是一样的。

岩本对 1971 年设置虚拟变量后得出的产出弹性为 0.416（1955～1970 年度）、0.396（1971～1984 年度）。吉野、中岛、中东在生产函数模型中设定 $\beta_l + \beta_k = 1$ 后得出的结果为 0.203（1955～1970 年度）、0.079（1971～

[①] 日本 JT 公社的私有化部分的估算参考中東雅樹「社会資本の資産価値 – 社会資本の生産力効果からの接近 –」『会計検査研究』第 37 号、会計検査院、2008、57～67 頁。

1993 年度）。

除此之外，也有得出不同结果的研究。如林正义得出的社会资本的产出弹性为 0.442（1999 ~ 2004 年度）。[①] 这个结果体现了短期的影响，没有考虑社会资本存量的形成所带来的长期的影响。分析长期的社会资本存量的生产效应对将来的社会资本的供给、潜在增长都有现实及理论意义。

表 2　估计结果

参数	方程（A）	方程（B）	方程（C）
β_l	0.462 **	—	—
	[0.025]	—	—
β_k	0.530 **	0.533 **	0.512 **
	[0.021]	[0.018]	[0.022]
β_g	0.198 **	0.195 **	0.141 **
	[0.017]	[0.014]	[0.017]
β_{D71}	- 0.007 **	- 0.007 **	- 0.014 **
	[0.001]	[0.001]	[0.002]
β_{D85}	- 0.009 **	- 0.009 **	0.021 **
	[0.001]	[0.001]	[0.003]
β_{D95}	- 0.008 **	- 0.008 **	0.045 **
	[0.001]	[0.000]	[0.003]
Adjusted R2	0.991	0.978	0.977
Hausman 检验	CHISQ(6) = 18.098	CHISQ(5) = 17.551	CHISQ(5) = 39.452
	P - value = [.0060]	P - value = [.0036]	P - value = [.0000]

注：1. [　] 内的数据表示标准误差。

2. ** 表示 5% 的显著水平。

3. 通过 Hausman 检验，随机效应估计模型被拒绝，采纳了固定效应估计模型。

四　结论

本文基于柯布 - 道格拉斯生产函数，利用日本 1955 ~ 2007 年 46 都道府县（不含冲绳县）面板数据，对社会资本存量进行实证分析，估计社会资本存量的产出弹性。考虑到二战后日本社会资本的结构变化，本

---

① 林正義「公共資本の生産効果」『財政研究』第 5 巻、2009、119 ~ 140 頁。

研究在模型中导入虚拟变量进行估计。在估计产出弹性的基础上从宏观的角度具体分析日本社会资本存量对经济增长的影响。

估计结果表明，在样本期间内社会资本存量对总产出的影响不显著，但其影响为正。另外，在生产函数模型中设定 $\beta_l + \beta_k = 1$ 后得出的各期间的社会资本的产出弹性为 0.195（1956～1970 年度）、0.188（1971～1984 年度）、0.179（1985～1994 年度）、0.171（1995～2007 年度），由此可见，20 世纪 70 年代以来社会资本的产出弹性一直呈下降趋势。

20 世纪 90 年代末，虽然日本政府为了提高社会资本的生产效率而大量削减公共投资，但是不但没有得到显著的改善，而且 90 年代以后社会资本存量对经济的影响明显要低于 70 年代。本研究认为日本公共投资政策方面存在的制度、政治等因素促使日本社会资本的产出弹性降低。[1]

由此可见，日本政府应进一步提高财政资金的有效利用。今后社会资本的整备需把重点放在真正需要的领域，同时更加需要推行效率化、透明化。目前，日本政府面临基础设施的更新换代。20 世纪 70 年代大量建设的基础设施的耐用年数基本已到，未来几年内需要去修缮和改建。再加上 2011 年 3 月的日本东部大震灾的影响较大，中长期的复兴成为重要的政策课题。

与日本相比，中国是从 1998 年开始采用积极的财政政策，通过公共投资刺激内需，有效地推动了经济增长。国内学者估算结果表明，中国社会资本存量的产出弹性在 0.4～0.6，高于日本的 0.2～0.4。[2] 目前，中国的公共投资在经济中的活动范围不断缩小，但是考虑到社会资本存量的产出效应，应该推行有效的公共投资政策。

经济增长是政府宏观调控的重要目标，而财政政策是政府宏观调控的重要内容之一。借鉴日本的财政政策对促进中国的经济稳定增长具有现实意

---

① 李紅梅「戦後の日本における社会資本の生産力効果—国直轄事業・国庫補助事業・地方単独事業による実証分析—」新潟大学大学院現代社会文化研究科、博士論文、2011。

② 郭庆旺、贾俊雪：《政府公共资本的长期经济增长效应》，《经济研究》2006 年第 7 期；娄洪：《长期经济增长中的公共投资政策—包含一般拥挤性公共基础设施资本存量的动态经济增长模型》，《经济研究》2004 年第 3 期；马拴友：《中国公共资本与私人部门经济增长的实证分析》，《经济科学》2000 年第 6 期；缪仕国、马军伟：《公共资本对经济增长的影响效应研究》，《经济学家》2006 年第 2 期；王亚芬、高铁梅：《公共资本对经济增长的动态影响及其贡献度分析》，《研究报告》2009 年第 2 期；庄子银、邹薇：《公共支出能否促进经济增长：中国的经验分析》，《管理世界》2005 年第 1 期。

义。为了充分发挥财政政策对中国经济增长的作用，我们有必要对财政政策的相关问题进行深入的研究。本研究认为，中国在公共投资政策方面应该实行"地方分权型""环境保全型"的基础设施建设，逐步建立合理的基础设施投资管理模式，为经济长期增长和社会协调发展奠定牢固坚实的基础。

Study on the Structural Change of Japan's Public Capital and Its Influence on Macroeconomic growth

LI Hongmei

Abstract　Based on an empirical analysis on data of public capital stock of Japan between 1955 and 2007, public capital stock and its output elasticity are estimated in this article. Moreover, the structural change of public capital in post-war Japan is also put under consideration. The sample periods cover four stages, including the years between 1955 and 1970, between 1971 and 1984, between 1985 and 1994, between 1995 and 2007, and dummy variables are set to process estimation. The result shows that in sample periods the effects of public capital stock on total output are not significant but positive. Besides, output elasticity of public capital has continuously declined since 1970s. In the end of 1990s, Japanese government failed to significantly improve the production efficiency of public capital, although it cut down a large amount of public investment, and compared with 1970s, public capital had less effects on macroeconomic in 1990s.

Keywords　Post-War Japan; Public Capital Stock; Structural Feature; Output Elasticity; Production Effect

历史与文化

日本政府的右倾史观形成要素[*]

陈景彦^{**}

【内容提要】就日本政府而言，自二战后到今天的 70 年间，对于过去那场给中国以及亚洲人民带来巨大灾难的侵略战争，其内心就未曾有过真心的忏悔。在历史认识问题上，日本政府的权柄执掌者们大都不承认那场战争是侵略战争，这就是我们通常所说的日本政府的右倾史观。美国对日占领政策、政治统治的连续性、二战后日本国内缺少一场追究战争责任的群众运动和不合常理的逻辑可在日本通行等，均是造成日本政府右倾史观形成的重要因素。

【关键词】日本政府　战争责任　否认侵略战争　历史观

　　自二战结束至今已经 70 年了，如果我们仔细深入地观察和分析这 70 年日本政府对待过去那场战争的态度问题，我们就会发现，今天日本政府的右倾史观决非历史的偶然，而是历史的必然。这种必然既不是单纯的政治原因，也不是简单的经济原因，更不是所谓的日本文化使然，而是诸多因素共同促成的结果。限于篇幅，本文只择其中最值得关注的四个要素。

---

　*　教育部人文社会科学重点研究基地重大项目"儒学、西学与日本自我认知构建研究"（项目批准号：13JJD770013）。

　**　陈景彦，历史学博士，吉林大学东北亚研究院教授、日本研究所研究员，研究方向主要为日本史及中日关系史。

一 美国出于一己之私的占领政策为日本政府
奠定了不承认侵略战争的基石

美国占领政策中促进日本政府右倾史观形成的，首先是对天皇的保留与对其战争责任的免除。二战后美国单独占领日本，对日政策无不以美国的国家利益为中心。为了便于战后统治，虽然美国对于天皇的战争责任心知肚明，但还是决定保留天皇。日本战败时负责天皇人身安全及编制最初的战争嫌疑名单的美国情报专家埃里奥特·索普准将曾回忆说，自己全力支持保留裕仁天皇在位，"因为不然的话，我们就只剩下混乱了。宗教没了，政府没了。他是唯一的统治象征。现在，我知道他曾经有所染指，他并不是无辜的小孩子。但是他对我们有极大的利用价值，因为这样的理由我才建议老头子（麦克阿瑟）留下他"。① 这种利用天皇对日本进行战后统治的想法，虽然不能说是整个美国统治阶层的一致意见，但至少是一部分涉日上层统治者达成的共识。美国国务院驻东京代表乔治·艾切森在 1946 年年初写给杜鲁门总统的长篇报告中，"直率地陈述他的主张：'天皇是个战争罪犯。'而且，'如果日本想要实现真正的民主，就必须废除天皇制'。尽管如此，艾切森也相信，在当前的局势下，维持天皇制、免除裕仁的战争责任，才能避免社会混乱和最好地发挥民主"。② 以麦克阿瑟为首的美国占领当局，通过操控东京审判最终达到了这一目的，即完全免除了战时日本陆海军统帅——天皇应该承担的战争责任。

尽管二战后《日本国宪法》明确规定了天皇的人格化，仅把天皇作为日本的象征，但是，由于明治维新以来日本的神国观念已经深入人心，天皇就是这神国的具体代表，他并没有因为日本战败而完全丧失这一代表资格，而是以另一形式在思想观念中持续继承了二战前的天皇制理念。这一事实体现在无论是日本左翼还是右翼，或者自称中间派的日本人，都继续对人格化了的天皇恭而敬之。这种状态渐成一种自然的社会现象，久而久之便在人们

① 〔美〕约翰·W. 道尔：《拥抱战败第二次世界大战后的日本》，胡博译，生活·读书·新知三联书店，2008，第 303 页。
② 〔美〕约翰·W. 道尔：《拥抱战败第二次世界大战后的日本》，胡博译，生活·读书·新知三联书店，2008，第 303 页。

的心理上筑起了一道封锁追究天皇战争责任的顽固防线。而作为人神双重领袖的裕仁天皇在其二战后的言行中，把自己诡辩成在那场战争中扮演了不得已的被动角色。他还利用发动战争和结束战争形式上的不同，在民众中提升自己在结束战争问题上的"功劳"。"但事实上，天皇的战争责任问题长时期一直被搁置起来，通过媒体呈现给人们的是'和平天皇'的形象，人们一直被这种假象所迷惑。由此一来，军国主义和战争时代的'昭和'从人们的记忆中消失了，而出现了与欧美列强抗争、引以为荣耀的'昭和'这一历史现象，即所谓的历史否定主义或者历史修正主义的兴起。"① 另一位日本学者也深刻指出："我认为，昭和天皇既没有退位，也丝毫没有言及自己的战争责任问题，这给战后的日本史，特别是日本人的精神史所带来的负面影响，无法估量。特别需要指出的是，这不仅淡化了日本人的战争责任意识，而且模糊了本来领导者应该承担的政治责任、道义责任。"② 问题还远不止于此，由于天皇的战争责任未得到追究，从二战前延续下来的日本人的精神寄托与价值观便在很大程度上保持下来。关于这一点裕仁天皇本人最为清楚。1975年，当记者问到日本的价值观是否转变时，天皇是这样回答的："我知道，自战争结束以来，人们已经表达过各式各样的观点。但是，从更为广阔的前景看来，我并不认为战前和战后有任何变化。"③ 天皇的回答虽未明确说出人们"各式各样的观点"究竟是什么，但显然包含了没有"任何变化"的对天皇与对战争的态度。

其次是冷战的开始与朝鲜战争的爆发导致的美国对日本的一心扶植。如果说美军占领日本之初还有一些贯彻《开罗宣言》和《波茨坦公告》精神、使二战后的日本实现民主化的举措的话，随着冷战的开始，特别是朝鲜战争的爆发，美国完全转向了对日本的扶持。美国历史学会委员、麻省理工学院历史学教授约翰·W. 道尔就曾指出："美国人和他们在日本统治层中的反共支持者，有了对中国之苦难轻描淡写的新理由：中国将要'共产化'，并将代替日本成为美国人眼中在亚洲的主要敌人。""在此后的岁月中，随着

---

① 〔日〕纐缬厚：《我们的战争责任：历史检讨与现实省思》，申荷丽译，人民日报出版社，2011，第17页。
② 〔日〕中村政则：《日本战后史》，张英莉译，中国人民大学出版社，2008，第24页。
③ 〔美〕约翰·W. 道尔：《拥抱战败第二次世界大战后的日本》，胡博译，生活·读书·新知三联书店，2008，第545页。

冷战氛围的加强，占领军将新生的中国共产党视为大敌，阻止日本人的暴行记忆，成了美国政策的重要组成部分。"① 所以，在面对中国共产党这个共同敌人时，美国与二战后的日本领导人一拍即合，形成了完美的默契。这一众所周知的事实直接产生了两个后果：一是大批负有战争责任的日本战犯得到释放，并重新加入日本的统治阶层，这些人再次掌握政权之后，不可能否定和清算自己曾为之效命的那场战争；二是由于朝鲜战争的军事需要，美国不仅从军事上"复活日本军国主义"，而且从经济上为日本提供"特需"，在获取了经济上的好处之后，普通民众非常容易忘却战争的创伤。

二　日本政治统治的连续性保证了二战期间的政治家对历史认识的控制

日本政治统治的连续性是与日本家族的继承性有着密切关系的。我们先从统治日本的第一精神家族开始分析。日本在向全世界公开了裕仁天皇的《终战诏书》后，代替战时政府执掌政权的不是别人，而是皇族东久迩宫稔彦，这届内阁虽然只有不到两个月（1945 年 8 月 17 日～10 月 8 日），但其有着销毁战争犯罪证据的充足时间。"8 月 16 日，自即日起，根据军需省命令，烧毁关于战争中华人及朝鲜人的统计资料及训令、其他重要档案文件。马上命令课员进行整理，除有关的会计、经理方面之外，即使是个人私有物也要一件不留地烧掉。于是在樱田国民学校内烧了 3 天。"② 日本要销毁其战争罪证，如果说在海外各日占区、在中国军队的反攻过程中和在东北苏联远东军的突然打击下还有些匆忙的话，那么在日本国内则是非常从容的。从时间上看，8 月 15 日日本正式宣布投降，8 月 28 日美军先头部队才到达厚木，占领军总司令麦克阿瑟 8 月 30 才随后到达，待联合国军进驻东京已是 9 月 8 日了。自东久迩宫内阁开始销毁战争犯罪证据之日起，日本政府就已经注定走上一条决不肯承认战争罪责的道路。

东久迩宫内阁期间曾提出"一亿人总忏悔"的口号。可以说这一口号

---

① 〔美〕约翰·W. 道尔：《拥抱战败第二次世界大战后的日本》，胡博译，生活·读书·新知三联书店，2008，第 493、490 页。

② 〔日〕野木崇行：《华鲜劳务对策委员会活动记录》附录第 5 号，日本建设工业会、华鲜劳务对策委员会，1947 年 6 月，第 98 页。

本身是有其合理性的，即任何一个日本人都有必要对刚刚过去的战争进行反省与忏悔。这种反省与忏悔应该是站在加害者的立场上，反省和忏悔自己的行为给被害国与被害者造成了哪些伤害，自己的哪些罪行是不可饶恕和原谅的。但东久迩宫内阁提出这一口号的目的并不在此，而是最大限度地利用这一口号，把这一口号中的"每个人均有责任"无限夸大。它最具欺骗性的就是，其核心在于把发动、指导侵略战争的责任和参加、支持侵略战争的责任混为一谈，从而达到使日本政府推卸战争责任的目的。

紧接其后的币原喜重郎内阁无疑是美国意愿的反映。币原本人是二战前担任了两任外相的政治家，虽然他曾反对日本赤裸裸地武力侵华，但在骨子里他也是主张对华进行和平侵略与经济侵略的日本掌权者之一。币原在二战结束后立刻提出《终战善后策》，在第二项"必须使普通国民胸中铭记因战败而产生之事态的重要性"中说："1870 年普法战争的结果是法国丧失了'阿尔萨斯''洛林'二州。莱昂·甘必大告诫国民'要经常存此念头，切勿只挂口头上'。如今当帝国将要失去朝鲜、中国台湾等领土之际，甘必大的告诫颇具很深意味。"① 莱昂·甘必大是法兰西第二帝国末期和第三共和国初期著名的政治家，曾出任第三共和国总理。因为法国在普法战争中失败，普鲁士割占了上述法国"二州"，甘必大告诫国民要不忘国耻。在这里币原喜重郎显然是要日本国民像甲午战争结束时因三国干涉还辽而卧薪尝胆一样，牢记"将要失去朝鲜、中国台湾等领土"，公然把日本强占的殖民地称为自国的"领土"，且暗含有朝一日再次夺回之意。

东久迩宫与币原两届内阁存在时间虽然都不是很长，前者不足 2 个月，后者不足 8 个月，但是都对模糊侵略战争责任、开日本政府不承认侵略战争先河起了不可替代的历史作用。至于吉田茂内阁，则更是如此。吉田本人不仅是二战前的具有深厚"帝国意识"的政治家，为进行侵略战争的日本帝国政府尽力尽忠，甚至在二战后他任首相期间，仍然对裕仁天皇自称"臣茂"。从日本战败到中日建交之前，吉田内阁是执政时间最长的内阁，前后 5 届共计达 7 年之多。在这 7 年的统治中，在集中精力发展经济的口号下，日本政府决不承认侵略战争的历史观被牢牢地加固了。

岸信介成为日本首相这样一个历史事实，在日本历史上本身就是一个历史

---

① 〔日〕币原和平财团编《币原喜重郎》，1958，第 549 页。

坐标，它告知人们这个国家的政府不能也不会承认侵略战争。岸信介不仅在二战结束时被确定为甲级战犯嫌疑人，有参与及指导侵略战争的重大责任，而且"战后，岸信介最急于进行的复权活动就是，将战前时期国家统制经济的构想重新运用到战后的经济复兴中。正如经济学家野口悠纪雄将战后的日本经济体制称之为'1940 年体制'一样，领导战后经济复兴的是 20 世纪 40 年代担负总体战体制的一帮'战时官僚'。其中心人物就是前面所列举的岸信介、椎名悦三郎、和田博雄等"。① 这些人与战争的关联决非被动，可以说，直到中日建交前，日本历任首相和大多数内阁大臣都从内心里和行动上积极地支持了日本发动的那场侵略战争。如果说还有例外的话，可能就是以提倡"小日本主义"而闻名的、只有两个月零两天任期的首相石桥湛山了。石桥不仅提出和平主义，甚至在战争中也反对日本强占殖民地的国策。然而，"石桥湛山的主张不是从良心派依据的道德和人道主义出发；而是认为，殖民地统治不适合日本的国益，从彻底的功利主义立场出发，认为殖民地应该全部废除"。②

三 二战后日本国内缺少一场轰轰烈烈、真正触及 思想深处的对战争责任的追究运动

人们在谈论日本人的战争责任问题或日本人对侵略战争的认识问题时，往往以德国作为参照，认为德国人能够对侵略战争进行深刻反思与反省，并对受害者进行诚恳的道歉与赔偿。诗人李士非的作品《反差》有言："当勃兰特在华沙双膝跪下，全世界看到一个反差，跪着的德国总理，比站着的日本首相高大。"③ 殊不知当时的联邦德国在如何面对过去侵略历史时，也是经历了非常艰难的争议与斗争才做出了正确面对历史的选择。"1952 年以前，对于德国人民是否能够重新生根的问题，阿伦特从未表示过乐观的态度。但在这一年，她发现投票者开始扭扭怩怩地谴责纳粹那段历史。"④ 这

---

① 〔日〕颟缅厚：《我们的战争责任：历史检讨与现实省思》，申荷丽译，人民日报出版社，2011，第 73~74 页。
② 〔日〕高桥哲哉：《战后责任论》，徐曼译，社会科学文献出版社，2008，第 136 页。
③ 李士非：《反差》，《南方周末》1999 年 12 月 10 日。
④ 〔美〕伊丽莎白·扬－布鲁尔：《阿伦特为什么重要》，刘北成、刘小鸥译，译林出版社，2009，第 30 页。

是当年深受纳粹迫害的著名犹太裔美籍政治哲学家、思想家阿伦特的发现——直到 1952 年德国（准确地说应该是西德）人才开始"谴责纳粹那段历史"，并且还是"扭扭怩怩地"。而根据中国学者的研究，在 20 世纪整个 50 年代和 60 年代初，无论是联邦德国还是民主德国，都没有认真思考与反省二战中德国人的战争责任问题。"严格地讲，西德对纳粹历史的彻底反思，开始于 20 世纪 60 年代中后期。在此以前，西德一直由阿登纳领导的基督联盟主持政府，政治上相当保守，对纳粹历史睁一眼闭一眼。其历史态度与今天的日本颇为相似。"① 应该说 1970 年 12 月 7 日，勃兰特下跪华沙的举动，无疑是联邦德国清算"纳粹那段历史"的里程碑，勃兰特不仅获得了国际上正义力量的广泛赞扬，并且因此获得了诺贝尔和平奖。勃兰特之所以能有此举，固然与其本人在二战期间就是反法西斯斗士及其正直的人性品格有重要关系，而此前在联邦德国出现的声势浩大的追究纳粹罪行的群众运动尤其是学生运动则给了他勇气和力量。1968 年 11 月 7 日，年轻的女记者克拉斯菲尔德打了原纳粹党高级官员、时任联邦总理库特·基辛格一记响亮的耳光。她认为二战结束仅 20 余年，一位原纳粹党高官竟然能当上联邦总理，这纯粹是德国的耻辱。在这一事件的影响下，联邦德国以学生为主的年青一代掀起了一场大规模追问父辈们二战中为什么支持了希特勒、为什么支持了战争的运动。正是在这场运动的压力下，才有了 1969 年年初"因其纳粹时期在一个曾设计过集中营的建筑公司的工作经历"的联邦总统吕布克的下台，才有了 1969 年秋天社会民主党联合自由民主党上台执政和当年的反法西斯战士勃兰特出任联邦总理的历史进程。即便如此，清算纳粹罪恶历史和忘掉纳粹历史两种势力的斗争一直没有停止。20 世纪 80 年代，联邦德国还出现了 1983 年的所谓"希特勒日记丑闻"和 1986 年的所谓"历史学家争论"。② 甚至直到今天，德国的新纳粹势力仍在为希特勒历史罪行进行辩护。只不过由于德国政府反省侵略历史的坚定立场和追究纳粹罪行的严厉法律以及广大民众的正确历史认识，才使新纳粹势力未能掀起大浪。

---

① 景德祥：《德国为什么能忏悔》，《世界知识》2005 年第 10 期，第 39 页。
② 详见景德祥《二战后德国反思纳粹历史的曲折过程》，《学习月刊》2005 年第 7 期，第 32 页。

　　从二战后日本历史的发展过程来看，自 1945 年 8 月 15 日日本宣布无条件投降起，至 1952 年 4 月 28 日《旧金山和约》生效前，是为美国占领时期。虽然二战期间日本本土没有成为战场，但是东京被空袭、广岛和长崎遭受原子弹的轰炸，加之战争后期日本政府与军部为满足战争需要而对城乡进行竭泽而渔式的搜刮，使战争结束时的日本社会几近濒死的边缘。粮食奇缺、黑市猖獗、物价不稳、社会极度混乱，人们能够活下去已属不易，没有人站出来追究责任。如果说当时还有追究责任的行为的话，那是在追究"战败"的责任，而不是追究"战争"的责任。两者虽然只有一字之差，但在内涵和本质上是有天渊之别的。前者的指示方向是相对于"战胜"而言，意即我们为什么战败了，而不是战胜了。后者则是反思为什么发动了战争；为什么侵略了别国。就在日本天皇宣布无条件投降后不久，币原喜重郎在乘电车归宅途中，目睹了这样一个情景："一个 30 岁左右的健壮男子，在电车中大声向车内乘客呼喊：'诸位，你们知道吗？现今日本已经被追得走投无路了。为什么必须进行战争呢？我曾热心地读政府发表的信息，但全无判定为什么一定要进行这么一场大的战争呢？以为说战争胜利了，胜利了，敌人被打击得一败涂地，可是为什么就无条件投降了呢？难道不是我们败得一塌糊涂么？我们在不知不觉间被拖入战争，又于不知不觉间投降。如此怪事是暗算我们的当局的家伙们所为吧。'最后他还发出了抽泣声。车内人群也呼应说是这样啊，是这样啊！"① 币原喜重郎的记述应该是当时日本绝大多数民众的心理状态，他们普遍感到不解，为什么这么一场"圣战"就失败了呢？这种战争认识不仅与追究战争责任相差甚远，而且简直就是把自己完全置于受害者的境地，自己为什么支持战争则完全被忽视了。

　　随着冷战格局的形成和共产党领导的新中国的成立，美国加强支持日本政府对日本共产党的镇压活动。1949 年在日本发生了下山、三鹰、松川事件，美国占领当局以此为借口，指令日本政府在全国范围内大搞所谓"赤色整肃"运动，大批日共党员及其同情者成为整肃对象。整肃先是在报社、广播台等有关单位进行，继之扩大到政府机关，民间企业也采取同一步调。"民间企业开除 10920 人，公务员和公共企业的职员被褫夺公职者，加上

---

① 〔日〕币原喜重郎：《外交五十年》，中央公论社，1987，第 217 页。

1949 年被裁减的人员，共有 10793 人。"① 日本共产党面对如此严峻形势，于 1951 年 10 月通过了以武力革命夺取政权的"五一纲领"并付诸实施。"在日共的策动下，各地革命风起云涌，以中国革命的'农村包围城市'理论为指导思想的'山村工作队'遍布全国，一时间日本列岛'武装蜂起'，不无燎原之势。"② 1952 年 5 月 1 日，日共及亲日共的左翼青年团体组织大规模无产者示威游行，"事件造成警察方面重轻伤者 750 名；示威者方面死亡 1 名，重轻伤者 200 名；除此之外，还有 11 名外国人负伤。共有 1232 名示威者被警方逮捕，其中 261 名被以骚扰罪起诉，最终 16 人被判有罪"。③ 这便是当时对民众影响非常大的"血腥的五一"事件。在这样一种社会状态下，除了如何应付生计外，美国占领当局与日本政府对共产党的镇压便成了当时的重要社会话题了。而被镇压的恰恰是"在战后就是受到以日共为代表的反战民主势力影响而坚持严肃清算战争罪行、诚恳反省罪恶历史、自觉承担战争责任并在此基础上主张和平友好外交的那一部分日本国民"。④ 这便使整个 20 世纪 50 年代失去了任何能够掀起追究战争责任运动的可能性。及至 20 世纪 60 ~ 70 年代日本经济高速增长，战争责任问题完全被搁置起来。

四 不合常理的逻辑可在日本通行

1940 年 9 月，日本公开加入与英国为敌的德意行列，日本政治家和报纸掀起了反英言论。为此，英国对日本的企图极为不安。松冈外相的声明说这是和平同盟。⑤ 明明是为了战争，却说成是和平，这种颠倒黑白的逻辑在战争中如此，刚刚战败时也是如此。日本史学家井上清先生曾在他的名著《天皇的战争责任》中一针见血地指出："天皇，是大日本帝国的唯一最高

---

① 〔日〕竹内理三等编《日本历史辞典》，沈仁安、马斌等译，天津人民出版社，1988，第 554 页。
② 刘柠：《中日之间》，中信出版社，2014，第 20 页。
③ 刘柠：《中日之间》，中信出版社，2014，第 23 页。
④ 刘建平：《战后中日关系："不正常"历史的过程与结构》，社会科学文献出版社，2010，第 49 页。
⑤ 〔日〕重光葵：《重光葵外交回忆录》，天津市政协编译委员会译，知识出版社，1982，第 187 页。

的统治者，是大日本帝国军队的唯一最高的统帅。不仅如此，天皇还号称是创造日本国家之神的万世一系的子孙，是神权的化身。假如没有这种拥有最高权力和神权的天皇陛下的命令和统帅，那么日本国家和它的军队进行战争是不可能的。而且要求日本国民必须对天皇无条件地绝对地竭尽忠诚，就是在这种教育或强迫下进行了这次战争。对于处在这样地位的天皇，如果说对战争不应负责等等，这是在一般人类社会中根本说不通的道理，但是在日本却说得通。"① 井上先生所指出的这种不合常理的逻辑在日本俯拾即是。

1979年2月，台湾高山族遗属代表团赴日，第一次向靖国神社提出撤销合祀的要求。这本是十分符合人之常情的正当要求，可这一要求却遭到了靖国神社的拒绝。当时的靖国神社副宫司池田良八给出如下拒绝撤销合祀的理由："战死时他们是日本人，所以死后不可能不是日本人。他们是作为日本的士兵、怀着死后能被祭祀在靖国的心情而战死的，所以不能因为遗属们的要求就撤销合祀。"② 对于韩国方面提出的撤销合祀的要求，日方也以同样的理由加以拒绝。这种不合常理的逻辑就是以侵占殖民地是正当合法为前提的，把以武力强加在他国人民头上的，并且以死去的人已经不能表达自己的意愿为借口而拒绝他们遗属的合理要求。或者我们还可以说，靖国神社毕竟是特例，因为无论二战前还是二战后，它一直是日本军国主义的温床，自然不会有合乎常理的逻辑。那么我们再看日本政府和日本领导人对此是如何表现的。

日本政府对于曾参加战争的旧军人都发放所谓的"军人恩给"，获得"军人恩给"者到1980年3月底有213万人。当然，在旧军人中也有像尾下大造那样以"我不是战争的牺牲者""还没有对真正的战争牺牲者进行救济""对于被侵略地区尤其是中国受害者并没有采取救济措施"为理由拒绝接受的人。尾下指出，"自己为国家打了仗，因为战败了就不支付恩给，没有道理"，以这样的逻辑而接受恩给，"在日本可能行得通，但对中国、东南亚那些曾被日军蹂躏的人们来说，能成为说得通的道理吗？"③ 这一说不通的道理关键在于日本政府给予旧军人的不是"困难补助"而是"军人恩

---

① 〔日〕井上清：《天皇的战争责任》，吉林大学日本研究所译，商务印书馆，1983，第7页。
② 《朝日新闻》，1987年4月16日，转引自〔日〕高桥哲哉著《靖国问题》，黄东兰译，生活·读书·新知三联书店，2007，第64～65页。
③ 〔日〕野田正彰：《战争与罪责》，朱春立译，昆仑出版社，2004，第257、260页。

给"。前者是由于生活上出现困境政府对于所治下国民的关爱，后者则是对当事者曾经参加过的战争给予高度认可。

我们再看日本的领导人。1963 年以来，日本每年 8 月 15 日都要举行"全国战殁者追悼会"。1982 年 4 月 13 日，铃木善幸内阁又通过决议，将 8 月 15 日作为"追悼战死者暨祈祷和平日"。铃木首相在当日的致辞中是这样说的，"在那激烈的战斗中，300 多万同胞祈愿祖国的安泰，思念着亲人的未来，在战场、工作岗位上或在战火中倒了下去，还有的人战后死于异乡。当想起他们时，痛恨之情不禁满胸怀"。① 铃木把本来是去别国土地上杀人放火的日本强盗，说成"祈愿祖国的安泰"，难道这不是只有在日本才有的不合常理的逻辑么？小泉纯一郎参拜靖国神社的逻辑就更加明显了。"小泉一边说日本的殖民统治和侵略给'亚洲近邻国家'的人们造成的'难以愈合的伤口''至今''尚且存在'，一边又去参拜靖国神社，往'难以愈合的伤口'上撒盐，这是自相矛盾的行为。"② 小泉把明明是为日本军国主义招魂扬幡之举，说成"祈祷和平"，这种混淆是非、不合常理的逻辑，在日本领导人中是被广泛运用的。

在日本领导人的言行中，只要一关乎历史认识问题，他们大都会按照"与其他国家一样"这一逻辑来为日本战争罪责开脱。1985 年 7 月 25 日，时任首相的中曾根康弘在自民党轻井泽研讨会上就曾说："正如美国有阿灵顿、苏联和其他外国无名战士之墓一样，每个国家都有国民对为国捐躯者表示感谢的地方。这是理所当然的。否则谁会去为国家奉献生命呢？"③ 他把为反法西斯战争而牺牲者与参加法西斯侵略战争者一视同仁，从实质上完全混淆正义与非正义战争之区别。诚然，这种混淆正义与非正义的行为可以在日本畅通，这与日本社会近年来的整体右倾有着密切关系。已经有日本学者敏锐地指出："说到'正义'这个词时，我们会感到踌躇。这是由于在今天的日本社会中，没有比说'正义'这个词更让人讨厌了，也没有比用'正义'这个词来取笑他人更能让人接受了。"④ 这样一种社会氛围，应该说是日本政府、日本领导者和日本右翼共同打造的。

---

① 《解放军报》1982 年 8 月 17 日。
② 〔日〕高桥哲哉：《靖国问题》，黄东兰译，生活·读书·新知三联书店，2007，第 143 页。
③ 〔日〕高桥哲哉：《靖国问题》，黄东兰译，生活·读书·新知三联书店，2007，第 52 页。
④ 〔日〕高桥哲哉：《战后责任论》，徐曼译，社会科学文献出版社，2008，第 66 页。

日本自战败以来，就缺少真心"拥抱战败"的政治家。有些政治家非但不能"拥抱战败"，甚至对"战败"一词都讳莫如深，将其称为"终战"。过去那场侵略战争根本就是以天皇为首而进行的"大东亚解放战争"，这种意识在日本的多数首相头脑中都是认可的，只不过像安倍这样大胆地喊出"天皇万岁"者不多而已。

安倍同他的前任首相们所不同的只是安倍比他们更大胆、更公开而已。实际上在不承认侵略战争问题上，以及坚持日本过去进行的那场战争是"自卫战争"、是"大东亚解放战争"的立场上，安倍并不是第一人。他的这种大胆与公开和他前任的没有公开在本质上是一致的。不同的是，他的前任认为在口头上还是以承认侵略战争为好，这样更符合日本的国家利益，所以"宫泽谈话""河野谈话""村山谈话"就经常被作为招牌而利用，安倍则认为公开否定和大胆行事才更符合日本的国家利益和日本国家战略。如果有一天，安倍突然一反常态而表示在历史认识问题上要尊重以上三个"谈话"，那一定是因为他自认为这样做对自己或是对日本国家更有利，而不是因为其历史认识的改变。

通过以上四个方面的分析，我们基本上可以了解日本政府历史观产生和发展的脉络。那么上述三个"谈话"又该如何认识呢？这已经不在本文要探讨的范围之内了。

The Key Forming Elements of Japanese Government's Rightist Historical View

CHEN Jingyan

Abstract As to Japanese government, for the past 70 years from the end of the Second World War till today, it has never sincerely repented from the bottom of its heart for the aggressive war which had brought great catastrophe to Chinese people as well as other Asian people. When facing historical problems, the Japanese authorities in power would often deny that the war was an aggressive one, which shows the rightist historical view that we usually mentioned of Japanese government. The U. S. occupational policy towards Japan, the continuity of political domination, the lack of a mass movement in Japan investigating the war responsibility afterwards, and some irrational logic being workable in Japan, all constitute the key elements resulting in the Japanese government's rightist historical view.

Keywords   Japanese Government; War Responsibility; Denial of the Aggressive War; Historical View

日本对中国东北的移民侵略：
基于"关东宪兵队档案"的考察

王胜今　　沈海涛*

【内容提要】 本文试图通过对吉林省档案馆所藏日本侵华档案的初步整理研究，考察在中国进行移民侵略的日本"开拓团"的名称变化及日本移民侵略的本质与特征等问题，指出"移民团"向"开拓团"的名称变化，不仅掩盖了日本对中国侵略扩张的本质，更体现出日本对中国侵略的战略调整与殖民统治政策的变化。同时，也通过对日本对中国东北移民侵略过程中的具体史实的整理，揭示日本移民侵略给中国东北地区带来的灾难以及对日本移民的深刻影响。

【关键词】 日本侵略　移民侵略　开拓团　关东军宪兵司令部档案　《通信检阅日报》

　　近年来，日本右翼势力极力否认对外侵略扩张历史，否认当年日本犯下的战争罪行，不断通过右翼政客的"靖国神社"参拜、篡改历史教科书等活动，企图推翻历史结论，为日本军国主义招魂。因此，有必要对日本侵华历史进行重新梳理，正本清源，还历史以本来面目。

　　日本对中国东北实施的移民侵略，是日本帝国主义侵占中国东北，进而实现大陆扩张侵略政策的重要组成部分。日本对中国东北的移民侵略，号称

---

*　王胜今，吉林大学东北亚研究院教授、日本研究所研究员，研究方向为中日关系史；沈海涛，吉林大学东北亚研究院教授、日本研究所研究员，研究方向为中日关系。

当年日本的七大“国策”之一，足见其在日本对外侵略扩张中的重要地位。然而，历年来国内外学者对日本对中国移民侵略历史的研究依然存在名称概念混乱、史实证据残缺、本质认识模糊等诸多问题与缺陷。

2014 年年初，吉林省档案馆发掘整理并对外公布了一批日本侵华时期遗留下来的关于日军南京大屠杀、“从军慰安妇”、“731 细菌战”和对中国东北进行移民侵略等战争罪行的历史档案，为揭露日本侵略中国的战争罪行和反击日本右翼势力否定侵华扩张历史的错误行径提供了重要的历史文献依据，引起中外各界的强烈反响。

限于篇幅，本文仅从日本对中国东北实施移民侵略的视角，针对日本对中国的移民侵略的名称变化、日本移民侵略的本质与特征等问题，依据最新发掘整理的日本侵华历史档案资料进行分析，对相关研究中存在的问题拾遗补阙，揭露日本帝国主义对外侵略扩张的本质特征。

一　有关“历史名称”的使用问题[①]

长期以来，在日本近现代史、中日关系史特别是日本侵华史研究中，有关历史事件、制度名称、群体（团体）称呼等的日语表达，常常由于在日本的历史文献资料中使用了汉字，便被不加翻译地直接拿来使用。这种“拿来主义”现象与近代以来汉字“逆输入”现象的大量发生有相辅相成的关系，其功能作用和对其的评价也不一而足。然而，一个不容忽视的问题是，在很多非近代新造词语逆向回流的情况背后，隐藏着文化帝国主义和后殖民主义的话语霸权及日本掩饰对外侵略扩张的重大政治目的。

后殖民主义理论认为，相对于帝国主义殖民主义主要是对经济、政治、军事和国家主权进行侵略、控制和干涉，后殖民主义更强调对文化、知识方面的控制。美国的弗·杰姆逊（Fredric Jameson）认为，“第一世界”掌握文化输出的主导权，可以将自身的意识形态看作一种占优势地位的世界性价值，通过文化传媒把自身的价值观和意识形态编码在整个文化机器中，强制性地灌输给“第三世界”。而处于边缘地位的第三世界文化则只能被动接

---

① 本节的核心观点已经发表在刊载于《吉林大学社会科学学报》2014 年第 3 期的《论日本对中国东北移民侵略的侵略本质》一文中。

受，它们的文化传统面临威胁，母语在流失，文化在贬值，意识形态被不断渗透和改型。①

由于中国汉字在古代传入日本之后成为日本文字的主体部分，因此在日本历史文献中可以见到大量的汉字或以汉字为主的档案资料。这些历史文献资料在翻译成中文过程中，出于文义相通或文字相近，相当多的专有名词便原封不动地被拿来使用，有些甚至约定俗成地变成了"新汉语"和"新汉字"。毋庸置疑，这对推动汉语汉字的进化发展起到了一定的积极作用。但是，还有另外一种情况，某些历史名词带有极强的时代和政治色彩，却依然被"不假思索"地照搬应用，如"从军慰安妇""开拓团"等，其带来的后果与影响不仅仅局限于语言文字领域。

尽管在某种意义上这种外语历史名称用语的"拿来主义"为研究活动和文化交流提供了某种便利，使中日文化学术交流有了较好的"共同平台"。然而，这种不加分析和思考，甚至不加翻译地照搬照用，客观上却带来了诸多不利于民族利益和国家大义的消极后果，对当时及以后的历史认识问题与国际关系都产生了重大的影响。

一方面，通过无心的"拿来主义"和故意混淆是非掩盖事实真相的做法，将使历史研究陷入后殖民主义语境与西方话语霸权体系的陷阱，在政治文化、意识形态等领域受制于帝国主义和后殖民主义的话语霸权，丧失中国的主体性和自我价值判断能力。在与日本就"历史认识"问题进行争论以及批判日本右翼势力错误的历史观与行动的过程中，很多时候中国处于被动的局面，其原因之一就在于面对日本右翼势力故意混淆历史概念、抹杀历史真相、颠倒是非曲直的言行，中国使用的语言"武器"很多是日本制造，分析框架与原则规范都被纳入对方铺设好的"语境"。防止在文化和意识形态领域被现代帝国主义或后殖民主义实施的"隐晦的、文化道德的、知识的、精神方面的领导权"② 控制，防止成为其思想文化的附庸，就成为当代中国在文化建构与公众教育中，特别是在日本侵华历史研究中，建构坚固的防御阵地并树立中国自己的话语体系和话语领导权的重

---

① 王岳川：《后殖民主义的历史语境与当代问题》，http：//www. aisixiang. com/data/6923. html。
② 王岳川：《后殖民主义的历史语境与当代问题》，http：//www. aisixiang. com/data/6923. html。

要内容。

另一方面，这种行为和现象，客观上也为日本开脱侵略中国的战争责任提供了借口和可能。在后殖民主义话语权下，日本侵华历史给中国带来的是一种无形的影响和深远的危害，造成文化意识上的错误认同，继而模糊、赞同日本右翼势力对其殖民侵略的粉饰、回避甚至否定。在某种意义上说，这也是当今许多日本人无法正确认识当年日本军国主义对外侵略扩张的历史及其本质，助长右翼势力错误的历史认识泛滥的重要原因之一。

在有关日本对中国的移民侵略的历史研究中，"满蒙""移民""开拓团"等日本对中国殖民侵略扩张时期的官方用语，有时甚至被不加引号地照搬使用，这不仅有意无意地模糊和掩盖了日本对中国殖民侵略扩张的本质，也容易使相关研究走进误区，陷入单纯的人口移动研究，陷入简单的外来移民对中国东北地区经济与社会发展的影响等形而上学的逻辑推理，进而对近代以来日本对外侵略扩张的时代特征做出错误的判断。因此，需要破除现有的、对本质认知存在干扰的假象。"假象的东西是本质的一个规定，本质的一个方面，本质的一个环节。本质具有某种假象。假象是本质自身在自身中的表现。"① 而在论证日本对中国东北移民侵略的研究中厘清本质与假象的关系，也有助于在真正意义上形成对日本帝国主义对外侵略扩张的本质特征的全面、客观与深入的认识。

日本军国主义在对外侵略扩张中，惯于使用词义暧昧、冠冕堂皇的词语，极力掩饰其战略意图和侵略行径。"从军慰安妇"的真相与本质是日本对外侵略过程中，大量在日本军国主义强迫下为日军提供性服务、成为供其蹂躏压迫的"性奴隶"的日本、朝鲜和中国妇女，与现代日本国内依然使用的"慰安"一词有着本质上的区别。该名称的使用，客观上掩盖了日本军国主义犯下反人类战争罪行的问题实质。

而"开拓团"一词，则是日本军国主义在对中国东北实施移民侵略过程中炮制出来的一个专有名词。长期以来，不仅日本仍然延续使用这个名词描述日本移民侵略中国东北的历史，世界其他国家甚至中国学术界也在沿用

---

① 〔苏联〕列宁：《黑格尔〈逻辑学〉一书摘要》，人民出版社，1965，第57页。

这个名称。"开拓"一词本身带有褒义，表示开拓荒地、开拓新领域等。如本文后面所述，日本军国主义把侵入中国东北的日本移民集团称作"开拓团"，就是企图把日本军国主义的移民侵略行径美化为开垦荒地、开发"满蒙""无主地"、建设"大东亚王道乐土"的经济开发行为。无疑，这一词语的使用与流传，掩盖了历史真相，我们必须加以澄清，揭开日本移民侵略的本来面目。

一言以蔽之，在后殖民主义的"语境"和文化帝国主义话语权下，不可能真正对日本对外侵略扩张的历史做出批判性的结论，无法真正认清日本帝国主义对华侵略的本质。

二 "关宪档案"中记载的日本在中国的移民侵略

日本对中国东北实施的移民侵略，是日本帝国主义侵占中国东北，进而实现大陆扩张侵略政策的重要组成部分。1931 年"九一八"事变日本全面占领中国东北地区后，陆续向东北派遣 30 余万日本移民。日本对中国东北的移民侵略，号称当年日本的七大"国策"之一，足见其在日本对外侵略扩张战略中的重要地位。

目前，吉林省档案馆保存有 1945 年以前日本向中国东北移民侵略的部分历史档案。该档案真实地记录了到 1945 年日本帝国主义战败投降为止的数十年间日本在中国东北的移民侵略情况。2014 年吉林省档案馆发掘整理并公布"日本关东军宪兵司令部邮政检阅档案"（以下简称"关宪档案"），由于独特的性质与特征，"关宪档案"成为日本自我展示其大陆侵略扩张本质与野心的铁的历史证据。该档案在日本战败之际曾遭到关东军有计划的大规模销毁，已经残缺不全，但经过有关档案工作者的发掘和整理，可资利用研究的尚有 267 卷之多。该档案充分揭露与暴露了日本军国主义殖民侵略的虚伪性和两面性，细致展示了日本侵华反苏及殖民统治中国东北的实况。

仅就目前发掘整理的日本在中国东北推行移民侵略这部分历史事实来看，"关宪档案"也非常真实地反映了当时的移民政策实施状况与移民侵略统治的演变特征。吉林省档案馆有关日本移民侵略的档案材料对揭露和研究日本帝国主义所推行的移民侵略政策有重要意义。目前该档案的整理与研究仍在进行中，部分档案已经整理成书公开出版，① 本文仅是其中的一个阶段性成果介绍。

（一）日本移民政策的实施及对中国的侵害

1932 年 1 月，日本关东军召开"满蒙法治及经济政策咨询会议"，确认将向中国东北全境实施移民。1932 年 8 月 22 日，日本关东军特务部第三委员会制定了"满洲国农业开发及移民要纲案"，明确提出由政府主导，根据当地情况"渐进式"地实施日本人移民政策的方针（吉林省档案馆馆藏资料《极秘 满洲国农业开发及移民要纲案》）。1933 年 4 月关东军又批准了"日本人移民实施要纲案"。②

日本为了大规模向中国东北移民，不断通过各种形式对中国东北土地进行掠夺，除将没收的国有地、官有地、"逆产地"和"地主不明土地"直接划作移民用地外，还强行从中国农民手中"收买"土地。

通化宪兵队 1943 年 3 月的《思想对策月报》中记载了根据第二个五年"开拓"计划实施移民的情况。由于日本人廉价收买且不全额支付土地价款，"政策的不完善，导致满人生活根基被剥夺，因而招致当地农民的强烈不满"。③

"关宪高第四一一号 关于伴随土地买收满系地主的反对策动状况的通牒"档案记载了 1940 年在公主岭山路乡实施大规模土地买收过程中，由于以军事用地为名强占原有农民土地，招致当地地主的强烈反对，不得不暂时中止该项计划的实施（关东宪兵队司令部《关于收买土地引起中国人地主反对情况的通牒》）。④

1933 年日本第一次武装移民移住桦川县永丰镇，将该镇的 99 户 400 多名中国农民全部逐出，并掠夺该村全部土地。据不完全统计，到 1941 年，

---

① 庄严主编《铁证如山：吉林省新发掘日本侵华档案研究》，吉林出版集团有限责任公司，2014；尹怀主编《铁证如山：吉林省档案馆馆藏日本侵华邮政检阅月报专辑》第一卷、第二卷，吉林出版集团有限责任公司，2014。
② 房俐主编《档案吉林：省档案馆卷》下卷，吉林出版集团有限责任公司，2013，第 116 页。
③ 庄严主编《铁证如山：吉林省新发掘日本侵华档案研究》，吉林出版集团有限责任公司，2014，第 510～513 页。
④ 庄严主编《铁证如山：吉林省新发掘日本侵华档案研究》，吉林出版集团有限责任公司，2014，第 518～533 页。

日本殖民统治者以移民用地的名义占夺东北土地 2000 多万公顷。

日本移民只有"开拓"之名，并无"开拓"之实。不仅所谓的"开拓地"绝大部分是从中国人手里抢夺来的熟地，不用再进行"开拓"，甚至这些土地被日本人强占后也不是由日本人耕种，而是租给或雇佣中国农民替他们耕种。日本人移民实际上成为当地的统治阶级和太上皇，成为日本军国主义对中国人民进行殖民统治的工具。

一份"关宪档案"记载了日本人移民是如何欺压"满人"收取"买路钱"的。当时的五常县朝阳川"开拓团"对过往搬运柴草的满人发放二元到五元不等的通过许可证。另有日本人警卫员向通过"开拓团"所在地区搬运柴草的满人每人强收现金三十元，收十五元可过马车，等等。山河屯"开拓团"团民在民众粮食不足的时候，将收买价格为一石三十七元九十钱的大豆以一石四十五元的价格秘密高价贩卖给三名满人牟利，获取了百余元不正当利润。①

在一份"鸡宁临时宪兵队、鸡宁地方检阅部"1943 年"提交通信检阅月报的报告（通牒）"档案中，记录了在鸡宁县的日本移民西村益子发给日本静冈县西村一雄的信件摘要。信中记录了由于实行配给制度，中国人没有粮食，只有日本"开拓团"有粮食，"开拓团"团民随时开枪射杀中国人的史实。另外一份日本关东宪兵队"对满洲国内日满民族矛盾等的民情调查"档案则反映了日本移民与中国东北民众的矛盾。其中明确指出"土龙山事件"是由于日本"开拓团"团民威胁东北民众的生活权，才招致了当地民众的强烈反抗。档案中随处可见日本移民蔑视东北原住居民，对其进行殴打甚至杀害等记载。日本移民同当地中国人之间经常发生的纠纷和暴力事件，绝大多数是由日本移民的不法行为引发的。由此，东北民众对日本移民即所谓的"开拓团"团民的反感日益加深并逐渐转化为反日情绪。

1937 年以后，日本对中国东北的移民侵略进入"国策移民"阶段。不仅移民的募集由原来的以"在乡军人"为主向以一般农民为主转变，日本移民入侵后的指导思想也发生变化，转向利用移民对东北进行殖民统治，试图把东北变成扩大侵略战争的后方基地，甚至使之成为日本的一部分。"百

---

① 庄严主编《铁证如山：吉林省新发掘日本侵华档案研究》，吉林出版集团有限责任公司，2014，第 506、510、518、537~538、553 页。

万户移民计划"的目标绝大部分都部署在东北抗日联军的游击区和漫长的中苏边境地区。1938年以后日本把向中国东北派遣的"满蒙开拓青少年义勇军"作为"充实满洲国防的第二线"和镇压中国人民的重要警备力量。日本移民的作用从"狭义的国防机能"转变为"广义的国防机能"。日本移民侵略政策的性质发生了重大变化。

通过移民统治，日本对中国东北的殖民侵略扩张的军事色彩被建设"五族协和"的和平假象所掩饰，移民集团部分代行日本关东军在平时的军事统治的职能，在战事紧张时又直接变成日本侵略军的预备队和别动队。

（二）日本移民的思想变化与行动

笔者在此次发掘公布的"关宪档案"相关资料中发现，众多的日本移民以及朝鲜移民等都经历了被欺骗宣传所鼓动而"意气风发"，要开疆拓土，继而在严酷的现实面前发觉上当受骗而失望不满，再而产生抵触、逃避甚至反抗的思想变化与行动。

"因为怀抱希望而心潮澎湃，来到了憧憬的满洲。我们移民团到达目的地几天后就知道了真相，感觉梦想破灭了。""中队长根本不在乎我们的将来，虽然在此地可以进行一些耕种，但是即便是为了国家也不能在此地久留，否则就是在等死。"有这样心情的日本人移民并不在少数。

"关东宪兵队司令部、中央检阅部"1940年2月的《通信检阅月报》档案中摘录了一封由大黑河的三井丰发给山梨县中巨摩郡稻积村杉野玄三郎的信件："离开故乡之时，政府人员的花言巧语让我抱有巨大的希望。但是当我开到此地了解到满洲的情况后，之前的希望就彻底落空了。"这清楚地记录了日本人移民来到"满洲"后，发现这里的生活与政府的宣传不同，希望彻底落空的情感变化。[1]

在日本对中国东北实施移民侵略的后期，大批的日本青少年被日本政府欺骗盅惑来到中国东北，组成"青少年义勇军（队）"，成为日本对中国移民侵略的一支重要力量。但这些被欺骗的日本青少年无法适应中国东北的严酷生存环境，在成为日本对中国移民侵略的加害者的同时也沦为牺牲品。

---

[1] 庄严主编《铁证如山：吉林省新发掘日本侵华档案研究》，吉林出版集团有限责任公司，2014，第553页。

"关东宪兵队司令部、中央检阅部"1940年4月的《通信检阅月报》档案对此有大量的相关记载。在一份大岭发往长野县川上三四郎的信件摘抄中,发信人详细描述了"义勇军"悲惨的生活。"在当地,义勇军这期间非常的骚乱。听说所长的脖子被人用日本刀切断导致当场死亡,还有干部的腿被砍等,此种事件频繁发生,这次的手术彻底拆除了我左侧的睾丸。来到义勇军后,因为营养不足遭受结核菌的感染,义勇军(中队)中约有一成五的人,被诊断为感染了结核菌,或是其他较严重的呼吸器疾病。五六成的人都成了精神上或是肉体上的牺牲者。"①

"虽然我不知道移民后的情况,但是从移民团本部的决算书上来看,前年及去年两年的利润是36元,即每人每年的利润是18元。移民团的利润是如此微薄,但是日本内地的宣传机构还宣传其每年有1800元的利润。这就是移民的实情。"②

(三)"五族协和"下的民族对立

相关历史档案资料表明,日本通过移民对中国东北地区进行殖民统治的特殊形态明显有别于日本在中国台湾、朝鲜以及其他占领地区实施的统治形态。在中国东北地区,日本军国主义把日本人、朝鲜人和"白俄"人等移民集团依据统治需要进行调配,分割控制当地原有的中国居民,并不断制造民族间摩擦,使彼此相互牵制和相互制约。在"五族协和"的幌子下,形成了日本人包括日本移民集团居于核心领导地位掌控当地经济社会发展的"金字塔状"的殖民统治结构。

日本对中国东北的移民政策,"或资国人之发展,非法侵害满人利益,上下驱于优越之感",已经招致中国人的反感,酿成"反日思想"。"九一八"事变后,东北各地掀起反抗日本军国主义侵略的民众斗争,如"土龙山事件"。各地纷纷成立义勇军、救国军、自卫军、铁血军、抗日联军等,开展对日本侵略者的抵抗斗争。

1934年3月"土龙山事件"爆发,当地的14000余名中国民众奋起反

---

① 庄严主编《铁证如山:吉林省新发掘日本侵华档案研究》,吉林出版集团有限责任公司,2014,第537页。
② 尹怀主编《铁证如山:吉林省档案馆馆藏日本侵华邮政检阅月报专辑》第一卷,吉林出版集团有限责任公司,2014,第91页;第二卷,第137~138页。

抗日本人强夺农民土地的侵略行径，打死以日军指挥官饭冢朝吾大作为首的日伪军 40 余人，迫使日本变更日本移民的迁入地点。关东军宪兵队"对满洲国内日满民族矛盾等的民情调查"报告认为事件的起因是日本人的"入植"严重威胁到当地民众的生存权，加之日本人的"集团性的"对当地民众的蔑视、欺压和残害，招致矛盾对立尖锐，最终导致事件的发生。报告承认，日本移民与当地民众之间的摩擦、纠纷甚至暴行，多数是以日本移民的不法行为作为发端的。①

此类反映民族对立、反对日本移民侵略的事实在档案中多处可见。

三　结论

通过对"关宪档案"的整理与分析，可以初步得出以下两个结论。

第一，日本"开拓团"本质上是日本实施大陆侵略的"殖民扩张团"。

日本向中国东北派出移民，起初使用"移民"的称呼，其间还有"试验移民""武装移民"等称谓。1936 年日本提出"百万户移民计划"并使之成为日本七大"国策"之一后，其通过移民改变中国东北地区的民族结构，把东北彻底变成日本殖民地的图谋昭然若揭。1939 年日本授意伪满当局更改日本移民称呼，把"移民团"改称为"开拓团"。日本企图通过模糊概念掩饰对中国东北移民的侵略本质，以缓解中国人民对日本侵略的反抗，鼓动日本民众支持并积极参与其殖民扩张战略，蒙蔽国际舆论以减轻国际社会对日本殖民侵略行径的压力。因此，从"移民团"到"开拓团"的名称的变化，不仅掩盖了日本对华侵略扩张的本质特征，更是一种对华侵略战略上的调整和殖民统治政策的变化。日本人惯用偷天换日的手法，对内对外使用模糊概念，混淆视听，回避其侵略扩张的本质。

"在表面上是偶然性在起作用的地方，这种偶然性始终是受内部的隐蔽着的规律支配的，而问题只是在于发现这些规律。"② 日本对华移民侵略表

---

① 庄严主编《铁证如山：吉林省新发掘日本侵华档案研究》，吉林出版集团有限责任公司，2014，第 553~556 页。

② 〔德〕恩格斯：《路德维希·费尔巴哈和德国古典哲学的终结》，载《马克思恩格斯选集》第 4 卷，人民出版社，1995，第 243 页。

面上是一种看似具有一定偶然性的以"开拓"为名的政策行动，实质则是日本帝国主义对外侵略扩张的必然组成部分。

大量的研究证明，日本对华移民侵略是日本统治阶级转移国内矛盾视线以维护军事法西斯统治的惯用伎俩。的确，对外移民是转嫁日本国内社会危机的重要手段和途径。近代以来日本政府就不断通过各种途径向海外输送移民，以减轻国内的压力。但是，对中国东北的移民侵略却有不同的性质特征。以广田内阁的"国策"决议为转折点，实施向中国东北的移民政策就变身为日本侵略中国总体战略的重要组成部分。日本的对华移民侵略政策的变化与日本军国主义法西斯化的时期重叠绝非偶然，这是日本帝国主义对华侵略的必然性所致。

第二，我们应该重视和纠正以往研究中不加甄别地照搬引用日文专有名词的问题。

"开拓团"作为日本战败前对其在中国东北的移民的正式称谓一直沿用至今，也长期为中国等各国学术界"不假思索"地照搬使用。该名词的沿用掩盖了日本在中国东北移民的侵略本质。我们应该重视和纠正以往研究中不加甄别地照搬引用日文专有名词的问题，名称用语的"拿来主义"将使日本侵华史研究陷入后殖民主义语境与西方话语体系的陷阱。在后殖民主义的话语权下，在帝国主义殖民主义的"语境"当中，我们将无法真正认清日本帝国主义对华侵略的本质，客观上为日本侵华历史开脱责任。

在后殖民帝国主义话语权下，日本侵华历史给中国带来的是一种无形的影响与深远的危害，造成文化意识上的错误认同，继而模糊、赞同日本右翼势力对殖民侵略的粉饰、回避甚至否定。这也是当今许多日本人无法形成正确的历史认识的原因之一。

Japan's Immigration Invasion in Northeast China： Based on a Review of Archieves in Jilin Archieves

WANG Shengjin，*SHEN Haitao*

Abstract　This article is a preliminary review and research on the archives of

Jilin Archives regarding Japan's aggression against China. It probes into Japan's immigration invasion in China based on the name change of "settlers" and focuses on the nature and characteristics of such immigration invasion. The article points out that, the change of name from "settlers" to "immigrants", not only disguised the nature of Japan's aggression and expansion in China, but also reflected Japan's strategic adjustment and change of colonial policies during its aggression against China. At the same time, the essay reveals the disasters that Japan's invasion brought to Northeast China, as well as its profound influence on Japanese immigrants , through collecting and organizing the data of specific historical facts of Japan's invasion of Northeast China.

Keywords Japan's Agrresion; Immigration Invasion; Colonization Group; Douments of the Kwantung Army Military Headquarters; *Post Review Monthly Report*

联合国人权委员会关于日本"慰安妇"问题的立场与认识[*]

联合国人权委员会关于日本"慰安妇"问题的立场与认识[*]

王玉强[**]

【内容提要】 联合国人权委员会发布两份关于二战时期日军性奴隶（"慰安妇"）的报告，明确日军侵害"慰安妇"的事实。特别报告员 Ms. Radhika Coomaraswamy 在报告中认为，按照相关国际法律和一些国际人权机制的规定，强征"慰安妇"这一行为应该明确被视为使用性奴隶或类似性奴隶的罪行。另一位特别报告员 Ms. Gay J. McDougall 在报告中认为，国际社会应该认识到二战中日军性奴役超过 200000 名"慰安妇"罪行的规模和性质。

【关键词】 "慰安妇"问题　日军性奴隶　联合国

20 世纪 90 年代，由于遭受日军侵害的"慰安妇"受害者不断发声以及非政府组织的努力，二战日军侵害"慰安妇"的事实日渐为人所知，并逐渐超出了亚洲范围，开始在国际上为各个国家和非政府组织所关注。从此"慰安妇"问题不再仅表现为日本政府、日本右翼及亚洲"慰安妇"受害国和民间组织在事实确定和责任划定上的较量。联合国人权委员会从关注战争对女性侵害的视角出发，审议发布了两份关于"慰安妇"问题的报告。一

---

  * 吉林省社会科学基金项目"美国国会关于'慰安妇'问题的立法研究"（项目批准号：2014ZX5，"两个研究中心"项目）。

  ** 王玉强，历史学博士，吉林大学东北亚研究院副教授、日本研究所副教授，研究方向为日本史与中日关系史。

份是 1996 年特别报告员① Ms. Radhika Coomaraswamy 提交的报告 (*Report on the Mission to the Democratic People's Republic of Korea, the Republic of Korea and Japan on the Issue of Military Sexual Slavery in Wartime*),另一份是 1998 年特别报告员 Ms. Gay J. McDougall 提交的报告 (*Contemporary Forms of Slavery: Systematic Rape, Sexual Slavery and Slavery-like Practices during Armed Conflict*)。本文以这两份报告为研究对象,探究其对"慰安妇"问题的事实确定。

一 Ms. Radhika Coomaraswamy 的报告对 "慰安妇"事实的确定

(一)建议用"日军性奴隶"称谓代替"慰安妇"

1996 年联合国人权委员会审议特别报告员 Ms. Radhika Coomaraswamy 提交了"对女性的暴力及其原因和结果"的报告,同时该报告还附有调查战时日军性奴隶即"慰安妇"的调查书 (*Report on the Mission to the Democratic People's Republic of Korea, the Republic of Korea and Japan on the Issue of Military Sexual Slavery in Wartime*),该报告被审议通过。该报告成为联合国关注"慰安妇"问题的首个正式文件。

首先,在称谓界定上,针对日本政府提出的按照 1926 年《禁止奴隶制公约》对"奴隶"的界定不适用于界定"慰安妇",Ms. Radhika Coomaraswamy 认为"慰安妇"应该明确被视为性奴役的案例或者依照国际人权团体及其规章被视为等同奴役的案例。依据联合国防止歧视和保护少数小组委员会 1993 年 8 月 15 日通过的 1993/24 决议(该决议关注的内容包括

---

① 特别报告员和其工作组身处人权保护工作的第一线。他们采用所谓的"特别程序"调查人权侵犯事件并介入个别侵权案件和紧急状况。这些人权专家是以私人身份开展工作的,因而是独立的。他们的最长任期为六年,工作没有酬劳。在起草递交给人权理事会和联合国大会的报告时,这些专家往往利用所有可靠的信息资源,包括个人指控和非政府组织提供的信息。他们也可能启动"紧急行动程序"以便在最高层面上在各国政府间进行调停。专家们的研究工作有很大一部分是在现场进行的,在此期间他们要与当局和受害者双方见面,同时收集现场证据。他们的报告通常公之于众,这样做有助于将人权侵犯事件曝光,同时也能借此机会强调政府有责任保护人权。人权专家们所考察、监测和公开报告的或是特定国家的人权状况,或是全球范围内重大的人权侵犯事件。

战时性剥削和其他形式的强制劳动），联合国防止歧视和保护少数小组委员会还要求专家特别研究了作为被严重侵害人权的"慰安妇"的赔偿权等问题。Ms. Radhika Coomaraswamy 还采纳了一些非政府组织和学者的建议，认为"慰安妇"这一术语几乎没有反映受害妇女的悲惨遭遇，因此建议使用"日军性奴隶"这一称谓代替"慰安妇"。①

（二）关于日军实施性奴役制度的基本事实

该报告指出，1932 年淞沪事变后日军建立了"慰安所"，几乎十年后在日本全面侵略亚洲时"慰安妇"开始被普遍使用。最早的日军性奴隶来自日本北九州的朝鲜人，她们应军队的要求，被长崎县知事送往战场。1937 年日军占领南京后，日军出于军纪和士气的考虑，决定重启 1932 年设置"慰安所"的做法，于是上海占领军在上海和南京建立由日军直接管理的"慰安所"，并依靠商人获得了很多"慰安妇"。这个"慰安所"成为后来建立的大量"慰安所"的原型，其照片和规章保留至今。但由日军直接管理"慰安所"这一做法并没有被延续，有很多私人经营者经营"慰安所"，这些人被给予准军人地位和授予军衔。但日军仍对性奴隶的输送、性奴隶的健康负责，并监管"慰安所"的运营。

随着战争的进行，战场上的日军越来越多，对"慰安妇"的需求越来越大，一种新的招募方法产生了。在亚洲尤其是在朝鲜，这种招募方法包括欺骗和暴力的使用。许多幸存"慰安妇"的证言多次证实了她们是被欺骗招募的，大部分朝鲜幸存者的证言中提到是被不同代理人或当地人欺骗招募的。1932 年日本制定了《国家总动员法》，要求女性去工厂工作或者从事与战争相关的工作。在此背景下，很多女性被欺骗招募成为日军性奴隶，这一现象不久就广为人知了。最终，日军为了满足对性奴隶的大量需求，开始广泛使用暴力和彻底的强制手段。很多幸存者证实其家人在阻止日军绑架过程中被暴力伤害，甚至还有日军士兵当着她们父母的面强奸她们的事例。

"慰安所"遍布日军侵略所到之处，对"慰安妇"的剥削甚至发生在日

---

① UN Economic and Saial Conncil, "Report on the Mission to the Democratic People's Republic of Korea, the Republic of Korea and Japan on the Issue of Military Sexual in Wartime," Commission on Human Rights (Fifty-Second Session), E/CN. 4/1996/53/Add. 1, 4 January 1996, p. 4.

本的本土。"慰安所"出现在中国大陆、中国台湾、婆罗洲、太平洋岛屿、菲律宾、新加坡、马来西亚、缅甸和印度尼西亚等地。关于"慰安所""慰安妇"的照片和日军制定的各种规章制度的实物被保留下来。尽管只有很少的资料说明日军招募性奴隶的方法，但关于日军经营性奴隶的制度的具体细节却有大量留存的资料可以证明。留存下来的日军关于"慰安妇"制度的规章是最能证明日军罪行的资料，这些规章不仅毫无疑问地说明了日军对"慰安所"负有直接责任并与运营这个组织的各个方面都紧密相关，而且这些规章还清晰地显示了日军如何制度化地建立"慰安所"。另外，与规章显示的"慰安妇"应该被公平对待相反的是，现实中"慰安妇"遭受了野蛮和残忍的虐待，大量妇女在难以形容的痛苦环境中被迫提供性服务，日军性奴隶制度因此呈现极端泯灭人性的一面。

即使战争结束，对大多数"慰安妇"而言这并不意味着解放，因为许多"慰安妇"被日军杀害。比如在密克罗尼西亚，日军一夜之间杀害了70名"慰安妇"，因为担心"慰安妇"成为累赘，或者担心"慰安妇"被美军俘获后让日军感到尴尬。许多身处前线的性奴隶还被逼迫参加军事行动，包括与士兵一起进行自杀冲锋。"慰安妇"更多的是被日军抛弃，不知身在何处，身无分文或只有很少的钱。大量的性奴隶在日本战败后死于紧张的环境和食物的缺乏。①

（三）日军招募性奴隶的过程

对于日军招募性奴隶的具体过程，由于缺少资料，再加上日本不公开资料，几乎所有的证据都来自"慰安妇"幸存者的证言。这使很多人质疑"慰安妇"的证言，或者相信日本政府所谓的"慰安所"是私人性质的妓院的言论。但这些来自东亚和东南亚不同地区的幸存者的证言讲述的被招募的相似经历，清晰地证明了日本政府和日军不同程度上的介入是不容置疑的事实。日军后来将大部分"慰安所"转让给私人业者。尽管某种程度上私人业者参与招募"慰安妇"和建立"慰安所"，但招募过程却逐渐成为

---

① UN Economic and Social Council, "Report on the Mission to the Democratic People's Republic of Korea, the Republic of Korea and Japan on the Issue of Military Sexual in Wartime," Commission on Human Rights (Fifty-Second Session), E/CN. 4/1996/53/Add. 1, 4 January 1996, pp. 5 – 7.

官员的责任。日本政府直到最近都不愿意承认其在强迫式和欺诈式的招募中发挥了作用。

依照幸存者的证言，招募形式有三种：一是出于女性的自愿，这些人多是妓女；二是用提供高薪在饭店做厨师或者在军队做清洁工作的机会诱骗女性；三是大规模使用强制或暴力手段绑架日本占领地的女性。为了满足日军对女性的需要，私人业者与朝鲜当地警察合作以提供高薪工作的许诺欺骗朝鲜女性。1942 年以前朝鲜警察来到村庄招募"女子挺身队自愿者"成员，这一日本政府授权的官方过程也暗含一定程度的强迫，因为如果某个女孩被推荐为"自愿者"却不服从，那么宪兵队或警察就会介入。日军为了更多地满足对女性的需要，甚至毫不掩饰地使用武力和劫掠，如果她的家人阻拦的话就会被屠杀。1942 年以后对朝鲜女性的暴力招募方法是日本《国家总动员法》推动的，很多幸存者的证言显示日军大规模使用暴力和强制手段获取性奴隶。日军军官吉田清治证实本人曾亲自参与暴力捕获"慰安妇"（该报告书后面也记述了日本秦郁彦教授关于吉田证言不可信的理由）。日军性奴隶的年龄在 14~18 岁，甚至学校女学生也被强制招募。可以说，在朝鲜的教师、警察和村庄官员都参与了暴力招募。①

（四）日军性奴隶的"工作"和生活状况

幸存者的证言一致认为她们的"工作"和生活状况是残酷的。尽管她们的住处和待遇在各地有所不同，但几乎所有幸存者都做证指出她们所处的环境恶劣、残酷。"慰安所"在位置上靠近日军的行军路线，是日军搭建的临时建筑，在前线的"慰安所"通常是帐篷或临时木建筑。这些"慰安所"通常被铁丝网包围，有日军站岗和巡逻。"慰安妇"的举动被日军严密监视和限制。许多幸存者说从来没被允许离开军营，一些人回忆说偶尔会被允许外出理发或看电影，然而任何体现自由的行动显然是被限制的，逃跑几乎是不可能的。"慰安妇"身处狭窄的小空间，一天却要被迫接待 60~70 名日军。在前线的"慰安妇"睡在垫子上，被置于寒冷潮湿的严酷环境。健康

---

① UN Economic and Social Council, "Report on the Mission to the Democratic People's Republic of Korea, the Republic of Korea and Japan on the Issue of Military Sexual in Wartime," Commission on Human Rights (Fifty-Second Session), E/CN. 4/1996/53/Add. 1, 4 January 1996, pp. 7 – 9.

检查由日本军医负责，但这些检查只是为了防止性病传播，很少关注日军士兵给"慰安妇"造成的香烟烫伤、殴打瘀伤、刺刀刺伤和骨折。日军关于"慰安所"的规章经常被日军军官无视，很多幸存者抱怨吃不饱。尽管"慰安妇"认为自己会得到报酬，但战争结束的时候只有很少的人得到报酬。从"慰安妇"的证言可知，她们除了要遭受长期的性虐待以外，还有显而易见的残酷的生存环境折磨她们。她们没有人身自由，经常遭受日军、私人业者和军医的暴力虐待。由于她们身处前线，容易遭到攻击，炸弹攻击和死亡威胁使日军士兵更加残忍地虐待她们。她们还担心疾病和怀孕，许多人都不同程度地沾染了性病。这种严酷的环境加上内心深处的耻辱感，使很多"慰安妇"选择自杀或者逃跑，但逃跑失败就意味着死亡。

为了阐释日军在其中的直接参与和责任，特别报告员引用日本教授吉见义明教授的资料。一份关于日本驻扎关东军 21 军的 1939 年 4 月 11 日到 21 日的报告，记述了"慰安所"由日军军官和士兵运营，由军队控制。另一份资料表明对"慰安所"的严密控制是在执行日本陆军省的命令。特别报告员还被告知征募性奴隶的商人由日军司令部或者可能是被师团、旅团等雇佣，并且得到了日军宪兵队和警察的配合。①

二 Ms. Gay J. McDougall 的报告对"慰安妇"事实的确定

（一）关于日军侵害"慰安妇"罪行的基本事实

1998 年联合国人权委员会防止歧视和保护少数小组委员会审核特别报告员 Ms. Gay J. McDougall 提交了《当代奴隶制形式：战争冲突时期集体强奸、性奴隶制和等同奴隶制的行为》（*Contemporary Forms of Slavery: Systematic Rape, Sexual Slavery and Slavery-like Practices during Armed Conflict*），该报告在附录部分专门对日军实施性奴隶制的犯罪事实进行确定。

该小组委员会向人权委员会提交关于"慰安妇"问题报告的动力，在

---

① UN Economic and Social Council, "Report on the Mission to the Democratic People's Republic of Korea, the Republic of Korea and Japan on the Issue of Military Sexual in Wartime," Commission on Human Rights (Fifty-Second Session), E/CN. 4/1996/53/Add. 1, 4 January 1996, pp. 9 – 11.

于国际社会日益认识到日军在二战期间在"慰安所"奴役 200000 名妇女罪行的真实规模和性质，并认识到需要就此面对过去。因此报告关注在性奴役罪行和性暴力中受到侵害的人权和对人权法和国际法的违反，并分析了这些侵害人权的罪犯应负有的法律责任。该报告确定了日军实施性奴隶制度的如下事实。

从 1932 年到二战结束，日本政府和日本军队在亚洲强迫超过 200000 名女性成为性奴隶。那些用于强奸的场所有一个带有争议性的称呼，即"慰安所"。大多数"慰安妇"（这个称呼有不敬的含义，仅仅被用于说明历史上的这一特定罪行，在很多方面国际社会选用这个词来描述上述罪行，但日本政府特别选用这个词来稀释其犯罪的性质）来自朝鲜半岛，但也有很多来自中国、印度尼西亚、菲律宾以及其他日本占领下的亚洲国家或地区。该报告还确定了二战期间日军侵害荷兰妇女的事实。二战后，一家在巴塔维亚（雅加达的旧称）的荷兰法庭发现了日军战犯于二战期间在"慰安所"参与性奴役 35 名荷兰妇女的战争罪行，包括强奸、强迫卖淫、绑架妇女。过去十年来，越来越多的曾遭受侵害的幸存女性提出赔偿要求。该报告的内容确定的事实特别来自日本政府对二战期间其参与日军建立、管理和运营强奸中心的承认。比如，在多年否认二战中日军直接参与建立和管理强奸中心后，日本政府最终在 1993 年 8 月 4 日以官房长官河野谈话的形式承认日本政府在某种程度上参与了建立"慰安所"。①

（二）日军的犯罪性质和程度

该报告认为，很明显，在二战期间的亚洲，日本政府和日军直接参与了强奸中心的建立，在强奸中心年龄 11～20 岁的女性一天被强奸数次，身体遭到虐待，被传染性病。据说只有 25% 的妇女得以在遭受虐待后活下来。为了获得"慰安妇"，日军采用暴力、绑架、强制和欺骗等手段。由政府和非政府组织的初步调查可知当时存在三种"慰安所"：一是日军直接管理控制的"慰安所"；二是基本上由私人业者管理，但日军能对其进行有效控制，并且只用来服务日军及其部队随员的"慰安所"；三是由私人业者经

---

① "Contemporary Forms of Slavery: Systematic Rape, Sexual Slavery and Slavery-like Practices During Armed Conflict," E/CN. 4/Sub. 2/1998/13, 22 June 1998, p. 3, p. 15, p. 28.

营,主要服务日军,但也面向平民的"慰安所"。对于日军的直接参与,尽管日本政府承认负有"道德责任",但一再否认对此负有法律责任。

日本政府在其发布的报告中也做了如下承认:"许多慰安所由私人业者经营,在一些地区存在军队直接经营慰安所的情况。即便在私人业者经营的慰安所中,日军也以授予经营准许证,给予装备,为慰安所制定经营时间、价目表等规章形式直接参与慰安所的建立和管理。""一些慰安所依照规章限制慰安妇休息时间和外出地点,以此来控制慰安妇。明显的是,这些慰安妇被迫在军队的严密控制下随着军队迁移,这些慰安妇被剥夺了自由,不得不忍受折磨。""在许多实例中一些招募者受雇于代表军队要求的慰安所经营者,从事招募慰安妇活动。随着战争对于慰安妇的迫切要求,这些招募者通过巧言骗取或威胁手段等违背女性意愿的方式获取慰安妇,在一些实例中,甚至政府官员和军人也参与获取慰安妇的活动。""在很多实例中慰安妇被日军船舶和其他交通工具输送到战场,日军战败后慰安妇就被抛弃。"日本政府所承认的上述事实,与其一再声称的"慰安妇"在私人妓院中"工作"完全相反。"慰安妇"中很多是未成年的女孩,她们在被日军直接控制或者得到日军完全支持的强奸中心中被奴役。日军违反妇女和未成年女孩的意愿,将她们带到"慰安所",使她们遭受极其严重的强奸和性暴力,这种犯罪的性质只能被视为反人类罪。①

三 结语

联合国人权委员会发布审议通过的关于"慰安妇"问题的两份报告,体现了联合国对"慰安妇"问题的关切,也意味着联合国作为一种国际力量正式参与"慰安妇"问题的解决。这两份报告对二战期间日军实施性奴隶犯罪事实的确定意义重大。这两份报告直接反驳了日本在"慰安妇"问题上的辩解话语。如报告反对使用"慰安妇"这个称谓,因为日本政府故意利用了"慰安妇"这个称谓的模糊性,实际上"慰安妇"这个称谓没有

---

① "Contemporary Forms of Slavery: Systematic Rape, Sexual Slavery and Slavery-like Practices During Armed Conflict," E/CN. 4/Sub. 2/1998/13, 22 June 1998, pp. 29 – 31.

反映二战期间日军实施性奴隶犯罪的事实，因此报告主张用"日军性奴隶"或"强奸中心"的称谓来准确概括这一历史事实。另外，这两份报告反对日本政府关于"慰安所"由民间业者经营，日军没有参与或者有限参与的辩解话语，并确定日本政府和日军直接参与了"慰安所"的建立和运营，甚至直接参与了强征"慰安妇"，对女性的性奴隶犯罪负有直接责任。联合国人权委员会发布的两份报告对日军对"慰安妇"犯下罪行的确认，意味着在世界范围对"慰安妇"受害者寻求正义的一种支持，也意味着"慰安妇"受害国和相关非政府组织在与日本政府、日本右翼就"慰安妇"问题真相进行较量的过程中获得了一定的胜利。

Recognition of and Attitude toward the Issue of "Comfort Women" of the United Nations Commission on Human Rights

WANG Yuqiang

Abstract   The United Nations Commission on Human Rights published two reports on the issue of Japanese military sexual slavery ("comfort women") during the Second World War to clarify the facts of Japanese military's crime on "comfort women". The Special Rapporteur Ms. Radhika Coomaraswamy held the opinion that "comfort women" should be considered a case of sexual slavery and a slavery-like practice in accordance with the relevant international laws and international human rights mechanisms. Another Special Rapporteur Ms. Gay J. McDougall held the opinion that international society should recognize the true scope and character of the harms perpetrated against more than 200000 women enslaved by Japanese army during the Second World War.

Keywords   "Comfort Women" Issue; Military Sexual Slavery; United Nations

日俄文化交往的历史、现状与前景

万冬梅*

【内容提要】 在东北亚地区，日俄关系一直以来都是敏感的话题，争议领土问题令两国的政治关系长期处于"冰冷"的状态。进入 21 世纪以后，亚太地区经济的高速发展促使亚太地区在日俄两国的对外战略中的重要性与日俱增，作为隔海相望的邻居，日俄都希望改善目前陷于僵持的关系。在此情况下，考察日俄两国文化交往的历史与两国目前的文化交往活动，是改善日俄两国关系的行之有效的措施。虽然历史问题影响了日俄两国双边关系的正常发展，但是日俄两国间的文化交往已经有300年的历史。"日本学"研究在 20 世纪初的俄罗斯进入了一个繁荣时期。在现阶段，日俄文化交往更多是以两国政府主导的文化项目和民间文化交流活动实现的。通过这些交往活动，日俄两国民众加深了对彼此文化的了解，而两国政府则通过文化交往缓和了彼此间的矛盾，在一定程度上为将来解决历史遗留的纠纷问题和签订和平协议创造了良好的环境。

【关键词】 日本 俄罗斯 文化交往 历史与现状

文化交往是指全世界范围内人类各民族或者国家间发生在文化领域的交

---

* 万冬梅，文学博士，吉林大学外国语学院副教授、日本研究所副研究员，主要研究方向为俄罗斯文学、比较文化学。

往实践活动，是指不同个体、不同群体、不同民族、不同国家之间以文化的形式为基础的活动的相互交换，同时还包括由此带来的彼此之间的互动与联系的过程及结果。在国际关系中，文化交往的作用是独特的，它可以增进不同文化与文明之间的相互了解，并弥补国家间的互信缺失，在一定程度上有助于避免及化解国家间的摩擦与冲突。尤其是在 20 世纪 90 年代初冷战结束后，国际社会的基本格局发生了巨大的变化，并且伴随着经济全球化的不断深入，国家间的经济依存程度越来越高，和平与发展成为新的时代主题，文化交往对于国际关系的积极作用越来越受到世界各国的重视。

在东北亚地区，日俄关系一直以来都是敏感的话题，历史问题和领土纠纷令两国的政治关系长期处于"冰冷"的状态。但是，进入 21 世纪以后，亚太地区经济的高速发展使亚太地区在日俄两国对外战略中的重要性与日俱增，作为隔海相望的邻居，日俄都希望改善目前陷于僵持的关系。在此情况下，考察日俄两国文化交往的历史和两国目前的文化交往活动，是改善日俄两国关系的行之有效的手段。

一 日俄两国的文化交往历史悠久

虽然历史问题影响了日俄两国双边关系的正常发展，但是日俄两国间的文化交往历史悠久。一般来说，日本文化对于西方的影响始于 19 世纪下半期。但据俄罗斯学者考察，其实早在大约 300 年前就已经有人把日语介绍到了俄罗斯。

17 世纪末，哥萨克大公弗·阿特拉索夫在远征堪察加时俘获了一名叫旦倍的日本俘虏，并把他带到了俄国首都彼得堡，与彼得一世见了面。彼得一世让旦倍学习俄语，同时让他教一些俄罗斯人学日语，也正是在这时彼得一世下令在彼得堡建立了俄罗斯历史上第一所日本语学校，该校在 1745 年迁往伊尔库茨克。1811 年，俄国海军中将瓦·科洛夫宁的军舰在靠近国后岛时被日本松本大公的武士俘虏。在经历了数年的俘虏及流亡岁月后，科洛夫宁回到祖国并撰写出版了《1811~1813 年海军舰长科洛夫宁意外沦为日本阶下囚的日子》一书。1858 年，伊·冈察洛夫撰写并出版了《帕拉斯号巡洋舰》，书中记载了途经日本时的见闻逸事，这些都成为当时俄国人了解日本的第一批资料。1898 年，俄罗斯国立圣彼得堡大学设立了日本语教研室，为俄罗斯的"日本学"研究开了先河。由此，20世纪初"日本学"研究在俄进入了一个繁荣时期。在当时发行量很大的《俄罗斯财富》《涅瓦河》等报刊上常常可以读到译成俄文的日本文学著作，同时它们也常常刊载一些介绍日本的随笔性文章。此外，日本的绘画艺术和戏剧在20世纪初也开始传入并得到了认可。苏联时期的艺术家谢尔盖·艾伊杰恩施金和弗谢沃洛德·梅耶霍德在自己的作品中借鉴和运用了许多日本绘画和戏剧艺术的元素，如日本歌舞伎艺术和浮世绘艺术。到了20世纪60年代，日本导演黑泽明的电影对苏联的电影艺术产生了深刻的影响。苏联著名电影大师安德烈·塔尔科夫斯基曾指出，"黑泽明是20世纪世界电影史上最有影响力的导演之一"。与此同时，一批日本著名作家，诸如安部公房、芥川龙之介、大江健三郎、川端康成、井上靖等人的作品都被陆续译介到了苏联。

同时需要指出的是，俄罗斯历史上一些著名学者对日俄的文化交往做出了巨大的贡献。弗谢沃洛德·梅耶霍德是20世纪苏联最出色的电影导演之一，他与日本的一些知名艺术家关系密切，对日本的艺术尤其是歌舞伎戏剧兴趣浓厚。但不幸的是，在20世纪30年代的"大清洗"运动中他被斯大林当局以"日本间谍"的罪名枪决。同样的悲剧也发生在了苏联著名的东方学家尼古拉·涅夫斯基身上。在日本大正年间（1912~1925年）涅夫斯基曾在日本的大阪外国语学院担任俄语教授，并与柳田国男等日本学者结下了深厚的友谊，在日本民族学和方言学等领域取得了突出的成就。回国后，涅夫斯基在圣彼得堡大学任教，并继续从事"日本学"研究。但在"大清洗"运动中他同样被冠以"日本间谍"的罪名而被枪决。此外，尼古拉·康拉德是苏联时期东方学的领军人物，他培养了一大批日本问题研究者，推动了"日本学"的研究。

在其他的一些人文领域日俄两国也有着密切的交流。20世纪60年代和80年代，日本盛行的柔道和空手道分别传入苏联，而俄罗斯人对日本的茶道、围棋，以及插花、盆景等技艺也非常推崇。

二 日俄两国文化交往现状

从苏联解体至今，日俄两国的政治关系并没有取得实质性的进展，这期间虽然出现过关系改善的契机，但由于两国在面对历史上就已存在的领土纠纷时始终坚持维护自己的立场与利益，两国之间政治关系的改善变成遥不可及的奢求。尽管如此，日俄两国间的文化交流却没有过多受到政治关系的影响和干扰，其交流活动的规模、范围都得到了一定的拓展，在某种程度上成为维系两国关系的纽带。

（一）日俄两国政府在文化交往领域的政策和措施

在日俄两国文化交往中，一系列协议的签署为日俄的文化交往奠定了法律基础，推动了两国在文化领域的交流与合作。事实上，戈尔巴乔夫执政时期，在1986年5月31日日苏两国政府就签署了《日苏文化交流协议》。苏联解体后，日本和新诞生的俄罗斯都意识到了发展两国文化关系的重要性。1993年日俄签署了《东京宣言》，1998年两国又签署了《莫斯科宣言》。两份宣言在明确了日俄需要建设伙伴关系的同时，都意识到了"发展和丰富日俄两国人民之间文化交往的重要性，双方决定进一步推进两国在文化领域的交流与合作"，并且在宣言中对两国的文化交往做出了具体的表述。2000年9月，时任俄罗斯总统普京在访日期间与日本政府签署了《俄日文化交流协议》。该协议指出，日俄两国的文化交往不仅限于狭义上的"文化领域"的交流，还包括两国青年之间的交往以及两国旅游业的发展，等等。这份协议自2002年起生效，标志着日俄的文化交往进入了一个新的发展阶段。2003年1月，日俄两国政府又签订了《日俄行动计划》，为两国在政治、经济、国防、安全、文化和人文关系等各个领域的发展奠定了基调。其中，涉及文化领域的合作包括"加深对彼此文化及文化传统的了解和认识、扩大文化交往及青年之间的交流，鼓励科研机构合作组织举办论坛及讲座"。

在文化交往层面的合作中，日俄两国政府基本上起到了主导的作用。1972年，在日本外务省的倡议下成立了日本国际交流基金会。从成立之时起，该基金会就是独立机构，但是其财政的主要部分仍由日本政府划拨，其活动也主要服务于日本外务省的政策目标。日本国际交流基金会为日本文化在俄的传播做了大量的工作。现在，已更名为日本文化中心的日本国际交流基金会在俄罗斯的许多城市，诸如莫斯科、符拉迪沃斯托克、哈巴罗夫斯克、下诺夫哥罗德、圣彼得堡等地均设立了日本中心，作为传播日本文化以及培养俄罗斯的日本问题专家的基地。2003年6月，时任俄罗斯副总理赫里斯坚科和时任日本外相川口顺子在符拉迪沃斯托克共同签署了《关于驻俄日本中心活动的备忘录》。两国政要称赞了日本文化中心在俄取得的成就，并肯定了中心在日俄文化交流中的桥梁作用。1999 年 5 月 21 日，日俄青年交流中心在东京成立。由于该中心是由时任日本首相小渊惠三和时任俄罗斯总统叶利钦共同提议创建的，因此又被称为"小渊惠三 – 叶利钦中心"。根据两国首脑达成的协议，日俄青年交流中心每年将为日俄两国青年提供规模达 1000 人次的青年交流项目，而日本方面每年将会为中心提供 19.2 亿日元的活动预算以保障中心活动的正常运行。1991 年，俄罗斯成立了俄日协会，在俄罗斯政府的支持和运作下，该协会很快在俄各地设立了 65 个分会，专门负责接待来自日本的文化和学术界代表，以及主办、协调并支持一系列的俄日间文化交流活动。同时，俄罗斯政府也积极促进俄日两国在教育领域的交流，在开展青年之间交流的同时深化民间的人文合作。而俄罗斯世界基金会则专门为上述领域内的合作提供信息咨询与组织和物质上的支持。

近些年来，尽管日俄的政治关系起起伏伏，但是两国之间业已形成的文化联系越来越紧密。现阶段，日俄两国每年都要在对方国家举行数十项文化交流活动，为两国民众相互深入了解提供了机会。2005 年，时任日本驻俄大使野村一成曾表示，在日本政府与俄方开展文化交往的过程中，文化项目的实施与推进对于增强两国互信、拉近两国关系是卓有成效的。

（二）日俄两国民间的文化交流活动

除了官方层面的文化交往外，日俄两国政府都意识到，加强两国的民间文化交流对于两国建立正常的伙伴关系有着积极的意义。因此，日俄两国政府鼓励以各种形式开展两国的民间文化交流活动。在日俄文化交往过程中，一直有举办文化节、电影节这类大型活动的传统，而这些活动可以促进日俄两国民众进一步了解对方国家的历史、文化和艺术，增强对对方国家的熟悉与了解。

从 2006 年起，日本每年都要在国内举办俄罗斯文化节，文化节的活动项目包罗万象，其间会有一些知名的俄罗斯艺术创作团体和著名演艺人员的表演。文化节举办的系列活动可以吸引日本民众更多更好地了解俄罗斯。俄罗斯文化节的活动内容很丰富，根据协议日本有 46 个县组织了音乐会、戏剧演出、展会、电影展播等活动，共计约 6000 名俄罗斯演员参加演出，参与俄罗斯文化节的日本观众则达近千万人次。2011 年 7 月及 2012 年 7 月大阪和函馆先后举办了两届俄罗斯文化节。其中，2011

年开幕式的部分门票收入被捐赠给了 2011 年 3 月发生的东日本大地震中
的受难者。2013 年 6 月在日本举办的第八届俄罗斯文化节的日程包括画
展、著名芭蕾舞团的巡回演出、西伯利亚城市艺术展等 45 项文化交流活
动。在"俄罗斯文化节 - 2012"的闭幕式上，专门负责文化国际合作的
俄罗斯总统特别顾问米·什维德科伊曾指出，在日本成功举办俄罗斯文化
节会促进俄日两国人民对彼此文化产生深入的理解，无论俄日两国的政治关
系如何变化，两国之间的文化交往依然不会改变。① 2012 ~ 2013 年，日本的
东京、京都、名古屋、松本、滨松、姬路等城市先后举办了俄罗斯各大国
家博物馆，包括俄罗斯国家博物馆、特列季亚科夫画廊、埃尔米塔什博
物馆等馆藏艺术珍品的展览活动，吸引了众多日本人前往参观。2014 年
9 月 8 ~ 10 日，莫斯科主办了第二届俄日商业、投资、文化"焦点"论
坛。论坛的主题之一是探讨促进俄日文化交流。俄方参加论坛的有萨哈
林州文化厅厅长、国家大剧院芭蕾舞团团长、国家埃尔米塔什博物馆副
馆长以及一些知名作家等文化界人士。日方出席论坛的代表包括日本国
家文化部门的官员、东京玩具博物馆馆长以及一些知名的导演、芭蕾舞
演员、服装设计师等。②

与此同时，俄罗斯人在自己的城市了解日本文化的机会也越来越多。在
莫斯科和圣彼得堡几乎每个月都会举行与日本相关的主题展会、讨论会、讲
座或者音乐会等。现在，俄罗斯各地区经常开展各种形式的日本文化节和电
影节，如"日本之春""日本之秋"文化节等。2014 年在圣彼得堡和莫斯
科举办的"日本之春"和"日本之秋"音乐会、俄日芭蕾舞交流五十周年
庆典等活动在俄罗斯取得了良好的效果。2013 年 3 月，日本东部城市仙台
市的爱乐团在莫斯科举行了专场音乐会，这成为日俄文化生活中的重大事
件。这是因为在 2011 年东日本大地震中，仙台市成为受灾最严重的城市，
城市的各大音乐厅都遭到了严重损坏，乐团也无法继续表演。而俄罗斯在仙
台市爱乐团最困难的时刻对其给予了支持和帮助，因此仙台市爱乐团来到莫
斯科举办音乐会以表示感谢。

① М. Швыдкой, РФ и Япония могут обменяться культурными центрами, *РИА Новости*,
http：//ria. ru/culture/20121210/914192572. html#ixzz3f44Rrqq6.
② Анна Федякина, Между Москвой и Токио крепнет культурный обмен, http：//www. rg. ru/
2014/09/02/jap - site. html.

另外，俄罗斯的莫斯科、圣彼得堡、新西伯利亚等城市的中小学每年都会举办学生参加的日语儿童节活动；而莫斯科、圣彼得堡、哈巴罗夫斯克、符拉迪沃斯托克等城市也都举行过日本教育展、"日本风"摄影展、日本水墨画展等活动。2014 年夏，日本驻俄使馆在叶卡捷琳堡、阿斯特拉罕、奥伦堡等城市举办了电影节活动，有数千名观众观影。同年 8 月，在俄罗斯的米阿斯还举行了日本玩偶展。远东地区的一些日本画家则通过个人渠道与共青城、哈巴罗夫斯克、阿穆尔斯克、尼古拉耶夫斯克等城市的博物馆建立了创作交流联系。而日本在一些城市专门组织日俄儿童画交流活动，并在共青城开办画家作品展。日本国际交流基金会定期举办各种日本文化讲座，讲座主题包括日餐、茶道、日本文学、围棋、花艺等。值得一提的是，俄罗斯科学院的植物园种植了 250 棵樱花树。

应该说，日俄两国之间的文化交流不仅仅局限于上述所罗列的内容，实际上的内容与形式更加丰富多彩。日本媒体的调查结果显示，现在日本国内越来越多的日本民众对俄罗斯和俄罗斯人产生好感，喜欢俄罗斯的音乐和文学、希望能够赴俄工作的日本人逐渐增多。[①] 鉴于此，尽管领土争端依然是日俄关系发展中的主要障碍，但是两国之间的文化交流可能成为两国达成互信的重要手段。

三 日俄推动文化交往的前景

作为亚太地区的两个大国，日本和俄罗斯彼此之间一直存在不信任，两国的双边关系也受到历史遗留问题以及错综复杂的地区大国关系的影响。在进入 21 世纪后，日俄两国政治关系的改善仍然步履维艰，但这没有影响两国文化领域的紧密联系。日俄两国文化交往的表层目的是以文化艺术交流的形式促进两国民众对彼此文化的了解，为对方国家展示本国的良好形象，扩大本国文化的影响，而深层次的目标则是通过文化交往缓和彼此间的矛盾，增强互信，为将来解决历史遗留的纠纷和签订和平协议创造良好的环境。

---

① Анна Федякина，Между Москвой и Токио крепнет культурный обмен，http：//www. rg. ru/2014/09/02/jap - site. html.

Cultural Communication between Japan and Russia: History, Present Situation and Prospect

WAN Dongmei

Abstract   The topic of Japan-Russia relations has always been sensitive in Northeast Asia, as the disputed territory has been bringing about cold political relations between the two countries for a long time. In the 21st century, the fast development of economy in the Asia-Pacific region makes the importance of the Asia-Pacific region grow in both Japan's and Russia's diplomatic strategy. As neighbors facing each other across the sea, both Japan and Russia want to improve the deadlocked relationship currently. In this case, we need to have an investigation on the history and the current situation of cultural exchanges between the two countries, which are effective measures to improve and promote Japan-Russia relations. Although historical issues affected the normal development of the bilateral relations, there was a history of three hundred years of cultural exchanges. At the beginning of the 20th century, Japanese studies have entered a boom in Russia. At the present stage, the practice of cultural exchanges between Japan and Russia is based on the cultural projects funded by two governments and folk cultural exchange activities. People in Japan and Russia deepened understandings of each others' cultures through these exchanges. Meanwhile, cultural exchanges alleviated the conflicts between the two governments and created a good environment for the future solving of the historical problem and the signing of a peace treaty to some extent.

Keywords   Japan; Russia; Cultural Exchanges; History and Present Situation

附　　录

日本74位学者
《关于二战结束70周年首相谈话的声明》[*]

今年夏天，据报道，安倍晋三首相将发表二战结束70周年谈话，这受到了日本国内外的强烈关注。我们是国际法学、历史学及国际政治学的研究者（联合署名见文末），作为日本国民的一员、且以世界共同的法律和历史政治问题为研究对象的学者，我们对有关这次谈话的诸多问题进行了多年的研究。

我们之间在学术立场和政治信仰方面存在差异。尽管如此，我们持有以下几点共同的认识。将这些认识告知日本国民、为政者以及与这次谈话相关国家的人们，是我们作为一名专家应有的社会责任。以下是我们达成的几点共识：

（1）首相谈话是在二战结束70周年这一重要时刻发表的。作为国家政策的最高决策者，首先应该向先辈们致以衷心的感谢，是他们不懈的努力将1945年那样的、众多国民忍饥挨饿、许多城市化为灰烬的日本，建设成了今天这样的、和平繁荣的日本，并且向日本国民表示一定会将和平繁荣的日本完好无损地传递给下一代的意志和决心。不管是战后50周年、60周年还

---

* 2015年是中国人民抗日战争暨世界反法西斯战争胜利70周年，日本首相安倍晋三在8月14日发表了新的讲话。在此之前的7月17日，由明治大学特聘教授大沼保昭和东京大学名誉教授三谷太一郎与日本70多名国际法学、历史学及国际政治学的学者共同发表了联合声明，期望首相"8·15"讲话更深思熟虑，对70年前违反国际法发动侵略战争表示反省和道歉。这份声明被日方学者译成中、英、韩三个版本同时发表。此处选用的声明的中文版本摘自澎湃网，http://www.thepaper.cn/newsDetail_ forward_ 1361074。

是 70 周年，这都是作为现在的一代对上一代和下一代国民的责任，这一点是社会大众所广泛认同的。

（2）二战后日本的复兴与繁荣，不是仅仅依靠日本国民的努力而实现的，同时也与诸多国家对日本的理解、期待以及支援分不开，是他们在和谈及实现邦交正常化时放弃赔偿等，为二战结束后日本的重新发展显示出了宽大的态度，并一直以各种形式支援日本的安全与经济繁荣。这一点，已经从各种研究成果中得到证实。因此，谈话也应对这些海外各国国民表示深深的谢意。

（3）日本国民的不懈努力，带来了二战后的复兴与繁荣。而这种努力，是基于认为对中国台湾及朝鲜的殖民地统治以及 1931 至 1945 年的战争是重大错误的认识之上的，是基于对这场牺牲了三百多万日本国民和数倍以上的中国及其他各国国民的战争的沉痛反省之上的，也是基于不再重犯过去的错误的决心之上的。对战争中牺牲的人们的强烈的赎罪之感与悔恨之念，是支持二战结束后日本和平与发展的原动力。经历二战结束 70 周年、80 周年、90 周年，随着时光的流逝，这种想法会变得越来越模糊，也许这是无法避免的事情。但是，正是这种想法，才是支持战后日本和平与繁荣的起点与初衷，这是决不应该忘记的。

（4）这一点，也与是否应该继承二战结束 50 周年村山谈话中所提到的、也被二战结束 60 周年小泉谈话所继承的对"侵略"、"殖民统治"的"沉痛的反省"、"由衷的歉意"等措辞相关。不应以是否使用某一特定的用词来评论首相谈话内容的好坏，也不应以是否继承"村山谈话"这一特定首相谈话中的个别措辞来作为评判其之后的首相谈话的水平的标准，这一点很多专家、特别是很多国民都认同。但是，用怎样的措辞来表述，是评价在国际上具有极大影响、负有重大责任的文件时，无论在任何国家、任何时代都是极为重要的标准。对这种措辞的重要性，政治家应比谁都要负责任地进行慎重考虑。对此，我们作为研究历史、法律和政治的学者，特别向日本的为政者提出强烈的要求。

（5）包括谈话措辞的问题在内，"安倍谈话"如何继承"村山谈话"和"小泉谈话"，也因迄今为止首相的言行，引起了国内外广泛的讨论，成为政治争论的焦点。不仅限于日本国内，在中国、韩国、美国等与日本有密切关系的国家里也可广泛地看到这一现象。若在"安倍谈话"中没有采用

"村山谈话"和"小泉谈话"里的重要措辞，则恐怕国际上的关注将会集中到这一点上，首相谈话本身极有可能反而受到负面评价，而且有可能引起相关国家连对首相及官房长官至今通过谈话强调过的对过去的反省也产生误解与不信任。安倍首相多次强调要"总体上继承""村山谈话"和"小泉谈话"，在此，我们强烈希望用具体的措辞表述来明确表示"总体上继承"的意思。

（6）即便二战结束 70 周年谈话是不经内阁审议决定的"首相谈话"，上述想法也不会因此而有所改变。不论是在国内还是在国外，首相都是国政的最高决策者，代表着日本的立场，一般国民几乎不会留意到有无内阁审议决定这一问题，更不用说海外各国的国民了。最重要的在于谈话的内容。如果 70 周年谈话由于其措辞的原因被国际社会所否定的话，其结果是过去、现在及将来的日本所有国民都将处于不光彩的立场。为了不让现在和将来的日本国民处于不利的境地，殷切期望安倍首相在"谈话"中所使用的措辞是经过深思熟虑的、明智的。

（7）对日本国民来说，承认日本自 1931 年至 1945 年所实施的战争是违反国际法的侵略战争，是一件很痛苦的事情。在那个时代，先辈们经受了比包括现在在内的任何时代的日本国民都要严峻的考验，也为此付出了巨大的牺牲。也许，我们这些后辈没有资格去轻易断定先辈们的行为是错误的。但是，日本并不是被侵略的一方，而是日本去攻击中国、东南亚及珍珠港，造成了三百多万国民的牺牲、数倍以上的其他各国国民的牺牲，这些战争是极大的错误，很遗憾地说，这是无可否认的事实。而且，日本对中国台湾和朝鲜进行了殖民统治，这也是不争的事实。在历史上，任何国家都会犯错误，日本也应干脆果断地承认这一时期犯下的错误。这种干脆果断的态度，才能让日本在国际社会中得到道义上的正面评价，也是我们日本国民值得自豪的态度。

（8）与此相关的一点是，包括安倍首相在内的历代首相，在国会答辩等时都提到过侵略的定义尚不明确的问题。但是，从学术的角度看，这未必是正确的解释。而更为重要的是，这样的言论让人质疑，日本是否是在试图否认日本从 1931 年开始进行的战争是违反国际法的侵略战争，而这一点已经是国际社会的共识。这样的言论，将给日本带来极大的不利。

20 世纪上半期，由于经历过第一次世界大战的悲惨遭遇，国际社会致力于将战争界定为违法行为。1928 年的不战条约就是其典型代表，日本也是缔约成员国之一，条约中明确规定禁止自卫以外的任何战争。历史学上已经证明 1931 年爆发的"九一八"事变，是关东军从 1928 年炸死张作霖事件以来开展的阴谋所引起的。当时的日本政府主张那是行使自卫权，但这一主张并未被国际联盟所接受。包括之后的日中战争及太平洋战争在内，1931 至 1945 年的战争，无论其名称如何，实质上都是由日本发起的、违反国际法的侵略战争。这一点，无论在国际法学还是历史学上，都已是国际上的定论。

二战结束后国际社会一贯保持了这样的认识，若否定这一认识，则不仅否定中国和韩国，还否定了包括美国在内的绝大多数国家对这一历史的共同认识。决不能因为模糊了日本过去实施的战争的不正当且违法的性质，而使日本国民在二战结束后的 70 年间努力建构起来的国际社会对日本的高度评价化为乌有。我们确信，这不仅仅是我们这些专业研究者的想法，同时也是大多数日本国民所共有的想法。

1924 年，孙文在神户举行了著名的大亚洲主义演讲，曾经对日本国民提出了这样的问题：即日本究竟是做西方霸道的鹰犬，或是做东方王道的干城。我们不见得一定要完全接受孙文将西方与霸道、东方与王道结合在一起的见解，但是，当时的中国正处于欧美列强与日本所造成的半殖民地状态下，孙文提出的问题实是击中要害。很遗憾，之后的日本走上了霸道之路，其结果也几乎使日本灭亡。

二战结束后的日本，将此作为深刻教训铭记于心，走上了能自傲于世界的和平与繁荣之路。将来的日本，也要继续走这一王道之路，加倍巩固二战结束后构筑起来的和平、繁荣与安全的社会，通过与其他国家在经济、技术及文化上的合作，并分享合作的成果，让日本继续成为国民能感到自豪的世界典范之国。这是我们作为研究历史、国际法及国际政治学的学者，更是作为日本国民的一员的想法。

我们深切期望，首相能够深思世界对二战前后的日本历史的评价，发表这样一个谈话——无论是现在或是将来的日本国民，不管他走到世界的哪个地方，都能挺起胸膛自豪地说："这是我们首相的谈话！"

2015 年 7 月 17 日

参加《关于二战结束 70 周年首相谈话的声明》署名的日本学者名单如下：

大诏　保昭	（明治大学特聘教授，国际法）
三谷　太一郎	（东京大学名誉教授，日本政治外交史）
吾乡　眞一	（立命馆大学特聘讲座教授，国际法）
浅田　正彦	（京都大学教授，国际法）
浅野　丰美	（早稻田大学教授，日本政治外交史）
阿部　浩己	（神奈川大学教授，国际法）
天儿　慧	（早稻田大学教授，现代中国论）
栗谷　宪太郎	（立教大学名誉教授，日本近现代史）
石井　宽治	（东京大学名誉教授，日本经济史）
石田　淳	（东京大学教授，国际政治）
石田　宪	（千叶大学教授，国际政治史）
位田　隆一	（同志社大学特别客座教授，国际法）
入江　昭	（哈佛大学名誉教授，美国外交史）
内海　爱子	（惠泉女学园大学名誉教授，日本、亚洲关系论）
远藤　诚治	（成蹊大学教授，国际政治）
绪方　贞子	（前联合国难民署高级专员，国际关系史）
小此木　政夫	（庆应义塾大学名誉教授，韩朝政治）
小畑　郁	（名古屋大学教授，国际法）
加藤　阳子	（东京大学教授，日本近代史）
吉川　元	（广岛和平研究所教授，国际政治）
木畑　洋一	（成城大学教授，国际关系史）
木宫　正史	（东京大学教授，国际政治）
仓泽　爱子	（庆应义塾大学名誉教授，东南亚史）
黑泽　文贵	（东京女子大学教授，日本近代史）
黑泽　满	（大阪女学院大学教授，国际法）
香西　茂	（京都大学名誉教授，国际法）
小菅　信子	（山梨学院大学教授，近现代史）
後藤　乾一	（早稻田大学名誉教授，东南亚近现代史）
斋藤　民徒	（金城学院大学教授，国际法）

佐藤　哲夫　　　　　　（一桥大学教授，国际法）

篠原　初枝　　　　　　（早稻田大学教授，国际关系史）

申　惠丰　　　　　　　（青山学院大学教授，国际法）

杉原　高嶺　　　　　　（京都大学名誉教授，国际法）

杉山　伸也　　　　　　（庆应义塾大学名誉教授，日本经济史）

添谷　芳秀　　　　　　（庆应义塾大学教授，国际政治）

高原　明生　　　　　　（东京大学教授，国际政治）

田中　孝彦　　　　　　（早稻田大学教授，国际关系史）

田中　宏　　　　　　　（一桥大学名誉教授，日本社会伦）

外村　大　　　　　　　（东京大学教授，日本近现代史）

丰田　哲也　　　　　　（国际教养大学副教授，国际法）

中北　浩尔　　　　　　（一桥大学教授，日本政治外交史）

中岛　岳志　　　　　　（北海道大学副教授，政治学）

中谷　和弘　　　　　　（东京大学教授，国际法）

中见　立夫　　　　　　（东京外国语大学教授，东亚国际关系史）

中见　真理　　　　　　（清泉女子大学教授，国际关系思想史）

纳家　政嗣　　　　　　（上智大学特聘教授，国际政治）

西海　真树　　　　　　（中央大学教授，国际法）

西崎　文子　　　　　　（东京大学教授，美国政治外交史）

野村　浩一　　　　　　（立教大学名誉教授，中国近现代史）

波多野　澄雄　　　　　（筑波大学名誉教授，日本政治外交史）

初瀬　龙平　　　　　　（京都女子大学客座教授，国际政治）

原　朗　　　　　　　　（东京大学名誉教授，日本经济史）

原　彬久　　　　　　　（东京国际大学名誉教授，国际政治）

半藤　一利　　　　　　（现代史家）

平野　健一郎　　　　　（早稻田大学名誉教授，东亚国际关系史）

广濑　和子　　　　　　（上智大学名誉教授，国际法）

藤原　归一　　　　　　（东京大学教授，国际政治）

保阪　正康　　　　　　（现代史家）

松井　芳郎　　　　　　（名古屋大学名誉教授，国际法）

松浦　正孝　　　　　　（立教大学教授，日本政治外交史）

松尾　文夫	（现代史家）
松本　三之介	（东京大学名誉教授，日本政治思想史）
真山　全	（大阪大学教授，国际法）
三谷　博	（东京大学名誉教授，日本近代史）
宫野　洋一	（中央大学教授，国际法）
毛里　和子	（早稻田大学名誉教授，中国政治）
最上　敏树	（早稻田大学教授，国际法）
森山　茂德	（首都大学东京名誉教授，近代日韩关系史）
山影　进	（青山学院大学教授，国际关系论）
山形　英郎	（名古屋大学教授，国际法）
山室　信一	（京都大学教授，近代法政思想史）
油井　大三郎	（东京女子大学特聘教授，日美关系史）
吉田　裕	（一桥大学教授，日本近现代史）
和田　春树	（东京大学名誉教授，历史学）

原文

学者ら74 人の「戦後 70 年総理談話について」 声明全文

2015 年 7 月 17 日

「日本が過ち、潔く認めるべきだ」学者ら74 人が声明

　この夏、安倍晋三総理大臣が戦後 70 年に際して発表すると報道されている談話について、日本国内でも海外でも強い関心が寄せられております。

　下記に名を連ねる私共国際法学、歴史学、国際政治学の学徒は、日本国の一員として、また世界に共通する法と歴史と政治の問題を学問の対象とする者として、この談話にかかわる諸問題について多年研究に携わってまいりました。

　私共の間には、学問的立場と政治的信条において、相違がありま

す。しかしながら、そのような相違を超えて、私共は下記の点において考えを同じくするものであり、それを日本国民の皆様と国政を司る方々に伝え、また関係する諸外国の方々にも知って頂くことは、専門家の社会的責任であると考えるに至りました。ここに以下の所見を明らかにする次第です。

（1）戦後70年という節目に表明される総理談話は、なによりもまず、大多数の国民が飢餓に苦しみ、多くの都市が灰燼に帰していた1945年の日本から、今日の平和で豊かな日本を築き上げた先人達の努力に対して深甚な感謝の意を捧げ、そうした日本を誤りなく次の世代に引き渡して行くという国政の最高責任者の意志を日本国民に示すものであるべきであります。このことは、戦後50年、60年たると70年たるとを問わない、先世代と将来世代の国民に対する現世代の国民の責任であり、この点広く社会の合意があるものと考えます。

（2）また、こうした戦後日本の復興と繁栄は日本国民の努力のみによるものでなく、講和と国交正常化に際して賠償を放棄するなど、戦後日本の再出発のために寛大な態度を示し、その後も日本の安全と経済的繁栄をさまざまな形で支え、助けてくれた諸外国の日本への理解と期待、そして支援によるものでもありました。このことは、さまざまな研究を通して今日よく知られております。こうした海外の諸国民への深い感謝の気持ちもまた示されるべきものと考えます。

（3）さらに、戦後の復興と繁栄をもたらした日本国民の一貫した努力は、台湾、朝鮮の植民地化に加えて、1931－45年の戦争が大きな誤りであり、この戦争によって三百万人以上の日本国民とそれに数倍する中国その他の諸外国民の犠牲を出したことへの痛切な反省に基づき、そうした過ちを二度と犯さないという決意に基づくものでありました。戦争で犠牲となった人々への強い贖罪感と悔恨の念が、戦後日本の平和と経済発展を支えた原動力だったのです。戦後70年、80年、90年と時が経てば、こうした思いが薄れていくことはやむを得ないことかもしれません。しかしながら、実にこの思いこそ、戦後の日本の平和と繁栄を支えた原点、文字どおりの初心であり、決して忘れ去られてはならないものでありましょう。

　（4）このことは、戦後 50 年の村山談話に含まれ、戦後 60 年の小泉談話でも継承された「侵略」や「植民地支配」への「痛切な反省」、「心からのお詫び」などの言葉を継承すべきか否かという、世上論じられている点にかかわります。ある特定の言葉を用いるか否かで総理の談話の善し悪しを論ずべきものでなく、ましてや「村山談話」という特定の総理談話の個々の言葉を継承するか否かがその後の総理談話の質を決する基準でない、というのは多くの専門家、そしてなによりも多くの国民が同意するところかもしれません。しかし、いかなる言葉で語られるかは、それが国際的にも大きな影響をもつ責任ある文書を評価する上で、どの国でもどの時代でもきわめて重要な基準です。政治を司る者は、こうした言葉の枢要性を誰よりも深く考える責務を負っているはずです。このことは、歴史と法と政治を研究してきた私共が、日本の為政者に対して特に強く申し上げたいところです。

　（5）言葉の問題を含めて、「村山談話」や「小泉談話」を「安倍談話」がいかに継承するかは、これまでの総理自身の言動も原因となって、内外で広く論ぜられ、政治争点化しております。このことは、国内もさることながら、中国、韓国、米国などを含む、日本と密接な関係をもつ国々で広く観察される現象です。こうした状況の下では「安倍談話」において「村山談話」や「小泉談話」を構成する重要な言葉が採用されなかった場合、その点にもっぱら国際的な注目が集まり、総理の談話それ自体が否定的な評価を受ける可能性が高いだけでなく、これまで首相や官房長官が談話を通じて強調してきた過去への反省についてまで関係諸国に誤解と不信が生まれるのではないかと危惧いたします。安倍総理がしばしば強調される「村山談話」や「小泉談話」を「全体として継承する」ということとの意味を、具体的な言語表現によって明らかにされるよう、強く要望するものです。

　（6）以上に述べたことは、戦後 70 年談話が閣議決定を経ない「総理大臣の談話」であっても変わりはありません。日本の内外において総理大臣は国政の最高責任者として日本を代表する立場にあり、閣議決定の有無といった問題は、一般国民にとって、ましてや海外の諸国民にとって、ほとんど意識されることはありません。肝心なのは談話の中身です。70 年談話がその「言葉」ゆえに国際社会で否定的に受け取られ、その結果、過去と現在と将来の日本国民全体が不名誉な立場に置かれ、現在と将来の日本国民が大きな不利益を被ることのないよう、安倍総理が「談話」で用いられる「言葉」について考え抜かれた賢明な途をとられることを切に望むものです。

（7）　日本が1931年から45年までに遂行した戦争が国際法上違法な侵略戦争であったと認めることは、日本国民にとって辛いことであります。その時代、先人達は、現世代を含む他のどの時代の日本国民よりも厳しい試練に直面し、甚大な犠牲を被りました。そうした先人の行為が誤っていたということは、後生のわたしたちが軽々しく断ずべきことではないかもしれません。しかしながら、日本が侵略されたわけではなく、日本が中国や東南アジア、真珠湾を攻撃し、三百万余の国民を犠牲とし、その数倍に及ぶ諸国の国民を死に至らしめた戦争がこの上ない過誤であったことは、残念ながら否定しようがありません。そしてまた、日本が台湾や朝鮮を植民地として統治したことは、紛れもない事実です。歴史においてどの国も過ちを犯すものであり、日本もまたこの時期過ちを犯したことは潔く認めるべきであります。そうした潔さこそ、国際社会において日本が道義的に評価され、わたしたち日本国民がむしろ誇りとすべき態度であると考えます。

（8）　この点に関連して、安倍総理を含む歴代の総理は、侵略の定義は定まっていないという趣旨の国会答弁などを行っておりますが、これは学問的には必ずしも正しい解釈とは思われません。なによりもそうした発言は、日本が1931年から遂行した戦争が国際法上違法な侵略戦争であったという、国際社会で確立した評価を否定しようとしているのではないかとの疑念を生じさせるものであり、日本に大きな不利益をもたらすものと考えます。

20世紀前半の国際社会は、第一次大戦の甚大な惨禍を経験して、戦争を違法化する努力を重ねて来ました。1928年の不戦条約はその代表であり、日本も締約国であった同条約は自衛以外の戦争を明確に禁止しておりました。1931年に始まる満州事変が1928年の張作霖爆殺事件以来の関東軍の陰謀によって引き起こされたものであったことは、歴史学上明らか

にされております。当時の日本政府はこれを自衛権の行使と主張しました
が、国際連盟はその主張を受け入れませんでした。その後の日中戦争、太
平洋戦争を含めた1931 − 45 年の戦争が名目の如何と関係なく、その実質
において日本による違法な侵略戦争であったことは、国際法上も歴史学上
も国際的に評価が定着しております。戦後国際社会は一貫してこうした認
識を維持してきたのであり、これを否定することは、中国・韓国のみなら
ず、米国を含む圧倒的多数の国々に共通する認識を否定することになりま
す。戦後 70 年にわたって日本国民が営々と築き上げた日本の高い国際的
評価を、日本が遂行したかつての戦争の不正かつ違法な性格をあいまいに
することによって無にすることがあってはならない。これが専門研究者と
しての私共の考えであり、同時に多くの日本国民が共有する考えでもある
と確信しております。

　1924 年、神戸で行われた有名な大アジア主義演説において、孫文は
日本が西洋覇道の鷹犬となるか東洋王道の干城となるか、と日本の国民に
問いかけました。私共は西洋を覇道と結び付け、東洋を王道と結び付ける
孫文の見解を必ずしもそのまま受け入れるものではありませんが、中国が
欧米列強と日本によって半ば植民地の状態にされていた当時の状況下にお
いて、この問いかけはまことに正鵠を得たものであったと考えます。残念
ながら日本は覇道の道を歩み、その結果ほとんど国を滅ぼすに至りまし
た。

　戦後日本はこのことを深い教訓として胸に刻み、世界に誇りうる平和
と繁栄の道を歩んで参りました。日本が将来にわたってこの王道を歩み続
け、戦後築き上げた平和で経済的に繁栄し安全な社会をさらに磨きあげ、
他の国への経済・技術・文化協力を通してそれを分かち合い、国民が誇り
得る世界の範たる国であり続けて欲しいと願わずにはいられません。私共
は、歴史、国際法、国際政治の研究に携わる学徒として、いやなによりも
日本国の一員として、そう考えます。

　総理が、戦前と戦後の日本の歴史に対する世界の評価に深く思いを致
し、現在と将来の日本国民が世界のどこでもそして誰に対しても胸を張っ
て「これが日本の総理大臣の談話である」と引用することができる、そ
うした談話を発して下さることを願ってやみません。

共同声明文による賛同人一覧は以下の通り。（敬称略）

代表

大沼　保昭	（明治大特任教授，国際法）
三谷　太一郎	（東京大名誉教授，日本政治外交史）
吾郷　真一	（立命館大特別招聘教授，国際法）
浅田　正彦	（京都大教授，国際法）
浅野　豊美	（早稲田大教授，日本政治外交史）
阿部　浩己	（神奈川大教授，国際法）
天児　慧	（早稲田大教授，現代中国論）
粟屋　憲太郎	（立教大名誉教授，日本近現代史）
石井　寛治	（東京大名誉教授，日本経済史）
石田　淳	（東京大教授，国際政治）
石田　憲	（千葉大教授，国際政治史）
位田　隆一	（同志社大特別客員教授，国際法）
入江　昭	（ハーバード大名誉教授，アメリカ外交史）
内海　愛子	（恵泉女学園大名誉教授，日本・アジア関係論）
遠藤　誠治	（成蹊大教授，国際政治）
緒方　貞子	（元国連難民高等弁務官，国際関係史）
小此木　政夫	（慶応大名誉教授，韓国・朝鮮政治）
小畑　郁	（名古屋大教授，国際法）
加藤　陽子	（東京大教授，日本近代史）
吉川　元	（広島平和研究所教授，国際政治）
木畑　洋一	（成城大教授，国際関係史）
木宮　正史	（東京大教授，国際政治）
倉沢　愛子	（慶応大名誉教授，東南アジア史）
黒沢　文貴	（東京女子大教授，日本近代史）
黒沢　満	（大阪女学院大教授，国際法）
香西　茂	（京都大名誉教授，国際法）
小菅　信子	（山梨学院大教授，近現代史）
後藤　乾一	（早稲田大名誉教授，東南アジア近現代史）
斎藤　民徒	（金城学院大教授，国際法）

佐藤　哲夫	（一橋大教授，国際法）
篠原　初枝	（早稲田大教授，国際関係史）
申　惠丰	（青山学院大教授，国際法）
杉原　高嶺	（京都大名誉教授，国際法）
杉山　伸也	（慶応大名誉教授，日本経済史）
添谷　芳秀	（慶応大教授，国際政治）
高原　明生	（東京大教授，国際政治）
田中　孝彦	（早稲田大教授，国際関係史）
田中　宏	（一橋大名誉教授，日本社会論）
外村　大	（東京大教授，日本近現代史）
豊田　哲也	（国際教養大准教授，国際法）
中北　浩爾	（一橋大教授，日本政治外交史）
中島　岳志	（北海道大准教授，政治学）
中谷　和弘	（東京大教授，国際法）
中見　立夫	（東京外語大教授，東アジア国際関係史）
中見　真理	（清泉女子大教授，国際関係思想史）
納家　政嗣	（上智大特任教授，国際政治）
西海　真樹	（中央大教授，国際法）
西崎　文子	（東京大教授，アメリカ政治外交史）
野村　浩一	（立教大名誉教授，中国近現代史）
波多野　澄雄	（筑波大名誉教授，日本政治外交史）
初瀬　龍平	（京都女子大客員教授，国際政治）
原　朗	（東京大名誉教授，日本経済史）
原　彬久	（東京国際大名誉教授，国際政治）
半藤　一利	（現代史家）
平野　健一郎	（早稲田大名誉教授，東アジア国際関係史）
広瀬　和子	（上智大名誉教授，国際法）
藤原　帰一	（東京大教授，国際政治）
保坂　正康	（現代史家）
松井　芳郎	（名古屋大名誉教授，国際法）
松浦　正孝	（立教大教授，日本政治外交史）

松尾　文夫　　　　　　（現代史家）

松本　三之介　　　　　（東京大名誉教授，日本政治思想史）

真山　全　　　　　　　（大阪大教授，国際法）

三谷　博　　　　　　　（東京大名誉教授，日本近代史）

宮野　洋一　　　　　　（中央大教授，国際法）

毛里　和子　　　　　　（早稲田大名誉教授，中国政治）

最上　敏樹　　　　　　（早稲田大教授，国際法）

森山　茂徳　　　　　　（首都大学東京名誉教授，近代日韓関係史）

山影　進　　　　　　　（青山学院大教授，国際関係論）

山形　英郎　　　　　　（名古屋大教授，国際法）

山室　信一　　　　　　（京都大教授，近代法政思想史）

油井　大三郎　　　　　（東京女子大特任教授，日米関係史）

吉田　裕　　　　　　　（一橋大教授，日本近現代史）

和田　春樹　　　　　　（東京大名誉教授，歴史学）

宫泽谈话

（1982 年 8 月 26 日）

一、日本政府及日本国民深刻自省由于过去我国的行为给包括韩国、中国在内的亚洲各国国民带来巨大的痛苦与损害，基于不再让这样的事情重演的反省与决心，坚持了和平国家的发展道路。对于韩国，我国在 1965 年日韩联合公报中表明了"对过去的关系感到遗憾而深刻反省"的认识，对于中国，在日中共同声明中表达了"痛感过去日本国通过战争给中国国民带来的重大损害的责任，并深刻进行反省"的认识，这些都是上述我国反省与决心的确认表示，现在这种认识也没有任何变化。

二、在我国的学校教育和教科书的审定当中，日韩联合公报和日中共同声明的精神理应受到尊重。如今，韩国、中国等国对我国教科书关于此点的记述提出了批评。我国将在推进与亚洲近邻各国的友好亲善基础上，充分倾听这些批评，纠正政府的责任。

三、为充分体现上述宗旨，将考虑在今后的教科书审定中，经过教科图书审定调查审议会审议后，修改审定基准。关于已经进行过审定的教科书，今后也将迅速采取措施以体现同一宗旨。在此之前，作为暂定措施，文部大臣将阐明态度，并使上述第二项的宗旨能够充分反映到教育第一线。

四、今后，我国也将致力于促进同近邻国民的相互理解，发展友好合作，为亚洲及世界的和平与稳定做出贡献。

（编者译）

原文

「歴史教科書」に関する宮沢内閣官房長官談話

昭和 57 年 8 月 26 日

　一、日本政府及び日本国民は、過去において、我が国の行為が韓国・中国を含むアジアの国々の国民に多大の苦痛と損害を与えたことを深く自覚し、このようなことを二度と繰り返してはならないとの反省と決意の上に立って平和国家としての道を歩んできた。我が国は、韓国については、昭和四十年の日韓共同コミニュニケの中において「過去の関係は遺憾であって深く反省している」との認識を、中国については日中共同声明において「過去において日本国が戦争を通じて中国国民に重大な損害を与えたことの責任を痛感し、深く反省する」との認識を述べたが、これも前述の我が国の反省と決意を確認したものであり、現在においてもこの認識にはいささかの変化もない。

　二、このような日韓共同コミュニケ、日中共同声明の精神は我が国の学校教育、教科書の検定にあたっても、当然、尊重されるべきものであるが、今日、韓国、中国等より、こうした点に関する我が国教科書の記述について批判が寄せられている。我が国としては、アジアの近隣諸国との友好、親善を進める上でこれらの批判に十分に耳を傾け、政府の責任において是正する。

　三、このため、今後の教科書検定に際しては、教科用図書検定調査審議会の議を経て検定基準を改め、前記の趣旨が十分実現するよう配慮する。すでに検定の行われたものについては、今後すみやかに同様の趣旨が実現されるよう措置するが、それ迄の間の措置として文部大臣が所見を明らかにして、前記二の趣旨を教育の場において十分反映せしめるものとする。

　四、我が国としては、今後とも、近隣国民との相互理解の促進と友好協力の発展に努め、アジアひいては世界の平和と安定に寄与していく考えである。

河野谈话[*]

（1993 年 8 月 4 日）

关于所谓"从军慰安妇"的问题，政府从前年 12 月开始展开调查，目前已发表调查结果。

此次调查结果显示，当时很长一段时期内，很大范围的区域设置有"慰安所"，存在大量"慰安妇"。"慰安所"根据当时军方的要求而设置营运，原日本军队直接或间接参与了"慰安所"的设置、管理以及"慰安妇"的运送。在征募"慰安妇"方面，主要由应军队要求的业界承担，在这种情况下，存在许多哄骗、强制等违反本人意愿的事例，而且，也确实存在当局直接参与（强征"慰安妇"）的事例。此外，"慰安所"内的生活处在强制状态下，非常痛苦。

被运送到战场的"慰安妇"中，除日本人外，来自朝鲜半岛的占了很大比重，当时朝鲜半岛处于日本统治下，在"慰安妇"的征集、运送、管理等方面，采用哄骗、强制等手段，总体上违反了本人的意志。

总之，这是在当时军方参与下、严重伤害许多女性名誉和尊严的问题。政府要以此为契机，不问出身，再次向所有经历众多苦痛、身心受到创伤的所谓"从军慰安妇"们表示诚挚道歉和反省之意。另外，日本应如何表示这种心情，希望能征集有识之士的意见，今后应加以认真研究。

我们不回避这个历史事实，更要正视这个历史教训。我们将通过历史研究和历史教育，把这个问题永远铭记在心，并再次坚决表明绝不再犯同样错

---

[*] 摘自 http://www.baike.so.com/doc/5393836 - 5630903.html。

误的决心。

此外，围绕这一问题，国内有人提起诉讼，国际社会也很关注，政府今后仍将结合民间研究，对此给予充分关注。

原文

慰安婦関係調査結果発表に関する
河野内閣官房長官談話

平成 5 年 8 月 4 日

　　いわゆる従軍慰安婦問題については、政府は、一昨年 12 月より、調査を進めて来たが、今般その結果がまとまったので発表することとした。

　　今次調査の結果、長期に、かつ広範な地域にわたって慰安所が設置され、数多くの慰安婦が存在したことが認められた。慰安所は、当時の軍当局の要請により設営されたものであり、慰安所の設置、管理及び慰安婦の移送については、旧日本軍が直接あるいは間接にこれに関与した。慰安婦の募集については、軍の要請を受けた業者が主としてこれに当たったが、その場合も、甘言、強圧による等、本人たちの意思に反して集められた事例が数多くあり、更に、官憲等が直接これに加担したこともあったことが明らかになった。また、慰安所における生活は、強制的な状況の下での痛ましいものであった。

　　なお、戦地に移送された慰安婦の出身地については、日本を別とすれば、朝鮮半島が大きな比重を占めていたが、当時の朝鮮半島は我が国の統治下にあり、その募集、移送、管理等も、甘言、強圧による等、総じて本人たちの意思に反して行われた。

　　いずれにしても、本件は、当時の軍の関与の下に、多数の女性の名誉と尊厳を深く傷つけた問題である。政府は、この機会に、改めて、その出身地のいかんを問わず、いわゆる従軍慰安婦として数多の苦痛を経験され、心身にわたり癒しがたい傷を負われたすべての方々に対し心からお詫びと反省の気持ちを申し上げる。また、そのような気持ちを我が国としてどのように表すかということについては、有識者のご意見なども徴しつつ、今後とも真剣に検討すべきものと考える。

　われわれはこのような歴史の真実を回避することなく、むしろこれを歴史の教訓として直視していきたい。われわれは、歴史研究、歴史教育を通じて、このような問題を永く記憶にとどめ、同じ過ちを決して繰り返さないという固い決意を改めて表明する。

　なお、本問題については、本邦において訴訟が提起されており、また、国際的にも関心が寄せられており、政府としても、今後とも、民間の研究を含め、十分に関心を払って参りたい。

村山谈话[*]

（1995 年 8 月 15 日）

上次大战结束以后已过了五十年的岁月。现在再次缅怀在那场战争中遇难的国内外许多人时，感慨万端。

战败后，日本从被战火烧光的情况开始，克服了许多困难，建立了今天的和平和繁荣。这是我们的自豪。每一个国民在这过程中倾注了才智，做出了不懈的努力。对此我谨表示由衷的敬意。对于美国以及世界各国直至今日所给予的支援和合作，再次深表谢意。另外，我国同亚太近邻各国、美国以及欧洲各国之间建立起来了像今天这样的友好关系，对此我感到由衷的高兴。

今天，日本成为和平、富裕的国家，因此我们动辄忘掉这和平之尊贵与其来之不易。我们应该把战争的悲惨传给年轻一代，以免重演过去的错误。并且要同近邻各国人民携起手来，进一步巩固亚太地区乃至世界的和平，为此目的特别重要的是，同这些国家之间建立基于深刻理解与相互信赖的关系。这是不可缺少的。日本政府本着这种想法，为支援有关近现代史上日本同近邻亚洲各国关系的历史研究，并为飞跃扩大同该地区各国的交流，正在展开以这两方面为支柱的和平友好交流事业。同时，关于我国政府现在致力解决的二战的战后处理问题，为进一步加强我国和这些国家之间的信赖关系，继续要诚恳的处理。

---

* 摘自 http：//www. cn. emb-japan. go. jp. /bilateral/bunben_ 1995 danwa. htm。

正当二战结束 50 周年之际，我们应该铭记在心的是回顾过去，从中学习历史教训，展望未来，不要走错人类社会向和平繁荣的道路。

我国在不久的过去一段时期，国策有错误，走了战争的道路，使国民陷入存亡的危机，殖民统治和侵略给许多国家，特别是亚洲各国人民带来了巨大的损害和痛苦。为了避免未来有错误，我就谦虚地对待毫无疑问的这一历史事实，谨此再次表示深刻的反省和由衷的歉意。同时谨向在这段历史中受到灾难的所有国内外人士表示沉痛的哀悼。

二战战败 50 周年的今天，我国应该立足于过去的深刻反省，排除自以为是的国家主义，作为负责任的国际社会成员促进国际协调，来推广和平的理念和民主主义。与此同时，非常重要的是，我国作为经历过原子弹轰炸的唯一国家，包括追求彻底销毁核武器以及加强核不扩散体制等在内，要积极推进国际裁军。我相信只有这样才能偿还过去的错误，也能安慰遇难者的灵魂。

古话说："杖莫如信。"在这值得纪念的时刻，我谨向国内外表明下一句作为我的誓言：信义就是我施政的根本。

原文

「戦後 50 周年の終戦記念日にあたって」
（いわゆる村山談話）

先の大戦が終わりを告げてから、50 年の歳月が流れました。今、あらためて、あの戦争によって犠牲となられた内外の多くの人々に思いを馳せるとき、万感胸に迫るものがあります。

敗戦後、日本は、あの焼け野原から、幾多の困難を乗りこえて、今日の平和と繁栄を築いてまいりました。このことは私たちの誇りであり、そのために注がれた国民の皆様 1 人 1 人の英知とたゆみない努力に、私は心から敬意の念を表わすものであります。ここに至るまで、米国をはじめ、世界の国々から寄せられた支援と協力に対し、あらためて深甚な謝意を表明いたします。また、アジア太平洋近隣諸国、米国、さらには欧州諸国との間に今日のような友好関係を築き上げるに至ったことを、心から喜びたいと思います。

　平和で豊かな日本となった今日、私たちはややもすればこの平和の尊さ、有難さを忘れがちになります。私たちは過去のあやまちを2度と繰り返すことのないよう、戦争の悲惨さを若い世代に語り伝えていかなければなりません。とくに近隣諸国の人々と手を携えて、アジア太平洋地域ひいては世界の平和を確かなものとしていくためには、なによりも、これらの諸国との間に深い理解と信頼にもとづいた関係を培っていくことが不可欠と考えます。政府は、この考えにもとづき、特に近現代における日本と近隣アジア諸国との関係にかかわる歴史研究を支援し、各国との交流の飛躍的な拡大をはかるために、この2つを柱とした平和友好交流事業を展開しております。また、現在取り組んでいる戦後処理問題についても、わが国とこれらの国々との信頼関係を一層強化するため、私は、ひき続き誠実に対応してまいります。

　いま、戦後50周年の節目に当たり、われわれが銘記すべきことは、来し方を訪ねて歴史の教訓に学び、未来を望んで、人類社会の平和と繁栄への道を誤らないことであります。

　わが国は、遠くない過去の一時期、国策を誤り、戦争への道を歩んで国民を存亡の危機に陥れ、植民地支配と侵略によって、多くの国々、とりわけアジア諸国の人々に対して多大の損害と苦痛を与えました。私は、未来に誤ち無からしめんとするが故に、疑うべくもないこの歴史の事実を謙虚に受け止め、ここにあらためて痛切な反省の意を表し、心からのお詫びの気持ちを表明いたします。また、この歴史がもたらした内外すべての犠牲者に深い哀悼の念を捧げます。

　敗戦の日から50周年を迎えた今日、わが国は、深い反省に立ち、独善的なナショナリズムを排し、責任ある国際社会の一員として国際協調を促進し、それを通じて、平和の理念と民主主義とを押し広めていかなければなりません。同時に、わが国は、唯一の被爆国としての体験を踏まえて、核兵器の究極の廃絶を目指し、核不拡散体制の強化など、国際的な軍縮を積極的に推進していくことが肝要であります。これこそ、過去に対するつぐないとなり、犠牲となられた方々の御霊を鎮めるゆえんとなると、私は信じております。

　「杖るは信に如くは莫し」と申します。この記念すべき時に当たり、信義を施政の根幹とすることを内外に表明し、私の誓いの言葉といたします。

安倍谈话[*]

（2015 年 8 月 14 日）

正值战争结束七十周年之际，我们认为，必须平静地回顾走向那场战争的道路、二战后的进程、二十世纪那一时代，并从历史的教训中学习面向未来的智慧。

一百多年前，以西方国家为主的各国的广大殖民地遍及世界各地。十九世纪，以技术的绝对优势为背景，殖民统治亦波及亚洲。毫无疑问，其带来的危机感变成日本实现近代化的动力。日本首次在亚洲实现立宪政治，守住了国家独立。日俄战争鼓舞了许多处在殖民统治之下的亚洲和非洲的人们。

经过席卷全世界的第一次世界大战，民族自决运动的扩大阻止了此前的殖民地化。那场战争造成了一千多万死难者，是一场悲惨的战争。人们渴望和平，创立国际联盟，创造出不战条约，诞生出使战争本身违法化的新的国际社会潮流。

当初，日本也统一了步调。但是，在世界经济危机发生后，欧美各国以卷入殖民地经济来推动区域经济集团化，从而日本经济受到重大打击。此间，日本的孤立感加深，试图依靠实力解决外交和经济上的困境。对此，国内政治机制也未能予以阻止。其结果，日本迷失了世界大局。

满洲事变以及退出国际联盟——日本逐渐变成国际社会经过巨大灾难而建立起来的新的国际秩序的挑战者，该走的方向有错误，而走上了战争的道路。

---

* 摘自 http：//www. cn. emb-japan. go. jp/bilateral/bunben_ 2015 danwa. htm。

其结果，七十年前，日本战败了。

正当二战结束七十周年之际，我在国内外所有死遇者面前，深深地鞠躬，并表示痛惜，表达永久的哀悼之意。

由于那场战争失去了三百多万同胞的生命。有不少人在挂念祖国的未来、祈愿家人的幸福之中捐躯。战争结束后，也有不少人在严寒或炎热的遥远异国他乡苦于饥饿或疾病之中去世。广岛和长崎遭受的原子弹轰炸、东京以及各城市遭受的轰炸、冲绳发生的地面战斗等等，这些导致了许许多多的老百姓悲惨遇难。

同样，在与日本兵戎相见的国家中，不计其数的年轻人失去了原本有着未来的生命。在中国、东南亚、太平洋岛屿等成为战场的地区，不仅由于战斗，还由于粮食不足等原因，许多无辜的平民受苦和遇难。我们也不能忘记，在战场背后被严重伤害名誉与尊严的女性们的存在。

我国给无辜的人们带来了不可估量的损害和痛苦。历史真是无法取消的、残酷的。每一个人都有各自的人生、梦想、所爱的家人。我在沉思这样一个明显的事实时，至今我仍然无法言语，不禁断肠。

在如此重大损失之上，才有现在的和平。这就是二战后日本的出发点。

再也不要重演战祸。

事变、侵略、战争。我们再也不应该用任何武力威胁或武力行使作为解决国际争端的手段。应该永远跟殖民统治告别，要实现尊重所有民族自决权利的世界。

我国带着对那场战争的深刻悔悟，做出了如此发誓。在此基础上，我国建设自由民主的国家，重视法治，一直坚持不战誓言。我们对 70 年以来所走过的和平国家道路默默地感到自豪，并且今后也将继续贯彻这一坚定的方针。

我国对在那场战争中的行为多次表示深刻的反省和由衷的歉意。为了以实际行动表明这种心情，我们将印尼、菲律宾等东南亚国家以及台湾、① 韩国、中国等亚洲邻居人民走过的苦难历史铭刻在心，二战后一直致力于这些国家的和平与繁荣。

这些历代内阁的立场今后也将是坚定不移的。

---

① 此处台湾指中国台湾（编者注）。

不过，即使我们付出多么大的努力，失去家人的悲哀和在战祸中饱受涂炭之苦的记忆也绝不会消失。

因此，我们要将下述事实铭刻在心。

超过六百万人的二战后的归国者总算从亚洲和太平洋各地平安回国，成为重建日本的原动力。在中国被残留的接近三千人的日本儿童得以成长，再次踏上祖国土地。美国、英国、荷兰、澳大利亚等国家的被俘的人们，长期以来访问日本，祭奠双方的战死者。

饱尝战争痛苦的中国人以及曾经被俘并遭受日军施加难以忍受痛苦的人做得如此宽容，他们内心的纠葛究竟多么大，付出的努力又是多么大？

我们必须将此事挂在心上。

二战后，如此宽容的胸怀使得日本重返国际社会。值此战后七十年之际，我国向致力于和解的所有国家、所有人士表示由衷的感谢。

现在我国国内二战后出生的一代已超过了总人口的80％。我们不能让与战争毫无关系的子孙后代担负起继续道歉的宿命。尽管如此，我们日本人要超越世代，正面面对过去的历史。我们有责任以谦虚的态度继承过去，将它交给未来。

我们的父母一代以及祖父母一代在二战后的废墟和贫困深渊中维系了生命。他们带来的未来是可以让我们一代继承，且交给我们下一代。这不仅是前辈们不懈努力的结果，也是曾经作为敌国激烈交火的美国、澳大利亚、欧洲各国以及许多国家超越恩仇提供善意和支援的结果。

我们必须将此事告诉未来的一代。将历史的教训深深地铭刻在心，开拓更加美好的未来，为亚洲及世界的和平与繁荣而尽力。我们担负着这一重大责任。

我们继续将谋求以实力打开僵局的过去铭刻在心。正因为如此，我国继续奉行的是，任何争端都应该尊重法治，不是行使实力而是以和平与外交方式加以解决的原则。这是我国今后也将坚持并向世界各国推广的原则。我国作为经历过原子弹轰炸的唯一国家，追求实现核不扩散和彻底销毁核武器，在国际社会上履行自己的责任。

我们继续将在二十世纪的战争期间众多女性的尊严与名誉遭受严重伤害的过去铭刻在心。正因为如此，我国希望成为一个国家要时刻体贴女性的心。我国将在世界领先努力将二十一世纪成为不让女性人权遭受侵害的世纪。

　　我们继续将区域经济集团化促发纠纷萌芽的过去铭刻在心。正因为如此，我国努力发展不受任何国家恣意影响的自由、公正、开放的国际经济体制，加强对发展中国家的支援，牵引走向更加繁荣的世界。繁荣才是和平的基础。应对暴力温床的贫困，为全世界所有人享受医疗和教育以及自立的机会而做出更大的努力。

　　我们继续将我国曾经当过国际秩序挑战者的过去铭刻在心。正因为如此，我国坚定不移地坚持自由、民主主义、人权这些基本价值，与共享该价值的国家携手并进，高举"积极和平主义"的旗帜，为世界的和平与繁荣做出较之以前更大的贡献。

　　我们有决心，面向二战结束八十周年、九十周年以及一百周年，与我国国民各位共同努力建设如上所述的日本。

原文

平成 27 年 8 月 14 日内閣総理大臣談話

　　終戦七十年を迎えるにあたり、先の大戦への道のり、戦後の歩み、二十世紀という時代を、私たちは、心静かに振り返り、その歴史の教訓の中から、未来への知恵を学ばなければならないと考えます。

　　百年以上前の世界には、西洋諸国を中心とした国々の広大な植民地が、広がっていました。圧倒的な技術優位を背景に、植民地支配の波は、十九世紀、アジアにも押し寄せました。その危機感が、日本にとって、近代化の原動力となったことは、間違いありません。アジアで最初に立憲政治を打ち立て、独立を守り抜きました。日露戦争は、植民地支配のもとにあった、多くのアジアやアフリカの人々を勇気づけました。

　　世界を巻き込んだ第一次世界大戦を経て、民族自決の動きが広がり、それまでの植民地化にブレーキがかかりました。この戦争は、一千万人もの戦死者を出す、悲惨な戦争でありました。人々は「平和」を強く願い、国際連盟を創設し、不戦条約を生み出しました。戦争自体を違法化する、新たな国際社会の潮流が生まれました。

　当初は、日本も足並みを揃えました。しかし、世界恐慌が発生し、欧米諸国が、植民地経済を巻き込んだ、経済のブロック化を進めると、日本経済は大きな打撃を受けました。その中で日本は、孤立感を深め、外交的、経済的な行き詰まりを、力の行使によって解決しようと試みました。国内の政治システムは、その歯止めたりえなかった。こうして、日本は、世界の大勢を見失っていきました。

　満州事変、そして国際連盟からの脱退。日本は、次第に、国際社会が壮絶な犠牲の上に築こうとした「新しい国際秩序」への「挑戦者」となっていった。進むべき針路を誤り、戦争への道を進んで行きました。

　そして七十年前。日本は、敗戦しました。

　戦後七十年にあたり、国内外に斃れたすべての人々の命の前に、深く頭を垂れ、痛惜の念を表すとともに、永劫の、哀悼の誠を捧げます。

　先の大戦では、三百万余の同胞の命が失われました。祖国の行く末を案じ、家族の幸せを願いながら、戦陣に散った方々。終戦後、酷寒の、あるいは灼熱の、遠い異郷の地にあって、飢えや病に苦しみ、亡くなられた方々。広島や長崎での原爆投下、東京をはじめ各都市での爆撃、沖縄における地上戦などによって、たくさんの市井の人々が、無残にも犠牲となりました。

　戦火を交えた国々でも、将来ある若者たちの命が、数知れず失われました。中国、東南アジア、太平洋の島々など、戦場となった地域では、戦闘のみならず、食糧難などにより、多くの無辜の民が苦しみ、犠牲となりました。戦場の陰には、深く名誉と尊厳を傷つけられた女性たちがいたことも、忘れてはなりません。

　何の罪もない人々に、計り知れない損害と苦痛を、我が国が与えた事実。歴史とは実に取り返しのつかない、苛烈なものです。一人ひとりに、それぞれの人生があり、夢があり、愛する家族があった。この当然の事実をかみしめる時、今なお、言葉を失い、ただただ、断腸の念を禁じ得ません。

　これほどまでの尊い犠牲の上に、現在の平和がある。これが、戦後日本の原点であります。

　二度と戦争の惨禍を繰り返してはならない。

　事変、侵略、戦争。いかなる武力の威嚇や行使も、国際紛争を解決する手段としては、もう二度と用いてはならない。植民地支配から永遠に訣別し、すべての民族の自決の権利が尊重される世界にしなければならない。

　先の大戦への深い悔悟の念と共に、我が国は、そう誓いました。自由で民主的な国を創り上げ、法の支配を重んじ、ひたすら不戦の誓いを堅持してまいりました。七十年間に及ぶ平和国家としての歩みに、私たちは、静かな誇りを抱きながら、この不動の方針を、これからも貫いてまいります。

　我が国は、先の大戦における行いについて、繰り返し、痛切な反省と心からのお詫びの気持ちを表明してきました。その思いを実際の行動で示すため、インドネシア、フィリピンはじめ東南アジアの国々、台湾、韓国、中国など、隣人であるアジアの人々が歩んできた苦難の歴史を胸に刻み、戦後一貫して、その平和と繁栄のために力を尽くしてきました。

　こうした歴代内閣の立場は、今後も、揺るぎないものであります。

　ただ、私たちがいかなる努力を尽くそうとも、家族を失った方々の悲しみ、戦禍によって塗炭の苦しみを味わった人々の辛い記憶は、これからも、決して癒えることはないでしょう。

　ですから、私たちは、心に留めなければなりません。戦後、六百万人を超える引揚者が、アジア太平洋の各地から無事帰還でき、日本再建の原動力となった事実を。中国に置き去りにされた三千人近い日本人の子どもたちが、無事成長し、再び祖国の土を踏むことができた事実を。米国や英国、オランダ、豪州などの元捕虜の皆さんが、長年にわたり、日本を訪れ、互いの戦死者のために慰霊を続けてくれている事実を。戦争の苦痛を嘗め尽くした中国人の皆さんや、日本軍によって耐え難い苦痛を受けた元捕虜の皆さんが、それほど寛容であるためには、どれほどの心の葛藤があり、いかほどの努力が必要であったか。

　そのことに、私たちは、思いを致さなければなりません。

　寛容の心によって、日本は、戦後、国際社会に復帰することができました。戦後七十年のこの機にあたり、我が国は、和解のために力を尽くしてくださった、すべての国々、すべての方々に、心からの感謝の気持ちを表したいと思います。日本では、戦後生まれの世代が、今や、人口の八割を超えています。あの戦争には何ら関わりのない、私たちの子や孫、そしてその先の世代の子どもたちに、謝罪を続ける宿命を背負わせてはなりません。しかし、それでもなお、私たち日本人は、世代を超えて、過去の歴史に真正面から向き合わなければなりません。謙虚な気持ちで、過去を受け継ぎ、未来へと引き渡す責任があります。

　私たちの親、そのまた親の世代が、戦後の焼け野原、貧しさのどん底の中で、命をつなぐことができた。そして、現在の私たちの世代、さらに次の世代へと、未来をつないでいくことができる。それは、先人たちのたゆまぬ努力と共に、敵として熾烈に戦った、米国、豪州、欧州諸国をはじめ、本当にたくさんの国々から、恩讐を越えて、善意と支援の手が差しのべられたおかげであります。

　そのことを、私たちは、未来へと語り継いでいかなければならない。歴史の教訓を深く胸に刻み、より良い未来を切り拓いていく、アジア、そして世界の平和と繁栄に力を尽くす。その大きな責任があります。

　私たちは、自らの行き詰まりを力によって打開しようとした過去を、この胸に刻み続けます。だからこそ、我が国は、いかなる紛争も、法の支配を尊重し、力の行使ではなく、平和的？外交的に解決すべきである。この原則を、これからも堅く守り、世界の国々にも働きかけてまいります。唯一の戦争被爆国として、核兵器の不拡散と究極の廃絶を目指し、国際社会でその責任を果たしてまいります。私たちは、二十世紀において、戦時下、多くの女性たちの尊厳や名誉が深く傷つけられた過去を、この胸に刻み続けます。だからこそ、我が国は、そうした女性たちの心に、常に寄り添う国でありたい。二十一世紀こそ、女性の人権が傷つけられることのない世紀とするため、世界をリードしてまいります。

　私たちは、経済のブロック化が紛争の芽を育てた過去を、この胸に刻み続けます。だからこそ、我が国は、いかなる国の恣意にも左右されない、自由で、公正で、開かれた国際経済システムを発展させ、途上国支援を強化し、世界の更なる繁栄を牽引してまいります。繁栄こそ、平和の礎です。暴力の温床ともなる貧困に立ち向かい、世界のあらゆる人々に、医療と教育、自立の機会を提供するため、一層、力を尽くしてまいります。

　私たちは、国際秩序への挑戦者となってしまった過去を、この胸に刻み続けます。だからこそ、我が国は、自由、民主主義、人権といった基本的価値を揺るぎないものとして堅持し、その価値を共有する国々と手を携えて、「積極的平和主義」の旗を高く掲げ、世界の平和と繁栄にこれまで以上に貢献してまいります。

　終戦八十年、九十年、さらには百年に向けて、そのような日本を、国民の皆様と共に創り上げていく。その決意であります。平成二十七年八月十四日

　　　　　　　　　　　　内閣総理大臣　安倍　晋三

后　记

　　《国家战略转型与日本未来》一书系吉林大学日本研究所继 2014 年出版《安倍政权与日本未来》之后推出的又一部学术性图书，是对当前日本发展和未来日本道路选择予以理性探究的专业力作，是"吉林大学日本研究所日本研究论丛"系列研究的又一项标志性成果。

　　吉林大学日本研究所是一个研究日本问题的综合性学术研究机构，自 1964 年国务院批准吉林大学创建日本研究室至今，该机构在 50 余年的发展历程中一直致力于日本问题与中日关系的专业性研究，不但众多的学术研究成果在国内外有着重要影响，而且该机构所培养的专业日本研究人才也活跃于国内外各个领域。"日本研究论丛"系列著述的出版，既是加强对日本进行前瞻性、战略性研究的具体体现，也是推动日本研究基础化、综合化、系统化的具体检验。

　　本书共收录了 20 名学者的 15 篇文章，均系各位学者未公开发表的新研究成果。另外，为方便学者研究，本书特增加了"附录"部分，收集了自 1982 年至 2015 年日本政府权威的几大"谈话"。为保证该部分中、日文内容的准确性、权威性，张淼、沈丁心博士（外交学院）做了非常细致的整理和校对。

　　在本书出版过程中，吉林大学哲学社会科学资深教授王胜今先生不但给予了鼎力支持，还在百忙之中为本书作序，对此我们表示诚挚的感谢！

　　在本书出版过程中，社会科学文献出版社的领导、编辑付出了大量心血，为本书的顺利出版和精心设计倾注了大量智慧，在此对他们辛勤的劳动表示诚挚的谢意！

　　本书系学者合作之作，书中观点只代表作者本人的观点，并不代表吉林大学日本研究所的观点。由于我们的学识有限，书中可能有疏漏乃至谬误之处，望广大读者不吝批评指正。

编　者

2015 年岁末

图书在版编目（CIP）数据

国家战略转型与日本未来 / 庞德良主编. -- 北京：
社会科学文献出版社，2016.10
（吉林大学日本研究所日本研究论丛）
ISBN 978 - 7 - 5097 - 9468 - 5

Ⅰ.①国…　Ⅱ.①庞…　Ⅲ.①国家战略 - 研究 - 日本
Ⅳ.①D731.3

中国版本图书馆 CIP 数据核字（2016）第 169202 号

· 吉林大学日本研究所日本研究论丛 ·

国家战略转型与日本未来

主　　编 / 庞德良
副 主 编 / 崔　健　张玉国

出 版 人 / 谢寿光
项目统筹 / 高明秀
责任编辑 / 王晓卿　廖涵缤　徐成志

出　　版 / 社会科学文献出版社·当代世界出版分社（010）59367004
　　　　　　地址：北京市北三环中路甲 29 号院华龙大厦　邮编：100029
　　　　　　网址：www.ssap.com.cn
发　　行 / 市场营销中心（010）59367081　59367018
印　　装 / 三河市尚艺印装有限公司

规　　格 / 开　本：787mm × 1092mm　1/16
　　　　　　印　张：15.5　字　数：257 千字
版　　次 / 2016 年 10 月第 1 版　2016 年 10 月第 1 次印刷
书　　号 / ISBN 978 - 7 - 5097 - 9468 - 5
定　　价 / 69.00 元

本书如有印装质量问题，请与读者服务中心（010 - 59367028）联系